综合实践活动与
跨学科主题学习的融通设计

王 雯◎著

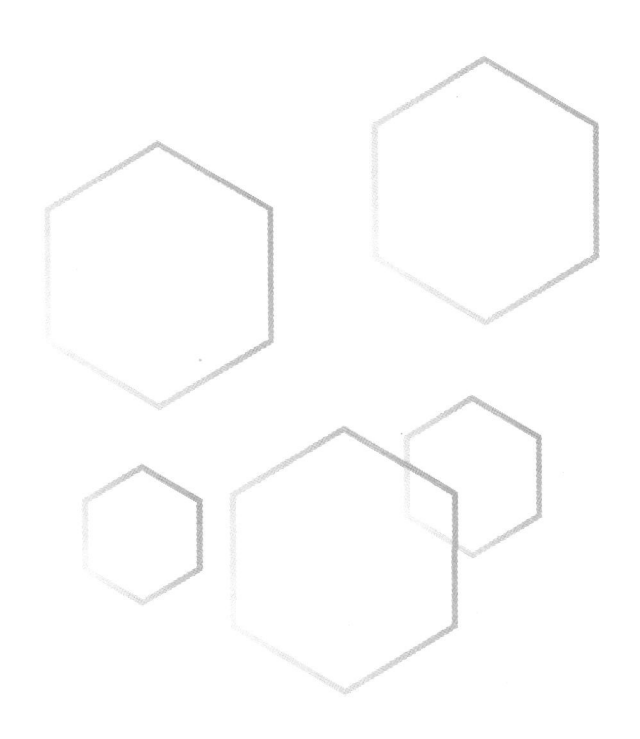

海峡出版发行集团
福建教育出版社

图书在版编目（CIP）数据

综合实践活动与跨学科主题学习的融通设计/王雯著．—福州：福建教育出版社，2024.8．—ISBN 978-7-5758-0016-7

Ⅰ．G632.0

中国国家版本馆 CIP 数据核字第 2024JJ8049 号

Zonghe Shijian Huodong Yu Kua Xueke Zhuti Xuexi De Rongtong Sheji
综合实践活动与跨学科主题学习的融通设计
王　雯　著

出版发行	福建教育出版社
	（福州市梦山路 27 号　邮编：350025　网址：www.fep.com.cn）
	编辑部电话：0591-83763625
	发行部电话：0591-83721876　87115073　010-62024258）
出 版 人	江金辉
印　　刷	福州万紫千红印刷有限公司
	（福州市闽侯县南屿镇高岐村安里 6 号　邮编：350109）
开　　本	710 毫米×1000 毫米　1/16
印　　张	16.5
字　　数	292 千字
插　　页	2
版　　次	2024 年 8 月第 1 版　2024 年 8 月第 1 次印刷
书　　号	ISBN 978-7-5758-0016-7
定　　价	45.00 元

如发现本书印装质量问题，请向本社出版科（电话：0591-83726019）调换。

序一：综合实践活动课程开拓领衔者

收到王雯老师《综合实践活动与跨学科主题学习的融通设计》新著，并应邀为其写序，由衷高兴与荣幸。高兴于在综合实践活动课程发展道路上并肩作战 22 年的核心伙伴，其理论与实践成果即将问世；荣幸于此刻能为即将面世的宝贵成果作序。与王雯老师初识于 2001 年福建教育学院政史系承办的小学《品生与品社》省级骨干教师培训班中的计算机辅助教学课，深交于 2002 年福建省综合实践活动课程的推进工作，见证了王雯老师从一线教师到县市教研员，从综合实践活动骨干教师到省首届学科带头人、泉州市名师工作室领衔名师的快速成长历程。王雯老师是一位思维敏捷、实践与引领能力很强的基层教研员。

晋江是福建小学综合实践活动落实最好的县级市，系统构建了区域推进、常态有效实施的课程体系，包括课程落实、教师队伍建设、课程资源开发、完善的教研机制和保障机制等。特别是教师队伍建设，2007 年全省第一位综合实践活动高级职称教师在晋江产生，对全省产生重大意义。目前晋江县域内小学已有 1 位综合实践活动正高级教师、1 位特级教师，近 30 位高级教师，在福建省近百个县市区中独一无二，在全国也为数不多。这得益于晋江市教师进修学校德育教研室主任兼综合实践活动教研员王雯老师以其卓越的领导力和专业素养，引领着一批又一批的综合实践活动教师茁壮成长。

晋江为综合实践活动课程实施理念作出创新性贡献。2004 年 4 月，受邀到王雯老师学校参加综合实践活动教研活动，发现其突破了以成果汇报为主要形式的研讨观摩形式，成功探索了问题产生、主题生成、实践探究、成果展示、交流总结等多种创新性综合实践活动课型，意外发现晋江永和镇重华中心小学综合实践活动课程的常态实施，为福建率先提出综合实践活动课程

"常态化"实施观点提供了依据。"常态化"实施观点的提出后，2005年7月陈树杰教授研究团队以及2006年6月郭元祥和陈树杰教授两个团队在福州相继举办了两场全国性研讨会，旨在向全国推广"常态化"实施的主张。该主张为教育部"十五规划"的重点课题《综合实践活动及其师资建设》下的分课题《福建省中小学综合实践活动实施实验研究》增添了创新性成果，并获得国内4位综合实践活动权威专家崔允漷、张华、郭元祥、陈树杰教授的充分肯定。王雯老师作为该课题的核心成员，先后在郭元祥教授研究团队、福建教育学院承办的教育部"国培计划"和中央教育科学研究所田慧生所长的教材编写团队中均发挥了重要作用。特别是她多年来在福建教育学院承办的教育部"国培计划"中担任专题讲座任务，在全国范围产生了积极的辐射效应。

《综合实践活动与跨学科主题学习的融通设计》为转型期的综合实践活动课程实施和各学科跨学科主题学习提供了操作指南。《义务教育课程方案（2022年版）》的颁布，重新调整了综合实践活动课程，侧重跨学科研究性学习和社会实践。所有学科均设置"跨学科主题学习"活动，强调实践育人。综合实践活动课程核心理念"跨学科学习""实践性学习""综合性学习"等上升为所有学科理念。这种重大调整无论对综合实践活动课程教师还是其他学科课程教师，都提出了新的挑战，提供了新的发展机遇。如何面对挑战与机遇，尽快适应新课程方案要求，娴熟驾驭"跨学科主题学习"的设计、组织与实施？不妨看看王雯老师20多年来在综合实践活动课程的研究成果《综合实践活动与跨学科主题学习的融通设计》，这本书为所有学科提供跨学科学习可操作性强、实用好用管用的设计思路与方法。

专著涵盖了跨学科学习设计的多个方面，包括理论基础、实践案例、不同主题类型的设计方法等。该书不仅注重理论创新，更关注实践应用，内容丰富多彩，是一本值得一读的跨学科学习专业著作。

（福建教育学院教授，教育部"国培计划"首批专家、"十四五"专家，福建省陶行知研究会执行会长兼秘书长，中国教育学会综合实践分会学术委员会委员）

序二：躬耕综合素质教育的逐梦人

为了贯彻落实党的教育方针，提升学生综合素质，广大中小学教师辛勤耕耘、悉心研讨，取得了一系列综合素质教育教学研究成果，这对全面推进我国中小学综合素质教育具有重要意义。

晋江市教师进修学校王雯老师是躬耕综合素质教育教学的杰出代表，她潜心研究综合素质教育教学几十年，取得显著的研究成果，积累了丰富的教育教学经验。近日，王雯老师将其多年的教育教学研究成果编撰成书，这令人深感欣慰。一方面，此书为研究综合实践活动的教师提供了宝贵的学习参考，另一方面，也为更多学科教师开展跨学科主题学习提供借鉴，是王雯老师教育生涯中研究成果的一个重要阶段性总结。

《综合实践活动与跨学科主题学习的融通设计》一书，系统梳理了综合实践活动与跨学科主题学习的理论基础和实践方法，创新性地提出了以主题式跨学科学习设计作为两者融通的设计方法。书中对主题式跨学科学习设计类型的划分尤为亮眼。将其明确划分为"学科知识导向"、"大观念建构导向"和"问题解决能力导向"三种，清晰地展现了在不同学习目标下跨学科学习的多样化呈现方式。这种划分不仅帮助教师明确了设计方向，也让教师们更加明确"跨学科学习的本质是强调以主题为中心，整合不同学科的知识和思维方式，最终指向学生核心素养的发展。"文档中提到的三种设计类型和方案撰写的六个基本要素，也为教师们提供了清晰的设计思路。例如，在"学科知识导向"的设计中，需要明确主导学科和辅助学科，并找到学科之间的关联点；在"大观念建构导向"的设计中，需要围绕一个核心概念或大观念，引导学生进行探究和思考。这些方法可以帮助教师避免跨学科学习的盲目性，提高学习活动的有效性。

总的来说，这本书为教师开展综合实践活动与跨学科主题学习等跨学科学习提供了宝贵的理论和实践指导。这不仅帮助教师厘清了相关概念，还提供了可操作的设计方法和课例参考。相信随着对跨学科学习的不断探索和实践，一定能够更好地提升学生的核心素养，为未来社会培育更多优秀人才。

福建教育学院教授：
教育部"国培计划"专家：

序三：理论与实践研究的践行者

王雯老师这些年跟着我做了 5 个课题研究，从 2016 年的《基于不同活动形态的综合实践活动教材设计与开发》、2018 年的《区域推进劳动教育和综合实践活动课程建设》、2020 年的《中小学研学旅行课程开发与实施策略研究》、2022 年的《中小学劳动教育师资队伍建设研究》到现在的《新课程方案背景下综合实践活动课程建设现状与发展走向研究》，王老师带领着她的团队深耕在综合实践活动和劳动教育教学实践研究中，开发的相关课例和研究成果都是课题研究报告的重要组成部分，在课题研究工作中发挥着重要的作用。如今，看到王雯老师将多年在综合实践活动探索的宝贵经验与当下的"跨学科主题学习"热点进行统整、迁移和运用，并撰写成书，且在这条研究之路上越走越远，收获满满，我由衷地为她感到高兴。

王雯老师所著的《综合实践活动与跨学科主题学习的融通设计》以其独特的视角和见解，为综合实践活动和跨学科主题学习实施提供一种全新的思考及解决问题的路径，为推进新课程方案中综合学习教育变革理念的落地提供了参考思路，缓解了教师当下开展综合实践活动和跨学科主题学习时的迷茫。这本书是连接理论和实践的桥梁，不仅分析了"综合实践活动"和"跨学科主题学习"之间的联系与区别，还论证"主题式跨学科学习设计"作为通用设计方法的合理性，旨在帮助教师构建一个更加丰富、多元的设计思路，既可以作为教师设计综合实践活动的参考，也对其他学科教师开展跨学科主题学习具有借鉴意义。

全书分为理论篇、实践篇和课例篇三部分，内容结构清晰，既有理论的分析，也有实践的探索。理论篇从综合实践活动、跨学科主题学习和主题式跨学科学习设计三个方面进行了深入的剖析，让读者对于三者的关系有了深入的认识，奠定了扎实的学术基础；实践篇则将这些理论转化为可操作的方法论，使抽象的概念具体化，展示了主题式跨学科设计的操作流程和应用效果，让读者看到了这种设计方法的实践运用。课例篇通过一系列生动的教学实例，展示了如何将理论应用于实际教学中，使之生根发芽，开花结果。这本书的实践性非常强，逐步引导读者深入理解并掌握跨学科学习的核心概念和方法，书中的案例均源自真实教学场景，有助于教师更好地理解理论，并将其应用到实际教学中，从而提升学生的学习成效。

这是一本有价值、有深度、有启发性的书籍，是综合实践活动和跨学科主题学习方面非常优秀的教学设计指南，无论是经验丰富的教育工作者还是初出茅庐的新手，此书都将为您提供有力的支持，是值得一读的好书。

（中国教育科学研究院副研究员，中国教育学会中小学综合实践活动分会副理事长兼秘书长）

前　言

自2001年我国启动新一轮课程改革以来，我国课程内容、教师教学模式、学生学习方式发生了深刻的转化，尤其是《义务教育课程方案（2022年版）》的颁布，进一步推进了课程改革的深入。课程走向综合化和实践性不仅是时代培养未来人才的呼唤，更成为广大学校、教师育人的共识。课改的深化，带来更多前沿的理念和重要概念，正如成尚荣教授所说"课改的深化很大程度是由概念引发与推动的，但概念不只是一个话语符号，而是一种行动的导引"。正因为如此，广大教师需要理解概念和使用概念，并知道这些重要概念之间的逻辑关系，就可以将这些概念转化为有效的方法，从而引导实践。

写本书的初衷很纯粹，只是想发挥教研员"搭桥铺路"的作用，帮助教师建构理论与实践连接的桥梁，让更多教师能更好地执行和落实新课程方案和课程标准的要求。主题式跨学科学习设计不是一个课程概念，也不是一种学习方式，而是指对以主题形式组织开展的跨学科学习活动进行设计的方法，力求减轻教师在实施过程中的迷茫和困惑，提高概念落地的可操作性。

一、核心素养导向下的主题式跨学科学习设计的意义

《义务教育课程方案（2022年版）》要求各门课程用不少于10％的课时开展跨学科主题学习，随即各门课程标准中也明确规定了跨学科主题学习的相关内容，但名称各不相同。各种概念，如跨学科学习，综合实践活动、STEAM、跨学科主题学习，跨学科项目式学习，跨学科研究性学习等出现在不同专家学者的研究论述中。这些概念到底有着怎样的内涵和要义？它们之间又有什么样的逻辑关系？如果教师们没有厘清这些关系，如何"穿过概念的丛林"建立综合的思维，做到实施的统整，做到教学行为的简洁？只有厘

清这些概念,才能让课改理论、目标、原则和要求转化为真实而生动的实践。

(一)从核心本质入手实现统整

《基础教育课程方案(2001年版)》提出"加强课程综合性,设置综合课程"到《义务教育课程方案(2022年版)》提出"推进综合学习,在各门课程中开展跨学科主题学习",可以发现我国课程改革一直关注课程综合,同时从综合的角度提出过两个概念,即"综合课程"和"综合学习"。综合课程和综合学习在课程实践过程中有着不同的呈现方式。其中,"综合实践活动"代表着跨学科课程,是综合课程的典型表现;"跨学科主题学习"是跨学科学习在各门课程中的渗透,代表着一种新的教育变革理念的全面进入。两者的核心都凸显以学习者为中心,突出不同学科间的知识、方法、思维的整合,指向学生核心素养的发展。因此,不论是综合实践活动,还是跨学科主题学习都是我国对跨学科学习的本土化探索,是跨学科学习的不同呈现形态。正如北京师范大学杨明全教授所说的"跨学科学习既是课程样态,又是一种学习方式,在深化课程改革、发展学生核心素养、回应世界教育变革等方面发挥不可替代的作用"。

当然,随着国内外对跨学科学习深入的实践,跨学科学习呈现了丰富的形态,包括作为学习方式的跨学科主题学习、项目化学习、STEM学习、探究学习等;也包括作为综合课程形态的综合实践活动课程、STS课程、STEAM课程等。

(二)从实施特点分析实现统一

综合实践活动是从学生的真实生活和发展需要出发,从生活情境中发现问题,转化为活动主题,通过各种实践活动方式,培养学生综合素质的跨学科实践性课程,主题是综合实践活动课程开展的主要形式。跨学科主题学习是指围绕某一主题所展开的综合学习,强调立足学科、跨越学科,主题是实现学科跨越的中介。

从两者的实施特点来看,都是以主题为中心开展跨学科学习活动,是通过主题的形式来组织内容和学习,使学习过程产生知识与知识、知识与问题、知识与经验等的高度结构化。既然都是以主题的形式开展学习活动,其设计就可以遵循主题式设计的一般方法,再加以个性化处理。因此,本书在梳理综合实践活动设计方法和跨学科主题学习设计方法的基础上,提出了主题式跨学科学习设计的基本要素和设计方法，期待帮助教师启用原有的实践经验，实现知识和方法的迁移和统整，减少无从下手和无所适从之感，较快地建立跨学科学习理念，提升跨学科学习设计的能力，从而助力课程改革的推进和学生核心素养培育的落地。

二、本书的内容结构和使用说明

本书由理论篇、实践篇和课例篇三部分组成。

（一）理论篇：主题式跨学科学习设计的理论基础

本部分由三个章节组成。第一章主要介绍了综合实践活动的相关理论，包含了国内外综合实践活动的发展历程和我国对综合实践活动的性质界定，同时提供了以"考察探究""社会服务""设计制作"和"职业体验"四种常见活动方式开展主题学习活动的设计方法。第二章主要介绍跨学科主题学习的相关理论，从课程整合思想入手介绍跨学科学习的发展演变，通过对跨学科主题学习的三个核心词"跨学科""主题""学习"的概念解析，进一步解析了跨学科主题学习的内涵以及我国课程方案中对跨学科主题学习的相关规定。第三章主要介绍主题式跨学科学习设计的相关理论，通过剖析综合实践活动与跨学科主题学习的联系和区别，论证了以主题式进行跨学科学习设计是可行的，并进行内涵和外延的界定。这章是全书的核心，起到承前启后的作用。

（二）实践篇：主题式跨学科学习设计的实践探索

本部分由两个章节组成。第四章主要介绍了主题式跨学科学习设计的类型与呈现，以主题活动所要达到的"学习目标"指向为依据，将主题式跨学科学习设计划分为"学科知识导向的跨学科学习活动""大观念建构导向的跨学科学习活动""问题解决能力导向的跨学科学习活动"三种类型，并提出学科融合时呈现出"1←N""1→N""1&N"和"1∪N"四种形态，构建了后面相关案例的理论基础。第五章主要介绍跨学科主题学习设计的基本要素与方案模板，以帮助教师掌握新方案各部分要素的撰写方法。

（三）课例篇：主题式跨学科学习设计的课例举隅

本部分主要依据第四章主题式跨学科学习类型的三种类型，分成三个章节提供相应的设计课例进行分享。第六章主要提供了3个学科知识导向的主题式跨学科学习设计课例，第七章主要提供了3个大观念建构导向的主题式跨学科学习设计课例，第八章主要提供了3个问题解决能力导向的主题式跨学科学习设计课例。在每个课例中，都包含主题设计说明、涉及学科和核心素养、学习目标、适用年级、学习场域、整体规划、各阶段的详细组织流过程和课例点评等八方面内容。通过不同类型的具体课例呈现，以求丰富教师的设计思路或者可以直接作为实施参考。

  本书的撰写历时两年，经过700多个日夜的思考沉淀、实践验证和对整本书框架的不断调整、完善，终于完工。感谢邹开煌教授、易骏教授、冯新瑞副研究员的肯定，感谢福建教育杂志李武主任、福建教育学院张贤金老师对整本书结构的把脉和建议，更感谢施美珠、张燕燕、林怡凯、颜晓莹、潘小莉、王燕玉、何萍娥、杨鑫源、王美雅、曾晓萍等教师对课例的实践。这时回头看，整本书还是相对浅薄，虽然提出了一些自己的想法和见解，但也不甚成熟，更多是基于我国课程改革方向，结合一线教师在教学实践过程中的真实需求而开展的一种理论与实践结合的梳理探索和研究。但我想，所有的研究都是基于当下的，理论的发展就是在实践中不断建立、推翻、重建而获得完善。正如书中所秉承的"人的认知结构是在实践中不断发展和完善"，虽有不足和缺陷，但是每一个研究的步伐都弥足珍贵。

  期待各位专家、读者们提出宝贵的意见，一起研究，一起探讨，一起助力教师能更好地理解新课改的相关概念、认清前行的方向，并落到具体的教育教学实践行为中来，为培养具有创新精神、批判思维和实践能力的新时代人才贡献我们的实践智慧，让我们携手共进，共同努力。

王雯
2024年4月

目 录

理论篇　主题式跨学科学习设计的理论基础

第一章　综合实践活动概述 ……………………………………… 3
　第一节　综合实践活动的发展演变和核心特征 ………………… 4
　第二节　我国综合实践活动课程的性质界定和设计方法 ……… 10

第二章　跨学科主题学习概述 …………………………………… 29
　第一节　跨学科学习的历史发展和类型分析 …………………… 30
　第二节　我国跨学科主题学习的性质要求与实施建议 ………… 37

第三章　主题式跨学科学习设计 ………………………………… 50
　第一节　融通综合实践活动与跨学科主题学习的设计 ………… 51
　第二节　核心素养导向的主题式跨学科学习设计 ……………… 60

实践篇　主题式跨学科学习设计的实践探索

第四章　主题式跨学科学习设计的类型与呈现 ………………… 71
　第一节　主题式跨学科学习设计的类型 ………………………… 72
　第二节　主题式跨学科学习设计的融合形态 …………………… 75

第五章　主题式跨学科学习设计的基本要素与方案撰写 …………… 83
　　第一节　主题式跨学科学习设计的基本要素 …………………… 84
　　第二节　主题式跨学科学习设计方案的撰写 …………………… 104

课例篇　主题式跨学科学习设计的课例举隅

第六章　学科知识导向的主题式跨学科学习设计课例 …………… 113
　　课例1：指向语文学科知识学习　小学三年级《演绎寓言故事　品味人生智慧》………………………………………………………… 113
　　课例2：指向数学学科知识学习　小学二年级《欢乐购物街》
　　　　　　……………………………………………………………… 132
　　课例3：指向学科知识融合运用　小学六年级《乐玩竹节人》
　　　　　　……………………………………………………………… 145

第七章　大观念建构导向的主题式跨学科学习设计课例 ………… 162
　　课例4：建立"时间规划"意识　小学一年级《课间十分钟巧安排》
　　　　　　……………………………………………………………… 162
　　课例5：建立"节水意识"观念　小学四年级《家庭节水小专家》
　　　　　　……………………………………………………………… 178
　　课例6：树立"家国情怀"信念　小学二年级《我和我的家乡》… 194

第八章　问题解决能力导向的主题式跨学科学习设计课例 ……… 204
　　课例7：促进"问题解决能力"发展　小学五年级《地面小游戏　快乐大空间》………………………………………………………… 204
　　课例8：促进"科学探究精神"发展　小学四年级《纸飞机　向前飞》
　　　　　　……………………………………………………………… 221
　　课例9：促进"创新创造能力"发展　小学五年级《自制家庭自动感应灯》……………………………………………………………… 233

后记：守望那一片绿 ……………………………………………………… 248

理论篇

主题式跨学科学习设计的理论基础

第一章 综合实践活动概述

导读

- 综合实践活动概述
  - 综合实践活动的发展演变和核心特征
    - 综合实践活动的发展演变
      - (一) 国外综合实践活动的发展概况
      - (二) 国内综合实践活动的推进历程
    - 综合实践活动的核心特征
      - (一) 统整性
      - (二) 跨学科性
      - (三) 实践性
  - 我国综合实践活动课程的性质界定和设计方法
    - 综合实践活动课程的性质界定
      - (一) 综合实践活动课程性质的演进
      - (二) 综合实践活动课程的时代价值
    - 综合实践活动的设计方法
      - (一) 基于不同活动方式的综合实践主题活动设计
      - (二) 综合实践活动方案的基本要素与撰写说明

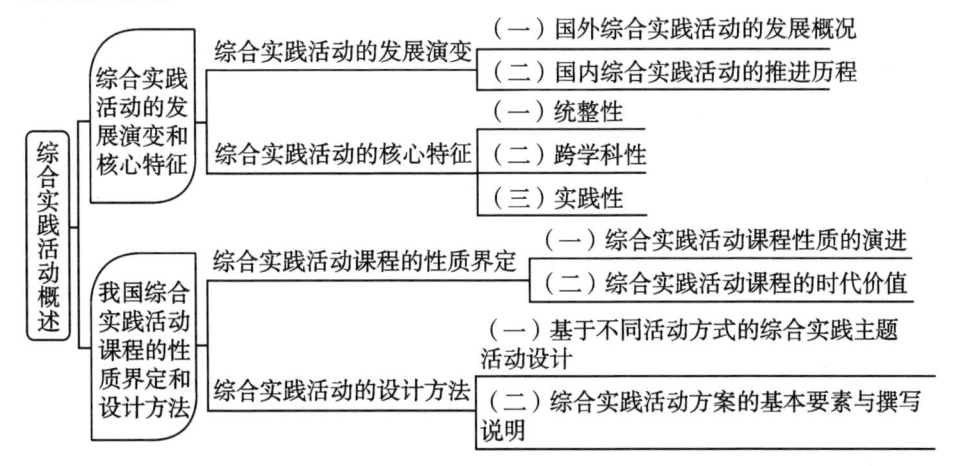

  本章包含两节内容。在第一节中，您将知道国内外综合实践活动的发展历程，在具体的例子中理解综合实践活动为什么可以作为课程形态出现，也可以作为学习方式存在，为什么是我国第八次课程改革的亮点。同时，也将了解综合实践活动在实施过程中是如何体现统整性、跨学科性和实践性的。在第二节中，您将了解当综合实践活动作为一门独立的课程形态出现在我国课程体系中，其综合性、实践性、经验性在具体学习活动中是如何呈现和达成的，从而加深对我国开设综合实践活动课程价值意义的认识和理解。在"综合实践活动的设计方法"中，您将了解综合实践活动以"考察探究""社会服务""设计制作"和"职业体验"这四种常见活动方式开展学习活动的设计方法。通过对综合实践活动方案模板和要素形成的发展演变，进一步明晰单一课时学习活动设计的局限性，从而避免今后设计主题活动又重蹈覆辙。

在"综合实践活动方案各要素的撰写说明"中，阐述主题的产生与有效表述方法，说明如何进行主题阐释，并指导如何运用"行为主体、行为条件、行为动词、表现程度"四个维度来撰写主题目标。

如果您只想先学习综合实践活动的设计，那么这一章可以给您一些理论基础和实用操作建议，特别是文中列举的课例，它们不仅是理论的生动体现，也能直接作为您实践设计的课例参考。

第一节 综合实践活动的发展演变和核心特征

一、综合实践活动的发展演变

（一）国外综合实践活动的发展概况

综合实践活动作为国际教育领域的经典概念，其根源可追溯至20世纪初。当时，杜威和克伯屈等教育改革先驱们倡导"经验教育"和"项目学习"，强调通过实际问题的解决来激发学生的主动学习和增强解决问题的能力。在欧美地区这种以学生为中心的教育模式逐步演变，并衍生出多种综合实践活动形态。

在20世纪中后期，随着教育对个体差异的尊重和终身学习理念的普及，综合实践活动开始被众多国家正式引入课程体系。例如，美国推行项目式学习、服务学习等模式，鼓励学生将课堂知识应用于解决现实世界问题。英国则通过探索跨学科课程设计，如"主题学习"，促进学生在不同学科之间建立关联。

随着全球技术革新的不断推进，21世纪综合实践活动展现出更加多元的发展态势。新教育模式如 STEAM（科学、技术、工程、艺术和数学）教育和 Design Thinking（设计思维）逐渐兴起，这些模式侧重于培育学生的跨学科整合能力和创新技能，为综合实践活动的进一步深化与拓展提供了动力。

（二）国内综合实践活动的推进历程

我国综合实践活动的演进同样遵循一条从探索到系统化的发展轨迹。自20世纪90年代素质教育理念的提出与实施以来，综合实践活动被广泛认可为培养学生综合素质的重要途径，并引起教育工作者广泛关注。在早期阶段，这些活动主要以课外活动的形式存在，例如科技小组、艺术团体等。为加强综合实践活动的规范性和普及性，教育部 2001 年颁布《基础教育课程改革纲要（试行）》（以下简称《改革纲要》），明确将综合实践活动纳入必修课程范畴，并在众多学科领域中增设综合实践学习的内容板块。综合实践活动以独立课程形态和学习方式的双重身份被正式引入国家课程体系之中。

1. 综合实践活动作为课程形态出现

国家课程体系架构由多样化的课程类型组成，每种类型基于不同的逻辑构建，并担负着各自独特的教育功能。根据课程内容组织的形式，可将课程类型划分为分科课程和综合课程两大类。

分科课程亦称作"科目"课程，涉及从特定学科领域中选取知识内容，并依照该领域的逻辑结构进行分科教学，以此向学生传递系统化知识。此类课程形式的优势在于能够维护学科自身的逻辑体系，并通过教学使学生能够更为系统和深入地掌握专业知识。综合课程则是由两门或多门学科的内容经过筛选和重新整合后形成的课程，其内容组织编写通常围绕自然现象、社会问题或生活经验展开。这类课程的优势在于其与学生的日常生活紧密相关，有助于学生形成对世界的全面理解，并促进不同学科知识的综合应用。

在 2001 年课程改革中，为了解决我国课程设置长期存在的以分科课程为主的单一化问题，《改革纲要》提出"改变课程结构过于强调学科本位、科目过多和缺乏整合的现状，整体设置九年一贯的课程门类和课时比例，并设置综合课程"，"从小学至高中设置综合实践活动并作为必修课程，其内容主要包括：信息技术教育、研究性学习、社区服务与社会实践以及劳动与技术教育"。这次课程改革意在培育学生的实际操作能力、探究精神和社会责任感。综合实践活动的引入标志着基础教育课程体系的重大革新，作为一门国家必修课程，它与其他学科课程并列设置，既互补又共生，共同构筑一个全面而多元的课程体系架构，为全面提升学生综合素质绘制了一幅宏伟的教育蓝图。

2. 综合实践活动作为学习方式存在

学习方式指学习者在进行学习活动时的行为方式与行为特征。全球教育改革的趋势凸显学习者的中心地位，旨在促进个体自主学习能力的发展。鉴于此，中国自 2001 年基础教育课程改革以来，为扭转学生在独立学习能力方面相对滞后的现象，已在众多学科中增设综合实践活动板块，如语文教材中的"综合性学习"和数学教材中的"综合与实践",这些举措意在推动学习方式的根本转变,实现学科知识与现实问题的紧密融合,有效提升学生学科应用能力和综合素养。例如,在语文学科实施"综合性学习"目的在于促使学生将语文知识应用于实际生活之中,借助实践活动深入理解文本背后的文化内涵,培养审美情感,增强语言表达力,培养批判性思维,培育自主学习和团队协作能力。

◎ 语文综合性学习"中华传统节日"◎

【活动任务】

1. 查找中华传统节日有哪些,并画出时间轴。

2. 选择一个最感兴趣的节日进行研究。

(1) 收集传说故事,了解习俗。

(2) 查找相关诗句,领悟情感。

3. 用喜欢的方式向同学展示研究成果。

【解析】

整个活动围绕语文要素"收集资料""交流资料"脉络开展综合实践活动。学生通过梳理中华传统节日文化的相关习俗,感受中华优秀文化的博大精深。通过读故事、听故事、颂诗词、品佳句等文学品鉴过程,感受汉语形义和音律的美感,感受汉语精湛的表现力和创造力,感受作者背后的家国情怀、向善向美的深厚感情。学生在综合性学习过程中,尝试运用所学语言技巧表情达意,大胆创造,从而提升文学素养。

学生在语文学习活动中转变为积极探索者,他们通过信息搜集、知识梳理(制作时间轴),并行使自主选择权——挑选感兴趣的内容和采用个性化的表达方式,这些多样化的参与形式都有利于激发学生的主体能动性,同时培养其自主学习能力。由此可见,综合实践活动作为学科学习的一种方式,旨在促进学科教学过程中学习方式的革新,并强化学生综合应用学科知识的能力,进而提升其学科素养。

3. 综合实践活动作为综合学习推进路径

《义务教育课程方案(2022年版)》指出,"要加强课程内容与社会生活和学生经验的联系,强化学科内知识整合,统筹设计综合课程和跨学科主题学习"。该要求明确了推进综合学习有三条主要路径(如图1):一是学科内整合学习。通过大单元、大问题、大任务或大观念将本学科的知识内容结构化，改变知识学习过于零碎和孤立的情况，促进知识整体性和系统性。二是强化综合课程的设置。将相关领域的学科融合成综合课程，如科学、道德与法治、艺术、体育与健康、信息科技等；基于学生经验和社会生活逻辑，依托主题学习发展综合性课程，例如综合实践活动课程和劳动课程等，实现学科间知识的联系与整合。三是实施跨学科主题学习。围绕真实情境中的问题、任务或项目，整合不同学科的知识、理念、方法和思维，突破传统单一学科界限的限制。

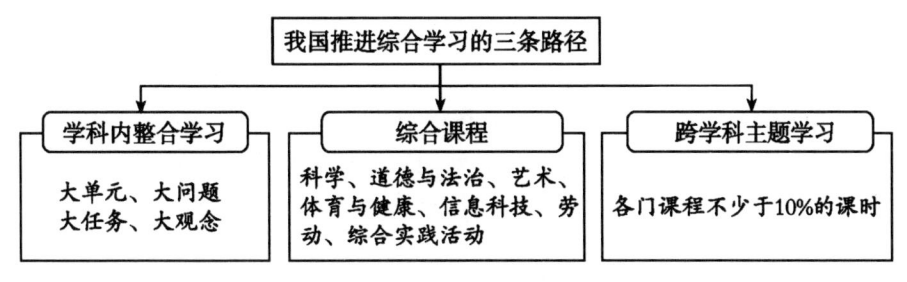

```
              我国推进综合学习的三条路径
    ┌─────────────────┬─────────────────┬─────────────────┐
    学科内整合学习         综合课程          跨学科主题学习
    大单元、大问题     科学、道德与法治、艺术、  各门课程不少于10%的课时
    大任务、大观念     体育与健康、信息科技、劳
                      动、综合实践活动
```

图1　推进综合学习的三条主要路径

我国提出"综合学习"理念，标志着教育领域从"综合课程"走向"综合学习"，从关注"学习内容"向注重"学习方式"的转变，反映教育理念由"学科中心"向"学习者中心"的根本变化。从图中概念的归属与定位分析，综合实践活动是一个课程概念，隶属综合课程范畴，是推进综合学习进程的关键课程之一，作为独立的课程实体旨在培养学生综合素质，尤其着重于跨学科实践能力的培养。

二、综合实践活动的核心特征

国内外综合实践活动的演进态势表明，综合实践活动是建立在现代知识生成模式之上，以提升学生解决实际问题能力的跨学科学习形态。这是培育21世纪新人——自主的、合作的、充满人性的、与时俱进的知识建构者（知识创造者）所需要的①。它反映统整思想、跨学科应用以及实践教育理论的综合体。

（一）统整性

综合实践活动是一种以学生生活世界为基础，以问题解决为核心，以社会整体为背景的学习。它旨在通过解决实际问题，构建整合性的学习网络，促进学生全面发展。其学习过程分为两个阶段。

一是经验获取阶段。学生借助多种感官直接接触自然、社会及文化等多元环境，收获生动而全面的经验。这类经验不是静态的接受，而是通过自身不断整合新的信息，逐步形成更为高级和复杂的认知能力，因此具备随时介入和发展的综合性特质，有助于培养学生的观察能力、思维能力和实际操作能力。

二是问题解决阶段。学生结合直接经验与学科知识，探究感兴趣的课题，通过实验和调查揭示问题的规律性。他们用语言和符号描述发现，形成科学的解决方案，同时用声音、色彩、动作表达难以言传的感受，实现问题的艺术性解决。此过程激发了创新与批判性思维，提升了问题解决能力。生活经验与学科学习的融合丰富了个体的知识体系，提升了科学与艺术的理解力，实现知识的整合。此外，学生按兴趣实践、提问或创造，并在解决问题中综合运用认知、情感、意志，促进理性、感性、技术的全面发展，达成智慧的统整。

值得强调的是，综合实践活动中所涉及的问题解决，必须是具有现实意义的问题。唯有那些与学生日常生活紧密相连的问题，才能激发学生的兴趣和关注，并进一步触发他们的学习积极性。例如，环境保护、城市交通、食品安全等综合性问题，才能驱动学生超越学科和单元界限，主动统整多学科知识来解决问题。

（二）跨学科性

在现实情境中，问题往往交织于多个领域和学科之间。解决这些问题时，需要超越单一学科的限制，采用多学科知识进行综合分析，以找到最优解。综合实践活动正是基于这样的实际需求而诞生，它要求学生从多学科视角出

---

① 钟启泉. 综合实践活动：涵义、价值及其误区［J］. 教育研究，2002，（06）：42—48.

发，利用多样化的思维去探寻解决方案。通过整合不同领域的知识，学生能更全面地理解和解决问题，进而培养出综合能力和创新精神。例如，在解决环境问题的过程中，学生需要应用生物、化学、物理、地理等多学科知识，并考虑社会、经济、政治等因素，形成切实可行的方案。这不仅让学生学到学科知识，还学会如何将这些知识综合运用。

此外，综合实践活动的跨学科本质并非系统学科学习的直接延伸，而是在分析和解决真实问题的过程中，自然地涉及多学科知识的活动体验，使学生在实践中深刻理解知识的应用与价值。

（三）实践性

在人类认知的螺旋式上升过程中，从实践到理论、再回归实践的循环往复，不断深化我们对知识的理解。马克思主义哲学强调实践不仅是检验真理的准绳，也是知识获取的关键途径。因此，学生的学习不应局限于书本，而应通过亲身实践来体验和领悟，将知识转化为能力与智慧。

首先，综合实践活动将学生从传统学科课程框架中解放出来，实现学习与实践的紧密结合。这种学习过程激励学生主动探寻、追问及解决问题，通过参与实践获得直观经验并提升综合素养。例如，在解决具体问题时，设计新方案或发明新工具，既锻炼了实践技能，又激发了创新思维。其次，综合实践活动的实践内容丰富、实践方式多元：从调研社会问题到尝试科技创新，从推广文化传承到开展环境保护，参与者通过实践深入理解问题本质，探求解决之道。多样化的实践方式（个人行动、团队合作、线上交流、线下考察）满足不同需求，促进思想碰撞和资源交流。但实践并不仅仅意味着只是让学生作社会调查、参观和访问，重要的是为学生创造情境，引导他们发现问题、提出问题和解决问题。只有面对生活世界的现实问题，学生才会综合应用所学，积极探索、体验、交流，亲力亲为，获得解决现实问题的实际经验和能力。

在实践中，每个学生都能找到自身定位与价值，无论是进行分析调研还是沟通协调，都能发挥个体优势，为团队的成功做出贡献，同时培养协作精神和创新意识。

第二节　我国综合实践活动课程的性质界定和设计方法

一、综合实践活动课程的性质界定

（一）综合实践活动课程性质的演进

随着教学理念的不断发展，从 2001 年至 2022 年，我国对综合实践活动课程的理解历经三个显著阶段的演变与提炼。（如表）

2001—2022 年综合实践活动课程性质定义演变比较

文件名称	文件编号	课程性质定义
《基础教育课程改革纲要（试行）》	教基〔2001〕17号	综合实践活动课程是基于学生的直接经验，密切联系学生自身生活和社会生活，注重对知识技能的综合运用，体现经验和生活对学生发展价值的实践性课程。 从小学至高中都设置综合实践活动课程，其内容主要包括：信息技术教育、研究性教育、社区服务与社会实践以及劳动与技术教育。强调学生通过实践，增强探究和创新意识，学习科学研究的方法，发展综合运用知识的能力。增进学校与社会的密切联系，培养学生的社会责任感。
《中小学综合实践活动课程指导纲要》	教材〔2017〕4号	综合实践活动是从学生的真实生活和发展需要出发，从生活情境中发现问题，转化为活动主题，通过探究、服务、制作、体验等方式，培养学生综合素质的跨学科实践性课程。 综合实践活动是国家义务教育和普通高中课程方案规定的必修课程，与学科课程并列设置，是基础教育课程体系的重要组成部分。该课程由地方统筹管理和指导，具体内容以学校开发为主，从小学一年级至高中三年级全面实施。
《义务教育课程方案（2022年版）》	教材〔2022〕2号	国家课程设置道德与法治、语文、数学、外语（英语、日语、俄语）、历史、地理、科学、物理、化学、生物学、信息科技、体育与健康、艺术、劳动、综合实践活动等。 将劳动、信息科技从综合实践活动课程中独立出来。综合实践活动侧重跨学科研究性学习、社会实践。

从表中可以得知，2001 年《改革纲要》方案的发布，标志着综合实践活动课程正式纳入国家课程体系。从其定义描述中可以发现，综合实践活动课程体现的是一种课程整合的理念，其内容包括了四个方面，映射出整合理念在学校课程规划与执行中的应用。此种综合性课程架构不仅体现教学内容的整合，更是对学校课程构建与推行方式的创新性探究。此类课程设计亦被视为实现素质教育、推进课程和教学创新的核心策略。综合实践活动课程由此转变为实现素质教育发展愿景、促进课程及教学创新的主要形式和基本载体。

随着实践探索的不断深入，综合实践活动课程的内涵价值及其教育功能逐渐显现并持续优化。2017 年 9 月教育部颁布《中小学综合实践活动课程指导纲要》（下文简称《指导纲要》），对综合实践活动课程的定义，从活动组织方式的角度进行修正，反映我国课程改革理念从"内容整合"向"学习方式整合"的转型与发展。

《义务教育课程方案（2022 年版）》的颁发，明确我国小学阶段课程体系中，除语文、数学、外语课程外，科学、道德与法治、艺术、体育与健康、劳动、信息科技、综合实践等课程均为综合类、活动类或实践性课程，其中，"劳动""信息科技"和"综合实践活动"作为三门独立的实践性课程，体现的是国家对于推动育人方式转型的决心，对学习过程实践性和探究性的强化，以及"做中学""用中学""创中学"教育理念的推进。

尽管不同历史时期对综合实践活动的定义有所演变，但它们都强调了综合实践活动作为国家课程的地位，以及其跨越传统知识与技能体系界限的课程特性。

（二）综合实践活动课程的时代价值

1. 在国家课程改革中的作用

（1）体现课程改革的引领价值。

现代课程理论强调，课程是人才培养的基石，在教育活动中扮演关键角色，决定着教育的目标、内容、方法和途径，同时影响学生在学习过程中的地位和学习方式。随着社会进步，各种课程的出现反映了社会不同发展阶段的教育需求。2001 年，综合实践活动课程作为基础教育课程改革的一大突破被引入课程方案，旨在改变传统分科教学与学生生活脱节的问题。它为学生提供了综合运用跨学科知识解决实际问题的机会，使学生的学习活动更具实践性，并在接触自然和社会的过程中促进真实体验的获得，培养社会责任感和公民意识。随着核心素养时代的到来，进一步要求综合实践活动课程超越单一的体验，转向更深入的学习体验，这意味着从"常识性探究"向"超学科探究"的转变。"超学科探究"指的是利用学科思维对生活中有价值的问题进行系统性探索，即以素养为本位的综合实践课程。

（2）促进学校教与学方式的转变。

综合实践活动课程旨在激励学生积极地探索现实世界中的复杂问题、现象及事件，通过直接且深入的体验，实现知识应用能力的全面提升，并培养学生的创新思维。该课程突破传统教育模式，改变侧重于接受式的学习和机械式训练，强调学生必须亲身介入、动手操作，综合运用跨学科知识，主动进行问题的探究和体验，从而激发学生的学习主动性、探究兴趣和创造热情。进而实现个体实践经验的累积与知识体系的拓展。

在此过程中，教师角色也经历了重塑，从单纯的知识传授者转变为学生学习的引导者与伙伴。教师不仅与学生建立平等的合作伙伴关系，共同追求实际问题的解决，而且在学生探索过程中提供指导与支持，助力学生自主学习与发展。综合实践活动课程的实施，不仅塑造教师与学生在教学模式和学习方式上的革新，而且反映教育观念向"学生中心"转变的深远影响。这种变革预期将对其他学科的教学和学习产生显著的溢出效应，从而推动整个课程体系的发展，并显著优化各学科的教学质量。

2. 对学生素养发展的作用

在信息时代，核心素养成为个体应对复杂问题和不可预测情境所必备的一系列高级认知技能和道德品质的综合体现。当整个社会趋向"工具理性""AI智能"发展的时候，重建人与世界的对话、互动关系，并由此持续发展热爱生活的情怀和解决复杂生活问题的能力，是人类迎接21世纪信息时代之挑战的核心素养[①]。

综合实践活动课程依托学生现实生活中的实际问题为课程内容，注重引导学生从其日常学习、社会生活以及自然环境的互动中提炼出富有教育意义

---

① 张华. "超学科探究"：素养本位综合实践活动的本质［J］. 教育家，2023（23）：11—13.

的主题活动。通过整合现有的知识和经验来认识、分析并解决现实问题。在进行考察探究和服务体验的过程中，不仅加深学生对自然、社会和生活的认识，而且塑造他们关爱他人、关注社会和乐于助人的品格，进而确立正确的人生价值观。同时，通过小组合作的方式进行，这不仅锻炼学生的团队精神和沟通能力，也促使他们在协作中互相启发和学习。通过小组讨论和分享，学生能够接触到多元观点和思路，从而拓宽认知边界和思维视野。同时，他们还能从同伴的成功与失败中获得经验和教训，不断完善个人的学习策略和方法。这些活动为学生的全面发展提供坚实的支持，为其未来的成长和进步奠定了坚实基础。

二、综合实践活动的设计方法

综合实践活动是一门国家、地方、学校三级管理的课程，即由国家层面制定总体指导纲要，地方教育部门提出具体的实施方案，学校负责课程的具体开发与执行。这一模式意味着综合实践活动并非依托传统意义上的固定教材，其课程内容源于学生生活、社会及自然世界中的各类问题，教师与学生则共同成为课程开发与实施的关键参与者。为确保该课程教育价值得到有效落实，教师对活动的设计显得尤为关键。

（一）基于不同活动方式的综合实践主题活动设计

2017年教育部发布的《指导纲要》对综合实践活动的具体实施提供更加详尽的指导，在附录部分新增"考察探究""社会服务""设计制作"和"职业体验"四种活动类别，并提供相应的活动主题参考及说明。这一举措旨在为学校和教师在创造性地设计和组织综合实践主题活动时指明方向。因此，以某一活动方式为中心来设计和组织综合实践活动，已经成为众多教师普遍采用的做法。

1. 以考察探究为主线的设计

考察探究类的综合实践活动强调学生通过研究性学习的方式，对实际问题或现象进行深入探索。学生将在考察、调查、实验以及研学等实践活动中进行记录和反思，以此培养其理性思维、质疑和积极探索的态度。活动实施遵循研究性学习的常规流程：发现与提出问题、形成主题→分析问题与提出方法、研制工具→实践操作以获取证据→整理解释信息、提出观念→交流评价和反思改进。因此，以考察探究为主线的活动设计步骤通常如下所述。

◎ **考察探究类的综合实践活动设计** ◎

1. 引入和产生主题。设计让学生走进生活、自然和社会进行考察和收集信息活动，引导学生提出一个实际问题或现象作为研究课题，论证其研究价值并评估是否符合学生当前的研究能力，从而确定活动主题。

2. 分析和确定方法。根据主题，引导学生提出可以开展的各种研究活动，如观察、访谈、问卷、实验等，帮助他们明确研究目标和方法、研制支撑活动开展的学习工具，如观察记录表、访谈提纲、设计问卷等。

3. 学科知识和技能的运用。引导学生根据确定的研究方法，运用不同学科的知识和技能开展实践活动。

4. 数据分析和解释。帮助学生利用相关学科知识分析和解释收集到的数据，通过图表、图像、文字等方式呈现数据结果。

5. 总结和归纳。引导学生总结研究成果，归纳出结论和发现，并思考实践中的应用和可能的改进措施。

6. 展示和分享。组织学生进行展示和分享，可以是口头报告、海报展示、展览等形式，让其他学生和教师了解他们的学习成果。

通过上述活动设计和组织方式，学生能够运用科学方法从多个角度获取信息和证据，这不仅有助于培养他们的科学态度和思维能力，还能发展合作和沟通能力，提高解决问题和自主学习的能力。

◎ **寻找身边的浪费现象** ◎

【活动目标】

通过对学校浪费现象的考察，进行原因分析，提出解决方法，学会关注生活、团结协作，增强主人翁意识，提高社会责任感。

【活动设计】

1. 课前布置学生调查校园中的浪费现象，发现身边存在的浪费问题。

2. 课上组织交流，并填写调查情况汇总表，梳理浪费的类别，确定调查的内容和方法。

3. 各小组选择调查内容（浪费水、电、粮食、学习用品……）设计观察记录表、采访提纲和调查问卷。

4. 分组开展实地考察活动。

5. 小组整理调查资料，分析各种浪费背后的原因，形成解决问题的思路。

6. 各小组汇报调查情况和结论，提出解决问题的办法。

7. 全体学生共同商榷，确定下一步的活动主题《我当节约宣传员》。

2. 以社会服务为主线的设计

社会服务类的综合实践活动主要是让学生通过亲身参与并运用所掌握的知识来服务社会，解决社会问题。在公益活动、志愿服务、勤工俭学等过程中，学生参与社会生活，完善自我品格与意识，深化对社会规则和国家认同的理解，实现自我发展。其常规组织流程：确定服务对象及其需求→制订服务活动计划→开展服务行动→反思服务经历并分享活动经验。据此，社会服务类的综合实践活动的设计步骤通常概述如下。

◎ 社会服务类的综合实践活动设计 ◎

1. 任务选择。选择周边社区中学生比较感兴趣的公共场所、福利机构和公共服务中心等，围绕社会问题开展服务或实践活动，激发学生参与并关注身边的社会问题。

2. 社区合作。与社区组织、非营利组织或当地机构合作，共同策划和组织学生参与活动，并提供必要的支持和资源。

3. 学生培训。在参与之前，为学生提供必要的培训和指导，使他们具备所需的技能和知识，能够有效地参与社区服务或社会问题解决的实践活动。

4. 实践活动。学生通过实践活动来解决社会问题，例如参与社区清洁、志愿者服务、环保行动等，他们可以分工合作，相互协作，共同努力，最终达成目标。

5. 反思和总结。学生在活动结束后进行反思和总结，回顾他们的经验和收获，讨论问题的解决过程、团队合作的情况，以及对社会问题的理解和反思。

6. 成果展示。学生将实践成果进行展示，可以是口头报告、展板、图片、视频等形式。通过展示，分享经验和收获，提高社会公共生活意识。

通过以上活动的设计和组织，学生可以亲自参与社会问题的解决或实践活动，培养社会责任感和团队合作能力。在与社会、环境等进行互动和合作中，探索解决问题的策略和方法，提高社会参与意识，培养公民素养和价值观。

◎ 走进身边的养老院 ◎

【活动目标】

通过观察、访谈、收集资料等方法了解养老院老人的生活情况及实际需求，制订切实可行的服务活动计划，学习或练习相关的服务技能，开展服务活动，体验为他人服务的快乐，提升服务他人的意识。

【活动设计】

1. 出示公益活动照片，讨论公益活动的价值和意义，激发学生参与活动的积极性。

2. 联系社区养老院，组织学生前往观察养老院老人的生活情况，了解他们的需求。

3. 课上组织学生讨论服务内容、制订服务计划，并学习相关技能。

4. 进入老人院开展服务实践活动：为老人提供生活护理（如打扫卫生、整理房间、捶背按摩、做饭等）、聊天谈心（如讲故事、教一些常见聊天软件和视频软件的使用）、娱乐表演（如唱歌、舞蹈、乐器演奏、小品等）。

5. 小组汇报，反思成功和需要改进的地方，完善活动计划。

3. 以设计制作为主线的设计

设计制作类的综合实践活动是一种以项目式问题解决为核心的学习活动，学生通过解决实际问题或面对具体挑战任务，跨学科地运用知识和技能，进行创新和解决方案的设计与实施，发展实践能力和创新思维。其活动组织流程是：确定项目、收集信息→制订方案、创意设计→选择材料工具、动手制作→展示交流物品或作品、反思与改进。据此，设计制作类的综合实践活动的设计步骤通常概述如下。

◎ 设计制作类的综合实践活动设计 ◎

1. 项目确定。引入一个实际问题或具体挑战任务，学生组成小组对问题进行深入理解和分析，确定项目所需的关键知识和技能。

2. 创新和解决方案设计。学生小组通过跨学科的思维和知识运用，进行创新和解决方案的设计。他们可以进行实验、调研、模拟或设计原型等活动，寻找创新的解决方法。

3. 学科知识和技能的学习。学生小组通过自主学习或教师指导，学习和掌握与问题解决相关的学科知识和技能。

4. 实施和评估。实施小组设计的解决方案，并评估其有效性和可行性。通过收集数据、进行实验、调研等活动，来验证解决方案的效果。

5. 成果展示。学生小组将他们的解决方案展示给其他同学和教师，可以采用口头报告、海报展示、模型展示等形式。通过分享他们的成果，互相学习和启发，并得到反馈和建议。

通过以上活动的设计和组织，学生跨学科地运用所学到的知识和技能，创造性地解决实际的问题或挑战任务，培养实践能力和创新思维。在解决问题的过程中，学生还能够培养团队合作、沟通协作和批判性思考等重要素养。

◎ 设计毕业纪念册 ◎

【活动目标】

通过收集整理、设计规划、合作交流、动手操作等方法制作小学毕业纪念册，充分发挥学生的想象力和创造力，实现对小学六年级学习生活的创意表达。

【活动设计】

1. 引导学生回忆小学六年来的美好时光，激发动手制作纪念册的兴趣。

2. 收集筛选、分类整理材料，并设计制作方案。

3. 分板块内容组建小组，合理分工完成材料和工具的前期准备。

4. 全班讨论确定毕业纪念册的呈现方式。制作纸质版的要学习相关装订方法，制作电子版的则要学习相关软件的使用和编辑。学生根据设计思路学习相关技能。

5. 小组分工合作，动手制作所负责的毕业纪念册的板块内容。

6. 展示完成的毕业纪念册，谈收获和感想，进一步修改完善。

7. 组织年级展示，分享成果，收集反馈和建议。

4. 以职业体验为主线的设计

职业体验类的综合实践活动是以学生亲历职业活动的方式，获得真切的职业认识与情感体悟，发现自己的特长，培养职业兴趣。其活动的一般组织流程是：选择或设计职业情境→实际岗位演练→总结、反思和交流经历过程→概括提炼经验、行动应用。据此，职业体验类的综合实践活动的设计步骤通常概述如下。

◎ 职业体验类的综合实践活动设计 ◎

1. 选择职业。选择或设计符合学生年龄和知识能力水平的职业场所。教师对所要体验的职业场所进行前期踩点和布置，做好联系沟通和相关事项准备。

2. 了解岗位。确定要体验的岗位，学生通过调查、访问、阅读相关资料或直接与该职业的专业人士交流来获取信息。

3. 岗位演练。运用所学到的知识和技能在实际岗位上进行见习或实习。

4. 反思和总结。在体验结束后，回顾和反思在职业或模拟岗位中的经历，记录下自己的感受、收获和不足。可以与老师、同学或职业人士交流分享，获取反馈和建议。

5. 提炼经验。将个人的总结、反思和交流的收获进行概括和提炼，形成可应用和分享的经验，这些经验可以文字、图片、视频或报告等形式呈现。

通过以上活动的设计和组织，学生可以建立对职业生活的直接认识，了解社会的组织结构、运行方式和分配原则；发现自己的兴趣特长和职业意向，形成正确的劳动观念和人生指向。

◎ 走进消防中队 ◎

【活动目标】

通过调查了解消防员是什么以及消防员的岗位职责，在体验活动中感受消防员劳动的艰辛与价值，体会消防员的职业精神。

【活动设计】

1. 教师联系社区的消防中队，说清意图，确定小学生可以参观和体验的内容。

2. 组织学生观看消防员的相关信息报道，展示社区消防中队图片，引导学生产生参与体验的兴趣。

3. 出示不同消防员岗位职责的介绍，让学生选择想进一步了解和体验的岗位。

4. 做好体验前的安全教育工作，走进消防中队，分组开展参观和体验活动。

5. 各组分享岗位体验的实践成果，交流活动感受，理解消防员劳动的艰辛与价值。

综合实践活动的四种活动方式具有一定的独立性，对刚开始接触综合实践活动的教师来说，在尚未具备整合思想的情况下，侧重于以某一活动方式来设计和开展活动还是比较容易上手的，但今后也将逐步走向围绕主题的多种活动方式的融合设计。

（二）综合实践活动方案的基本要素与撰写说明

综合实践活动方案就是将综合实践活动设计写成文本的形式。根据使用对象的不同，可以分为学校综合实践活动实施方案、教师综合实践活动设计方案。学校综合实践活动实施方案是指学校在某个阶段（如五年规划、学年规划或学期规划）落实综合实践活动课程的计划，是学校实施综合实践活动课程的行动指南。教师综合实践活动设计方案是指教师组织一个主题活动的预案，是主题活动实施的总蓝图。下面所讨论的综合实践活动方案指的是教师综合实践活动设计方案。

1. 综合实践活动方案的演变和要素形成

综合实践活动方案在活动开展前规划得越详尽，活动的质量和效率越有可能得到保证。作为一种不同于学科课程的教学设计，综合实践活动方案的基本要素确定并不是一蹴而就的，经历了从 1.0 版本到 4.0 版本的探索和发展。

（1）综合实践活动方案 1.0 版本。

◎ 变废为宝 ◎

【活动背景】

我们周遭环境的恶化令人心痛，废气、废水……甚至垃圾已成为困扰人类社会的一大问题。全世界每年要产生超过计划 10 亿吨的垃圾，大量的生活和工业垃圾由于缺乏系统处理而露天堆放，导致垃圾围城现象日益严重，成堆的垃圾臭气熏天，病菌滋生，有毒物质污染地表和地下水，严重危害人类健康。而这"垃圾"里，又有多少的"宝贝"被忽视了呢？因此我们决定开展"变废为宝"的综合实践活动。

【活动目的】

通过对周围废弃物的调查，把废纸、废铁等可利用的废物分类集中，回收利用，通过学生的动手设计与制作，提高科技小制作水平，增强环境保护意识。

【活动对象】四年级学生

【活动过程】

一、准备活动

我们的地球

1. 寻找地球母亲的近况，展示相关资料
2. 寻找身边的环境污染情况，介绍所收集的相关资料

二、基本活动

1. 看一看：我们周围有哪些可再利用的"垃圾"？
2. 找一找：小组合作寻找可再利用物品。
3. 集中交流：我找到了：_____
_____
_____
_____
_____。

三、拓展延伸、汇报交流

1. 各小组亮出组名和口号
2. 分小组展示收集到的废弃品
3. 交流探讨制作想法
4. 动手制作
5. 小组展示

这种设计方案是2004~2010年期间，综合实践活动教师普遍使用的综合实践活动设计模式，我们将其称为1.0版本。从这个设计中可以看出，初期的综合实践活动设计方案包含了"主题名称""活动背景""活动目的""活动对象"和"活动过程"等设计要素，符合以主题形式来组织开展综合实践活动的要求。同时"活动背景"也回答了选择这一主题的原因，明确了适合开展这一主题活动的对象。然而，"活动过程"以一课时来设计显然不符合综合实践活动的特点，体现的还是教师受学科课时设计思想的限制。因此，在2010年期间，我们提出了2.0版本，重视综合实践活动的整体规划。

（2）综合实践活动方案 2.0 版本。

◎ 小蛋壳，大世界 ◎

【活动背景】

在《小眼睛看二小》这个系列活动中，有学生拍摄到了学校食堂里丢弃的蛋壳垃圾。大家发现，半球状的蛋壳黄白相间，铺落一地，煞是好看。于是，产生了将蛋壳加工，制作成装饰品的想法，并举行蛋壳小制作的义卖活动，既能锻炼实践活动能力，又能给别人带来帮助和温暖。"小蛋壳，大世界"的活动主题便由此产生了。

【活动目标】

1. 通过向家长请教制作空蛋壳的方法，学会从生活中主动地发现问题并独立地解决问题。

2. 在制作蛋壳作品的过程中，掌握蛋壳制作工艺并尝试解决制作过程中的问题，提高动手制作的能力和创造美的意识。

3. 制作过程能做到倾听教师和同伴的意见，团结协作共同完成任务，增强劳动意识，养成认真、细心的习惯。

【活动对象】四年学生

【实施过程】

活动时间为 6 周，主要包括六项学习活动：

1. 妙趣蛋壳策划会（主题生成，方案设计，制作前的准备）。

2. 妙趣蛋壳加工厂（设计草图，动手绘制空蛋壳）。

3. 妙趣蛋壳大秀场（展示交流评价，二次修改与加工）。

4. 爱心义卖筹备会（作品的完善、义卖活动的策划）。

5. 妙趣蛋壳义卖场（蛋壳小制作义卖活动）。

6. 畅谈评价与体会（活动评价与反思、课题的延伸）。

【各个阶段的组织】

活动一：妙趣蛋壳策划会

……

在 2.0 版本中，可以看到综合实践活动方案已初具雏形，设计要素依然保留"主题名称""活动背景""活动目标""活动对象"，此外，增加了"实施过程"和"各个阶段的组织"两个设计要素。"实施过程"和"各个阶段的组织"强化了教师对主题学习活动的整体规划意识，推动了综合实践活动向整体化和系统化发展。

2017年教育部颁发《指导纲要》，再次强调教师的指导作用，并明确综合实践活动过程包括"活动准备""活动实施"和"活动总结"三个阶段。为此，我们又将设计模板升级到3.0版本，用表格形式呈现，明确教师在每个阶段、每个环节的指导重点，增强活动前的预设，使综合实践主题活动在开展时更加有方向性和实效性。

（3）综合实践活动方案3.0版本。

◎ 我们来造纸 ◎

【活动背景】

当前社会和学校正倡导开展"垃圾分类回收"活动，学生每天都会把班级里的废纸收集好，并放到学校统一的回收地点。通过活动的开展，学生发现生活中纸张的浪费现象严重，心中也产生了疑问：回收的废纸能不能再次利用？如果可以，怎么把废纸进行重新利用呢？借着这个契机，我们组织开展了"我们来造纸"主题活动。

本主题主要采用考察探究和设计制作两种活动方式，通过学习制作再生纸，引导学生发现问题，并通过亲自动手实践，梳理问题，提出解决问题的方法，指向学生问题意识的培养；此外，通过对再生纸进行创意设计，激发学生的创新意识，培养学生的审美情趣。

【活动总目标】

1. 通过亲历造纸的过程，获得动手制作的愉悦体验，感受到纸张的来之不易，产生节约用纸的意识。

2. 通过动手实践制作再生纸，探究造纸技术，从中发现问题，运用思维可视化工具，梳理分析问题，学习解决问题的方法。

3. 对再生纸进行创意设计，提升创新能力，获取美的享受。

【活动对象】三年级学生

【活动时长】6课时＋课外

活动内容			课时	课堂主要活动	教师指导重点
活动准备阶段	发现提出问题	生成主题	2课时	一、问题导入，确定课题 1. 观察生活现象，产生问题：每天回收的纸如何加工再利用呢？ 2. 确定研究课题。 二、了解古今造纸工艺技术 1. 蔡伦和造纸术。 2. 现代造纸工业。 三、交流讨论制作流程 四、指导填写制作再生纸的方案	一、梳理造纸流程 废纸处理—打纸浆—捞出铺平—晾晒定型 二、指导活动方案填写 1. 认识方案中的内容：原材料、工具、制作步骤。 2. 方案填写难点的指导 ①"工具选择"的指导：引导学生联系生活，思考能使用的工具，如用筷子、小木棍、打蛋器来打纸浆。 ②"制作步骤"的指导：引导学生思考各个流程的注意事项：如怎么选纸、怎么撕纸、怎么打纸浆、怎么铺平、怎么晾晒。
	提出假设 选择方法 研制工具	制订方案			
	获取证据	初步尝试	课外	一、备齐工具和材料 二、进行初次尝试制作	跟进学生制作，及时提供学习支架和帮助
活动实施阶段	提出观念 交流评价 探究成果	对比发现问题 再次尝试解决问题	1课时	一、回顾活动，明晰流程 二、对比作品，发现问题 1. 组内评选。 2. 班级评议。 3. 个人对比。 三、分析原因，提出方法 四、挑选材料，再次制作 五、比较做法，产生再次探索的兴趣	一、对比观察的指导 从纸的平整、结实、美观三方面来进行对比观察。 二、解决问题方法的梳理指导 运用"复流程图"对制作流程出现的问题和解决方法进行梳理呈现。

续表

活动内容			课时	课堂主要活动	教师指导重点
活动实施阶段	拓展延伸	创意设计	1课时	一、交流创意作品，激发兴致 二、对比发现再生纸的特点 1. 对比观察普通白纸和再生纸。 2. 交流再生纸的特点。 三、尝试改变特点，引发创意 1. 围绕"颜色多"尝试"变一变"。 2. 引发对其他方面的新想法。 四、交流方法和所需材料工具	一、观察纸张的指导 通过看、摸、折来观察两种纸，发现再生纸的颜色多、材质粗、不易折、可塑型等特点，并用"气泡图"来呈现再生纸的特点。 二、创意设计的指导 根据再生纸不同的特点引导运用创意方法进行设计，如"加一加""变一变""剪一剪""拼一拼"等。
		再次制作	课外	一、备齐工具和材料 二、进行创意制作	巡视、发现学生存在的问题，给予及时帮助和指导
活动总结阶段	交流展示作品	展示交流	1课时	一、展示作品，交流经验 二、讨论评选优秀作品要求 三、评选优秀作品 四、颁奖	优秀作品评价标准的指导 1. 有创意。 2. 薄厚均匀。 3. 色泽一致。 4. ……
		评选优作			
	反思改进	反思评价	1课时	一、回顾作品，交流新想法 二、评评自己的活动表现 三、谈谈自己的感想	反思活动的指导 1. 对作品改进的想法。 2. 从参与态度、动手实践能力和作品完成情况三方面来评价自己的表现。 3. 从学习收获、成长进步和不足之处谈感想。

在 3.0 版本中，进一步明确了活动准备阶段、实施阶段、总结阶段的具体安排和教师的指导重点，使教师们能更清晰地把握活动的整体流程，并在活动前做好指导预设，从而推动主题活动能够更有序、高效地进行。经过 20 年时间的反复修改和实践运用，综合实践活动方案设计模板日趋成熟，形成较为稳定的设计模板范式。

（4）综合实践活动方案 4.0 版本模板。

◎ 主题名称 ◎

一、主题说明

二、适用年级

三、主题目标

四、主题实施思路

以结构图的形式，整体呈现整个主题的课时安排及开展规划

活动总时长	
内容及课时建议	活动规划
活动准备阶段：＊＊	活动组织环节的简要描述
活动实施阶段：＊＊	
活动总结阶段：＊＊	

五、主题作业

六、分阶段内容的教学设计

在 4.0 版本的设计模板中，将以往的"活动背景""活动目标"等表述全部更换为"主题说明""主题目标"等。这样一来，主题特征更加明显，代表所有设计的学习活动都是围绕主题展开的，主题成为学习活动设计的核心。其次，方案的各基本要素已逐步稳定和明确，主要包括主题名称、主题说明、适用年级、主题目标、主题实施思路、主题作业、分阶段内容的教学设计等七部分。

2. 综合实践活动方案各要素的撰写说明

（1）主题名称。相当于课题。有些教师习惯将《指导纲要》附录中的推

荐主题直接作为课题，这是相对不妥的。作为全国性推荐的主题具有一定的概括性和通用性，应该进行本土化改造。比如"我是'非遗'小传人"，可以和当地的"非遗"项目相结合，具体为"我是'泉州花灯非遗'小传人""我是'凤阳花鼓非遗'小传人"等。其次，主题表述要表意准确、简洁明了。比如"家乡污染调查"。这样的题目就太大了，因为污染有许多方面，所以可以细分为"家乡水污染调查""家乡的大气污染调查"等。当然，这对于中小学生来说还是偏大的主题，最好可以具体到某个水域水污染的研究，比如"公园桥畔水污染调查"。最后，表述方式要完整，体现研究对象、研究内容和研究方法。比如"传统清明节"这个课题，让人一看不知道所指，如果改为"传统清明节探究"或"清明节踏青去"就是两个不同开展方向的主题。"传统清明节探究"更多采用研究性学习的方式开展；"清明节踏青去"则更多采用设计与制作的方式开展。

（2）主题说明。主题说明不仅要说明主题产生的原因和经过，回答为什么要选择这样的一个主题，还要讲述活动组织的内容以及内在价值。以"小蛋壳，大世界"主题说明的两次内容对比为例。

◎ **小蛋壳，大世界（原）** ◎

【主题说明】

在"小眼睛看学校"这个系列活动中，有学生拍摄到了学校食堂里丢弃的蛋壳垃圾。大家发现，半球状的蛋壳黄白相间，铺落一地，煞是好看。于是，产生了将蛋壳加工，制作成装饰品的想法，并举行蛋壳小制作的义卖活动，既能锻炼自己的实践活动能力，又能给别人带来帮助和温暖，这将是多么有意义的一个活动啊！"小蛋壳，大世界"的活动主题便由此产生了。

◎ **小蛋壳，大世界（修改后）** ◎

【主题说明】

在"小眼睛看学校"这个系列活动中，有学生拍摄到了学校食堂里丢弃的蛋壳垃圾。大家发现，半球状的蛋壳黄白相间，铺落一地，煞是好看。于是，产生了将蛋壳加工，制作成装饰品的想法，并举行蛋壳小制作的义卖活动。

"小蛋壳，大世界"这一主题活动中包含两个阶段：第一个阶段是"制作蛋壳作品"，第二个阶段是"筹备义卖会"。学生将经历劳动与技术教育以及项目设计的研究性学习。在制作蛋壳作品和筹备义卖活动中，学生将通过设计、制作、筹备、评价等方式了解简易手工制作和义卖活动的一般过程，体验劳动的可贵和创作的愉悦，初步形成作品鉴赏的能力和策划活动的能力。

（3）适用年级。即明确该活动方案适合在哪个年级开展。因为，同样的主题可以在不同年级开展，只是依据不同年龄学生的特点和知识能力水平，会有不同的目标定位和不同深度的活动组织。在公开教学观摩或比赛中，经常看到教师撰写的活动方案没有体现具体适用的年级，这样就无法判断主题的设计是否符合学生的年龄水平。同样，先确定适用的年级，目标的表述才会准确和具体。

（4）主题目标。主题目标即通过主题活动开展所要达到的效果。主题目标的内容是对综合实践活动课程总目标的具体化。要根据主题活动适用的年级，找到综合实践活动"价值体认""责任担当""问题解决""创意物化"四个维度的学段目标，再结合具体的主题确定所能达到的目标维度，进行细写。主题目标的表述要具体，一般要包括四个要素：行为主体、行为动词、行为条件和表现程度。①行为主体。综合实践活动的行为主体是学生，目标的陈述必须从学生的角度出发，评价学生的学习结果有没有达到，而不是评价教师有没有完成某一项工作。②行为动词。行为动词用以描述行为主体的具体行为状态，表明学生做了什么或生产了什么，便于教学后的评价。行为动词应该避免运用一些笼统、模糊的术语。③行为条件。行为条件是指影响学生产生学习结果的特定限制或范围。在描述主题目标时，通常需要说明在什么样的条件下能达到何等程度的结果。④表现程度。表现程度通常是指学生通过一段时间的活动后所产生的行为变化的最低表现水准或学习水平，用以评价学习表现或学习结果所达到的程度。

◎ 情缘两岸——走进中国闽台缘博物馆寻缘之旅 ◎

【活动目标】

1. 通过走进中国闽台缘博物馆，进一步了解闽台两岸的历史和文化交流情况，增进理解，产生溯源寻缘的意愿。

2. 遵从知识经验和生活经验，提出问题、大胆预设、合理安排，积极做好研学前的准备工作，拟定研学旅行方案，提升批判质疑的能力。

3. 在具体场景中，通过观察、采访、搜集资料，提升个人信息素养，增强小组合作能力。

4. 乐于分享交流，通过活动获取闽台两岸情缘的相关知识，获得愉悦的考察体验；主动在校园内、社区中宣传普及两岸交流的过去、现在和未来，让更多人了解两岸情缘，增强国家认同的责任意识和使命感。

在表述方式上，行为条件一般前置，比如"1. 通过走进中国闽台缘博物馆……""4. ……在校园内、社区中……"。行为动词也较多选择"过程与方法"和"情感态度价值观"类的动词，比如"走进""了解""增进"，"遵从"等。表现程度更多对应"价值体认""问题解决"和"责任担当"三个目标维度，比如"1. ……增进理解，产生溯源寻缘的意愿"。

(5) 主题实施思路。主题实施思路是设计最核心的部分，主要包括整个主题开展的总时长、内容和实施规划。综合实践活动以主题活动的形式开展，超越课堂时空，因此"活动总时长"应体现"课内几课时"加上"课外几课时"。"内容与课时建议"主要按照《指导纲要》规定的"活动准备阶段""活动实施阶段"和"活动总结"三个阶段进行策划，呈现出整个主题活动的框架内容。此部分内容与"分阶段内容的教学设计"是总分的关系。它具有一定的预设性和生成性。在设计时，可先初步拟定几个设想开展的活动，在具体实施时再不断补充修改完善。

(6) 主题作业。综合实践活动的作业设计不仅是检验学生活动开展的情况，更是推动综合实践活动深度开展的有效抓手。"主题作业"经常配合活动开展的三个阶段进行设计。"活动准备阶段的作业"一般包含前期资料的收集、调查的相关任务以及进行活动所需要的学习工具（相关表单）的开发，评价表的制订等；"活动实施阶段的作业"一般是完成相关的实践作业，并填写活动准备阶段开发的相关表单，及时记录一些感受、感悟。"活动总结阶段的作业"一般是对已形成的成果进一步修改完善或对所积累的经验进一步梳理和提升总结。

(7) 分阶段内容的教学设计。这部分内容是对"主题实施思路"的具体化，每个教学设计要有具体"分课时目标"和"分课时设计"。在"分课时设计"中应该对可能出现的问题及对策进行充分的预设，提高设计转变为教学实际的可能性。

第二章　跨学科主题学习概述

导读

- 跨学科主题学习概述
  - 跨学科学习的历史发展和类型分析
    - 跨学科学习的历史发展
      - （一）国际上跨学科学习的发展历程
      - （二）跨学科学习在中国本土化的演变
    - 跨学科学习的类型分析
      - （一）跨学科学习的核心词界定
      - （二）跨学科学习的类型分析
  - 我国跨学科主题学习的性质要求与实施建议
    - 跨学科主题学习的性质要求
      - （一）跨学科主题学习的概念提出
      - （二）新课程方案中跨学科主题学习的要求
      - （三）各课程标准中的跨学科主题学习内容
    - 跨学科主题学习的实施建议
      - （一）以"学科"为基础，实现素养真发展
      - （二）以主题结构化，体现跨学科学习特征
    - 跨学科主题学习教研活动的组织
      - （一）跨学科教研活动的"3553"组织实施流程
      - （二）跨学科教研活动组织实施的策略

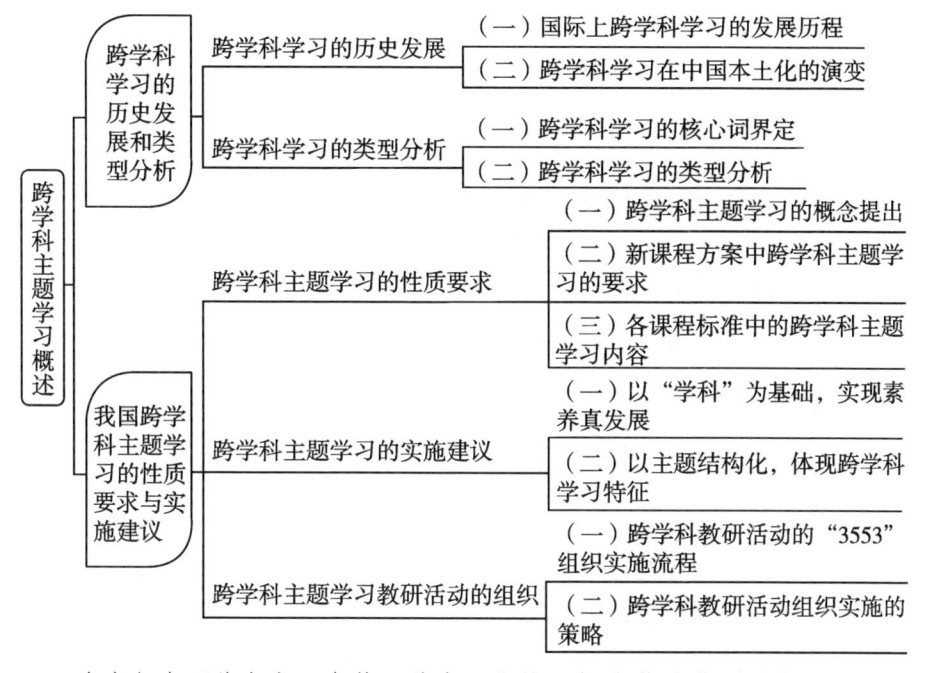

　　本章包含两节内容。在第一节中，您将了解跨学科学习孕育的基础是整合思想，其经历了整合—分化—整合的漫长发展历程，并知道跨学科主题学习是跨学科学习在中国的本土化演变。同时，在"跨学科学习的核心词界定"中，您将了解到国内外学者对"跨学科学习"的不同理解，并在具体的例子中理解不同整合程度下的"单学科主导的跨学科学习""多学科整合的跨学科学习"和"超学科整合的跨学科学习"分别指什么。在第二节中，主要对

《义务教育课程方案（2022年版）》中提及的"跨学科主题学习"的相关政策规定和在不同课程标准中的内容要求进行梳理，力求让您了解我国推进跨学科主题学习的价值和意义，从而掌握开展跨学科主题学习的基本实施要求。同时，还介绍了跨学科主题学习教研活动的组织，从研前做好精心选题与设计、研中做好组织观察与交流，再到研后做好反思提升与延展等提出详细的组织流程和策略，力求帮助教师组织和开展跨学科主题学习活动。

如果您想要大致了解跨学科学习以及一些容易混淆的相关概念，那么您必须先阅读这一章，才能有助于厘清一些关键概念，后续的学习才能更加清晰。

第一节 跨学科学习的历史发展和类型分析

一、跨学科学习的历史发展

（一）国际上跨学科学习的发展历程

跨学科研究和学习的发展并不是突然的，而是经过长时间的孕育、诞生和迅猛发展，体现事物合久必分、分久必合的发展规律。

1. 整合思想的孕育

在春秋战国和古希腊时期，人们对知识探索处在一个自然、混沌的综合状态中[1]。那时，各种学问相互交织，没有明显的学科界限，人们在探索世界的过程中，形成了丰富的整体认知。随着时间的推移、生产力的不断发展以及各类经验的积累，人们开始逐渐认识到知识的深度和广度，分科课程也应运而生，并表现在教育内容和人才培养上。随着学科知识分类越来越细化和深入，各自相对完善的学科知识体系逐渐形成；然而，这也导致各个学科之间的界限变得愈发明显，形成各自割据的状态。在这样的背景下，整合思想开始悄然孕育。人们逐渐认识到，尽管各个学科有着各自的独特性，但它们之间又存在着千丝万缕的联系。这种认识促使人们开始寻求一种更为综合的学习方式，旨在更全面、更深入地理解这个世界。

---

① 郭洪瑞, 张紫红, 崔允漷. 试论核心素养导向的综合学习 [J]. 全球教育展望, 2022, 51 (05): 36—48.

18世纪，德国哲学家赫尔巴特以"统觉"理论为指导，提出了"集中"和"相关"的课程设计原则①。这一原则强调，学科知识并非孤立存在，而是相互关联、相互影响的。因此，课程设计应当注重知识的整合与联系，而非简单地堆砌各个学科的知识。在赫尔巴特的影响下，人们开始重新审视学科知识之间的关系，尝试打破学科之间的界限，实现知识的整合与聚合。这种整合的思想，不仅有助于人们更全面地理解世界，也为后来的跨学科研究与实践提供了重要的启示。

2. 跨学科思想的兴起

学校跨学科运动是在"统整"与"跨学科"两大思想的辩论中逐步奠定的②。在19世纪末的美国进步主义教育运动中，教育家帕克吸收并改造了赫尔巴特的观点，对"集中"原则进行了重新解读。他强调根据学生的兴趣来组织课程，帮助他们更快地融入外部世界，形成有意义的课程形态。进入20世纪初期，为了改变学科知识的精细化倾向，跨学科活动力图从学科的横向联系出发，改组并综合知识体系。1918年，美国的全美教育改造委员会提出了学校教育不再分科的倡议，提倡整合教育。戚勒则建议实行整合课程，以历史、文学、宗教为中心进行统整教育。与此同时，杜威也提出了废除书本化教材的主张，提倡课程应结合儿童的经验。他强调课程应以"活动作业"为组织中心，通过反省思维五步法开展探究性活动③。这种以儿童为中心的教育理念，为跨学科运动注入了新的活力。此外，社会改造主义者也主张以社会问题为核心设计核心课程，强调教育应与社会现实紧密相连。这一观点进一步推动了跨学科运动的发展，使得教育更加关注现实问题和社会需求。

在1926年，哥伦比亚大学心理学家伍德沃斯首次提出了"跨学科"一词④。他主张应对被专业化所隔离的两个或多个学科进行跨学科综合研究，以打破学科壁垒，促进知识的融合与创新。这一概念的提出，为跨学科运动提

---

① 黄志红. 从技术到哲学：课程整合问题述评 [J]. 现代教育论丛, 2013 (04): 39—44.

② 伍红林, 田莉莉. 跨学科主题学习：溯源、内涵与实施建议 [J]. 全球教育展望, 2023, 52 (03): 35—47.

③ 伍红林, 田莉莉. 跨学科主题学习：溯源、内涵与实施建议 [J]. 全球教育展望, 2023, 52 (03): 35—47.

④ 刘仲林. 跨学科学导论 [M]. 杭州：浙江教育出版社, 1990：19, 20, 22, 33.

供了更为明确的方向和目标。到了1937年，霍普金斯发表的论著《课程整合：理论与实践》标志着"课程整合"正式进入课程领域，并作为一个独立的研究问题得到广泛关注①。这一著作不仅推动了教育实践中课程整合的发展，也为跨学科运动奠定了更为坚实的理论基础。

3. 跨学科教育的出现

"跨学科"这一术语在20世纪50年代开始被学术界广泛采纳和使用，并随着跨学科运动的蓬勃开展，相继衍生出"跨学科研究""跨学科学习"以及"跨学科教育"等概念。到了20世纪70年代，跨学科的研究与实践已在多个领域实现常态化，显示出其对现代社会发展的重要价值。

瑞士著名心理学家让·皮亚杰对跨学科认识论问题进行了系统而深入的分析。他主张采用结构主义的观点来研究学科问题，将各个学科从混乱无序的状态引导至清晰、独立，并最终实现跨学科的综合②。皮亚杰的这一理论为学科发展描绘了一个环形螺旋结构的蓝图，即每个学科在发展过程中，都经历了从简单到复杂、从独立到相互关联的演进过程。

到20世纪70年代，美国、日本、西班牙、意大利和加拿大等国家纷纷在基础教育领域进行教育改革实验，积极开展跨学科教育活动。20世纪末至21世纪初，世界基础教育改革浪潮进一步推动了跨学科教育的发展。在这一时期，涌现出了许多新的学习方式，如STEM学习、项目化学习、主题学习、探究学习、大概念教学、大观念教学和大任务教学等。这些新的学习方式都强调跨学科知识的整合与应用，注重培养学生的创新能力和解决问题的能力。

回顾跨学科的发展历程，我们可以清晰地看到，跨学科是学科与科技发展及产业革命的必然结果。随着科技的不断进步和产业的快速变革，传统单一的学科知识体系已难以满足现代社会的需求。跨学科的研究与实践不仅有助于打破学科壁垒，促进知识的融合与创新，还能更好地适应和应对现代社会发展的挑战。

跨学科教育则是跨学科研究在学校教育中的必然反映。在现代教育中，

---

① 刘登珲. 课程统整的概念谱系与行动框架［J］. 全球教育展望，2020，49（01）：38—53.

② 叶澜. 回归突破："生命·实践"教育学论纲［M］. 上海：华东师范大学出版社，2013：46，92.

跨学科教育已经成为培养学生综合素质和创新能力的重要途径。通过跨学科教育，学生可以更好地理解和应用所学知识，提高解决实际问题的能力，同时也有助于培养学生的团队合作精神和创新思维。

（二）跨学科学习在中国本土化的演变

1. 国内跨学科教育的发展

我国的跨学科教育起步比较晚，在 20 世纪 80~90 年代，我国高等教育开始探索跨学科教育的新模式。为了进一步推动跨学科教育的发展，还建立了跨学科学会，并由这一学术组织牵头成立了"全国高等学校交叉科学联络中心"。这一机构的成立为我国高校交叉科学研究和教学提供了有力支持。随后，跨学科教育的理念也向全国中小学蔓延。在一些学校中，跨学科教育以综合课的形式进行教学，如自然课、社会课等。这些跨学科课程不仅丰富了中小学的教学内容，还为学生提供了更加广阔的学术视野和更加丰富的知识体验。

2. 综合实践活动和跨学科主题学习的提出

进入 21 世纪后，我国启动第八次基础教育课程改革。在 2001 年印发的《改革纲要》中着重强调"设置综合课程"，独立设置综合实践活动课程。在 2001 和 2011 年版的各科课程标准中，也都设立了"综合性学习"或"综合与实践"的内容学习板块。尽管当时没有明确指出跨学科，但综合实践活动课程体现的就是跨学科知识的运用，而且各学科知识的整合与实践应用的体现也是明显的。2022 年 4 月，《义务教育课程方案（2022 年版）》正式发布，明确规定了"要加强课程内容与社会生活和学生经验的联系，强化学科内知识整合，统筹设计综合课程和跨学科主题学习""规定每个学科要以不少于 10% 的课时开展以本学科为载体的跨学科主题学习"。这是我国在分科课程与综合课程探索过程中的一个重大进步，是推动各学科教师参与到课程改革的一种政策思路。

3. 我国开展跨学科主题学习的价值意义

现实世界中没有一种事或物是独立存在的，单一学科知识的维度带来的是人看待世界的理想化割裂，只有整体、辩证地看待和解决现实世界中的问题，人才能获得全面、整体的发展，因此现代教育也需要综合课程和跨学科学习。新课程方案"跨学科主题学习"的提出，在于要求各门课程要自觉地从整体育人的角度出发，重新看待本门学科在整体育人中的地位，立足本学科、关联其他学科，从而推进学科课程的综合化和学习方式的转变。跨学科主题学习的提出，为广大学科教师提供了一个参与课程改革的新路径，也为学生的学习方式带来了革命性的变革。学生们要围绕一个主题或问题进行综合性的学习和探究。主题或问题内容是广泛的，可以是学生自身生活、社会生活和生存环境等各方面的真实问题和需求；合作过程是开放的，学生可以自由选择合作伙伴开展共同探究；时空是灵活的，可以是课堂时间也可以是课外和校外。在这样的学习过程中，学生不仅能够更好地理解和应用各学科知识，还能培养自己的综合思维能力和创新能力。

二、跨学科学习的类型分析

（一）跨学科学习的核心词界定

"跨学科学习"是一个复合词组，由"跨学科"和"学习"两个核心词构成。

1. 跨学科

"跨学科"在英文中，有不同的词语表达，代表不同的意义。我国学者刘仲林综合国外学者对跨学科内涵的界定，认为"跨学科"有以下几点含义：（1）突破学科壁垒，把不同学科方法或理论有机融合的研究或教育活动；（2）指包含众多跨学科的学科（交叉学科）在内的学科群；（3）指一门研究跨学科规律和方法的高层次学科[①]。

2. 学习

"学习"是指通过各种途径获得知识、技能或理解的过程。

3. 跨学科学习

国内外不同学者对于跨学科学习有着各自的理解。克莱因从知识整合的视角提出，跨学科学习是学习者创造性地联结某一主题的多个学科知识，并对主题属性进行多维整合的过程[②]。鲍克斯·曼斯勒认为，跨学科学习是个人和群体将两个或两个以上学科或已确立的领域中的观点和思维方式整合起来

[①] 刘仲林. 跨学科学导论[M]. 杭州：浙江教育出版社，1990：19—20.

[②] 陈丹，崔亚雪，李洪修. 跨学科主题学习的实践属性及其路径选择[J]. 天津师范大学学报（基础教育版），2023，24（04）：1—6.

的过程，旨在促进其对一个主题的基础性和实践性理解，该理解超越单一学科的范围[①]。夏雪梅从项目式学习的角度对跨学科学习进行了界定：为了解决一个真实而复杂的问题，学生学习并创造性地整合不同学科的核心知识与能力，以形成整合性的项目成果和新的理解[②]。因此，跨学科学习是将不同学科间的知识、方法、思维进行整合、重新建构的学习活动。

（二）跨学科学习的类型分析

跨学科思想起源于课程整合。课程整合依据内容整合的程度可分为多学科整合、狭义的跨学科整合和超学科整合[③]。多学科整合，是指围绕一个问题或主题，不同学科之间联合开展探究，但保留学科各自的名称、边界、内容和方法体系，学科之间由此形成"若即若离"的关系。狭义的跨学科整合，是指围绕一个现实主题或学科主题，将一个学科的观念或方法迁移、应用到其他学科，由此生成新的学科观念、方法等，学科之间形成相互作用、跨界融合的关系。超学科整合，是指围绕一个现实世界主题，将所有学科的观念、知识与方法融为一体，学科的边界和名称完全消失，学科之间形成水乳交融的有机关系。据此，跨学科学习也可以根据课程整合时学科间的关系，分为单学科主导的跨学科学习、多学科整合的跨学科学习和超学科整合的跨学科学习。

1. 单学科主导的跨学科学习

单学科主导的跨学科学习，是指在某一学科知识或内容的基础上，通过主题或问题的串联，引导学生跨越学科的边界，借助其他学科的知识、方法或思维以到达对本学科知识或概念的深化学习和理解（如图2）。

图2　单学科主导的跨学科学习

以语文学科"寓言故事"的学习为例。学生通过阅读、学习、掌握了寓言故事的分析方法后，开展了"演绎寓言故事"主题

[①] 张华. 论理解本位跨学科学习[J]. 基础教育课程，2018，(22)：7—13.

[②] 夏雪梅. 跨学科项目化学习：内涵、设计逻辑与实践原型[J]. 课程·教材·教法，2022，42 (1)：78.

[③] 陈艳茹. 素养培育视角下跨学科主题学习设计案例研究[D]. 华东师范大学，2022.

学习活动。借助图文结合的美术技法制作"寓言身份证"、借助音乐、舞蹈、语言等形式表演"寓言故事情景剧",在艺术表现中加深对寓言故事的理解。可以看出,单学科主导的跨学科学习还是指向学科学习,是对学科学习的补充和延伸,即通过立足学科,让学生拥有系统而扎实的学科知识与方法,又通过主动跨界,让学生加深对知识的理解和运用。我国当前课程方案倡导的跨学科主题学习就是属于这一类,是单学科主导的跨学科学习。

2. 多学科整合的跨学科学习

多学科整合的跨学科学习,是指围绕某一主题或概念,将不同学科的知识、方法或思维联合起来开展探究,各种学科的形态并没有改变,仍然保持着自身的知识和内容,只是加强学科间的联系,即通过跨学科学习,学生可以更加全面地了解一个主题或理解一个概念(如图3)。

图3 多学科整合的跨学科学习

以"传统清明节"的探究为例。学生可以通过学习有关描写清明节对亲人、将士缅怀的诗词,感受诗歌中蕴含的强烈哀思;通过统计清明时节各地回乡祭扫先人的人数,在数据分析中感受人口流动背后所传承的孝道文化;同时,通过探究历史上清明节的演变过程,了解这一节日在不同历史时期的文化内涵和社会意义。这些内容虽然可以在不同学科中独立进行,实现各自的学习目标,但是通过多学科整合在同一时间内开展,则有助于学生更好地理解传统文化,领悟清明节蕴含的中华民族对先人的感恩和对生命的尊重。要注意的是,这种学习方式与"拼盘式"的主题学习有本质的区别:是否围绕主题或观念形成结构化的学习。目前,在一些大观念、大概念的教学中,经常采用这种学习方式。如果说单学科的跨学科学习是某个学科教师的独立创作,那么多学科整合的跨学科学习则需要不同学科教师的相互协作,有利于打破学科的边界,促进学科知识间的相互渗透和相互联系。

3. 超学科整合的跨学科学习

超学科整合的跨学科学习,是指以学习者的兴趣和需要为中心,围绕一个生活中的主题或问题,跨越学科的界限,实现知识的融会贯通。在这种学习模式中,几乎看不出具体的课程领域,

图4 超学科整合的跨学科学习

体现的是不同学科知识、方法或思维的综合运用（如图4）。

以"清明踏青去"的活动为例，学生需要根据实际情况，统筹规划时间、地点、人员、出行方式等各个方面，制订详细的出游计划。同时，他们还需要通过测算门票、交通、物品等相关费用，做好经费预算。再者，还需亲手制作踏青食品和游玩道具，打包出行物品等，确保一切准备就绪。在踏青行程中，学生需要运用观察和记录的技能，捕捉精彩的人和物，拍下美好的瞬间。这不仅需要他们具备敏锐的观察力和审美能力，还需要他们掌握摄影和摄像的相关技能。同时，他们还需要通过文学作品的创作，将踏青的所观、所感记录下来，形成一篇篇生动、有趣的游记或散文，并借助现代信息科技手段进行推广。在超学科整合的主题式学习中，学生不仅能将不同学科知识和技能融会贯通地运用，还发展了跨学科素养。学生学会了如何运用多学科知识来解决实际问题，如何统筹规划和管理资源，如何敏锐观察和记录生活中的美好瞬间，以及如何准确地表达自己的感受和思考。这些能力和素养将对他们的未来发展产生深远的影响。我国推行的综合实践活动就是属于超学科的跨学科学习。

第二节 我国跨学科主题学习的性质要求与实施建议

一、跨学科主题学习的性质要求

（一）跨学科主题学习的概念提出

2022年4月，《义务教育课程方案（2022年版）》正式发布，明确规定"加强课程内容与学生经验、社会生活的联系，强化学科内知识整合，统筹设计综合课程和跨学科主题学习"。这是我国第一次明确提出跨学科主题学习的概念，是对我国课程改革综合化和实践化的制度化确认。

虽然新课程方案和各门课程标准多次提及"跨学科主题学习"，但却未对其进行清晰的定义。在正式发表的资料上，只有《义务教育地理课程标准（2022年版）》明确提出了跨学科主题学习的定义，即"基于学生的基础、体验和兴趣，围绕某一研究主题，以地理课程内容为主干，运用并整合其他课程的相关知识和方法，开展综合学习的一种方式"。从《义务教育地理课程标准（2022年版）》的这段描述可以看出，跨学科主题学习的组织形式为"主题式"，主题的来源基于学生的生活经验和知识基础，重视学生的主体兴趣和体验；主题内容选择上体现"跨学科"，即以一门学科课程内容为主要载体，然后关联其他学科知识和方法，以促进学生学习的综合化。

我国一些专家学者也从不同的角度对跨学科主题学习作出解释。北京师范大学郭华教授指出，2022年版课标中的跨学科主题学习，是各门学科自觉从综合育人的角度出发，通过强化学科间的联合，为学生提供综合运用多学科知识去解决真实问题的机会，以便他们形成对事物、对世界的整体认识，形成综合解决问题的意识和能力，进而加深对本学科意义和价值的认识[①]。同时，她还指出，跨学科主题学习重点既是"跨学科"，又是"主题学习"，其中"主题学习"更为根本。华东师范大学吴刚平教授指出，"跨学科主题学习"是指为培养跨学科素养而整合两种及以上学科内容开展学习的主题教学活动安排[②]。杭州师范大学张华教授指出，"跨学科主题学习"是围绕一个生活或学科问题，将一个学科的观念、知识和方法跨向其他学科，或将不同学科整体联系起来（如STEM、STS等），它总体还属于学科领域[③]。福建师范大学殷世东教授指出，跨学科主题学习是在某一学科学习的基础上，以某一学科研究主题为核心，整合相关学科的知识、内容与方法而实施的一种综合学习活动[④]。

综合相关资料可以看出，我国新课程方案中跨学科主题学习是立足某一学科知识，以主题的形式来实现关联其他学科知识、方法和思维的一种综合学习方式。因此，我国的跨学科主题学习可以归结为三层基本涵义：（1）主题引领。主题引领是跨学科主题学习的核心。一个有意义、能引起学生兴趣的主题，能够激发学生的学习动力和探究欲望。这一主题不仅贯穿整个学习

---

① 郭华. 跨学科子主题学习：是什么？怎么做？[M]. 北京：教育科学出版社，2023：5.

② 吴刚平. 跨学科主题学习的意义与设计思路[J]. 课程·教材·教法，2022，42（09）：53—55.

③ 张华. "超学科探究"：素养本位综合实践活动的本质[J]. 教育家，2023，（23）：11—13.

④ 殷世东，王笑地. 跨学科主题学习与综合实践活动应殊途同归[J]. 福建教育，2022（30）：21—24.

过程，还为学生提供了一个明确的学习目标和方向。（2）知识整合。知识整合是跨学科主题学习的关键。在跨学科学习中，学生需要创造性地联结不同学科的知识，形成一个多维度的、相互关联的知识网络。这种知识整合不仅有助于学生更好地理解和掌握知识，还能培养学生的创新思维和综合能力。（3）问题解决。问题解决是跨学科主题学习的归宿。跨学科学习的最终目的是让学生能够综合运用所学知识解决现实问题。这些问题可能是复杂的、跨领域的，需要学生调动多方面的知识和能力。通过问题解决，学生不仅能够巩固和深化所学知识，还能培养自己的实践能力和创新精神。

（二）新课程方案中跨学科主题学习的要求

在《义务教育课程方案（2022年版）》中，多次提到"跨学科主题学习"，现对课程方案中提及的内容进行一次梳理和分析。

第一，在"课程内容"的主要变化中，提出"设立跨学科主题学习活动，加强学科间相互关联，带动课程综合化实施，强化实践性要求"。这句话指出了设立"跨学科主题学习"的目的，是在于加强不同学科之间的相互关联，促进学科之间的交叉与融合，从而推动学科课程综合化的实施。同时也强调了跨学科主题学习要注重实践性，不同学科知识、方法和思维的整合必须通过真实的探究活动和项目实践，在解决问题的真实情境中形成学科理解和跨学科理解。

第二，在修订的"基本原则"中，提出"加强课程内容与学生经验、社会生活的联系，强化学科内知识整合，统筹设计综合课程和跨学科主题学习"。"加强课程内容与学生经验、社会生活的联系"意味着在教学过程中，教师要将课程内容与学生实际的经验、社会生活情境相结合，而不是纯学科课程间的"拼盘式"结合，要依托具体情境实现知识的有意义联结。而"强化学科内知识整合，统筹设计综合课程和跨学科主题学习"，体现的是新课程方案推进综合学习的三条路径，即学科内知识整合、综合课程、跨学科主题学习。整体综合来看，都在强调任何一种路径的实施，都要注意与学生经验和社会生活的联系，这样的联系有助于提升学生的学习兴趣和参与度，使学习更加贴近实际，具有实际应用的意义。

第三，在"课程标准编制与教材编写"中，提出"原则上，各门课程用不少于10%的课时设计跨学科主题学习"。这是从制度上对跨学科主题学习提供课时保障。以语文为例，义务教育阶段九年总课时数以 9522 计，语文学科占九年总课时的 20%～22%，折合为 1904～2094 课时，10% 的跨学科主题学习则为 190～209 课时；按 4 个学段计，平均每个学段需要用 50 课时左右来设计跨学科主题学习。当然，课时在学段的划分并不一定要平均分，可能在越高学段，开展跨学科主题学习的课时会更多。各个学科可以按这样的规定，折算出各自实施跨学科主题学习的具体课时，然后再依据实施过程的具体情况统筹安排。但不管怎样，明确 10% 的课时规定，促使各学科教师参与到课程综合化和实践化的教育改革推进中来。

从新课程方案对"跨学科主题学习"的各种具体规定，体现了国家在推进课程综合化与实践化的坚定决心，同时也体现我国对教育改革发展过程中遇到问题的积极回应和做出具体应对的策略性安排。

（三）各课程标准中的跨学科主题学习内容

在新课程方案指挥棒的引导下，各课程标准中也纷纷设置了"跨学科主题学习"，下面对跨学科主题学习在各门学科中的名称、具体内容呈现、数量进行梳理。

第一，不同课程中对"跨学科主题学习"命名不同。语文课程中叫作"跨学科学习"，数学课程中叫作"综合与实践"，历史和地理课程中叫作"跨学科主题学习"，物理课程中叫作"跨学科实践"，化学课程中叫作"化学与社会·跨学科实践"，生物课程中叫作"生物学与社会·跨学科实践"。虽然叫法各有不同，但其基本功能和教育意图是一致的，都旨在打破学科边界，加强学科间的相互关联，强化课程的协同育人，促进学生核心素养的发展。

第二，各课程标准中也对于跨学科主题学习的目的、设计要求、教学实施的注意事项有明确的说明。如义务教育语文课程按照内容整合程度的不断提升，分三个层面设置学习任务群，在第三层面"拓展型学习任务群"中设置了"跨学科学习"，明确指出开展跨学科主题学习的目的是通过设计富有挑战性的学习任务，加强语文课程内容与生活、与其他学科的联系，激发学生的好奇心、想象力、求知欲，促进学生自主、合作、探究学习。在语文学科的课程标准中，还详细描述了"跨学科学习"在不同学段的学习内容、教学提示、学业质量标准和评价建议等的具体要求。而义务教育数学课程是将"综合与实践"作为和"数与代数""图形与几何""统计与概率"等数学核心内容相并列的领域之一，明确指出开展跨学科主题学习是为了让学生在实际情境和真实问题中，综合运用数学和其他学科的知识与方法，在发现问题、提出问题、分析问题、解决问题的过程中，深刻感悟数学知识之间、数学与其他学科知识之间，以及数学与科学技术、社会生活之间的紧密联系。这样的学习经历不仅有助于积累丰富的活动经验，还能使学生感悟思想方法，进而形成并发展模型意识、创新意识，提升解决实际问题的能力，最终促进核心素养的形成与发展。在数学的课程标准中，还明确指出跨学科主题学习主要采用主题活动和项目学习，第一、第二、第三学段主要采用主题式学习，第四学段适当采用项目式学习，同时也描述了不同学段学习的范围和要求、相关核心素养所要达到的程度以及教学建议。其他学科就不一一赘述，可以详见义务教育阶段各课程标准中有关跨学科主题学习的相关规定。

第三，有的课程标准中还规划了跨学科主题数量，并附有详细的说明。如数学的课程标准中规划了小学阶段的"综合与实践"活动 15 个，分别为第一学段 6 个，第二学段 4 个，第三学段 5 个，对每个主题的内容要求、学业要求和教学提示都有详尽的操作说明。这样详细的说明不仅有利于教师尽快了解跨学科主题学习活动的内涵，还可以帮助教师较快地掌握跨学科主题学习的组织要领，从开始的模仿，逐步过渡到迁移应用，旨在最后能根据各科的课程内容和学习特点，结合当地的资源进行更加个性化的主题设计。

二、跨学科主题学习的实施建议

核心素养主要指的是学生应该具备的，能够适应其终身发展和社会发展需要的正确价值观、必备品格和关键能力。要培养学生的核心素养，不仅要让学生掌握各个学科的基础知识，还要能够理解学科之间的内在联系，形成更加完整、深刻的知识体系和思维方法。因此，核心素养导向下的跨学科主题学习，应以"素养"为中心来整合知识与知识、知识与生活、知识与经验，从而实现个体核心素养的发展。

（一）以"学科"为基础，实现素养真发展

素养的基础是知识，没有扎实深厚的学科知识为基石，就不可能有真正的素养发展。在我国课程体系中，跨学科主题学习是对分科教学的补充、巩固和深化，旨在提供更全面、更具深度的学习体验，帮助学生更好地理解和

应用学科知识。跨学科主题学习的实施并没有完全超越学科的框架。相反，必须在坚持学科立场的基础上，有效地整合不同学科的知识和方法，以实现最佳的教学效果。

首先，跨学科主题学习在课程设置中只占10％的比例，这就意味着学科教学仍然占主导地位，跨学科主题学习是对学科内容的拓展和深化，允许学生以不同的形式学习和应用知识。其次，坚持学科立场强调的是以本学科内容为核心，整合其他相关学科的知识和方法。这种整合并不是简单的知识堆砌，而是要在深入理解本学科知识的基础上，寻找与其他学科的交叉点和联系。例如，在文学和历史课程中，学生可以通过跨学科主题学习，将文学作品和历史事件相结合，以便更深入地理解文学作品的背景和意义。这样的学习方式不仅可以提高学生的阅读兴趣和理解能力，还有助于他们形成跨学科的知识结构。此外，强调学科立场，有助于防止学习活动停留在浅层次，确保学生在知识学习和能力上保持同步提升。

（二）以主题结构化，体现跨学科学习特征

郭华教授曾说过，"跨学科主题学习"中，"跨学科"是重点，而"主题学习"是根本。这就意味着在跨学科主题学习的过程中，并不只是"跨"了学科的简单学科知识拼凑，而是各种知识之间要发生"化学反应"。这个化学反应指的就是通过主题实现知识内部的结构化、知识与经验的结构化，从而实现个体核心素养的发展。主题实施需要情境，只有情境才有真问题、真运用。解决问题的过程需要真探究、真整合，才能摆脱无效、浅层次的学习和探究，指向深度学习的发生。最终，学习的结果是真发展，不单只是学科知识得到深化，学生的个性品质、高阶思维能力等也得到发展。因此，"跨学科主题学习"最主要的特征应是情境性、跨学科和综合化。

1. 情境性：无情境不主题

《义务教育课程方案（2022年版）》明确提出，"注重培养学生在真实情境中综合运用知识解决问题的能力"。各学科课程标准也都有类似"用学过的知识"来"解决真实情境下的问题"这样的表述。综合实践活动课程更是在性质定义中就明确指出"从生活情境中发现问题，转化为活动主题"。在许多关于"核心素养培育"解析的文章中也都提到，"情境是学生核心素养培育的途径和方法，是核心素养实现的现实基础。""知识是素养的媒介和手段，知

识转化为素养的重要途径是情境。如果脱离情境，知识就只剩下符号，知识的应用和知识蕴含的文化精神就无从谈起。"从中可以看出，情境是学习真实发生的重要载体，是学生核心素养形成的重要路径，也是主题活动设计的首要条件。

情境是指教师在教学过程中为学生创造的一种具体的、有关联的学习环境，以提供学习任务和目标的背景环境。情境是主题产生的背景，也是学习发生的场域。情境可以是真实生活中的场景，也可以是虚构的场景，旨在帮助学习者将所学的知识、技能等应用到实际情境中，促进他们学习效果和应用能力的提高。要注意的是，情境并非偶然来自现实生活的直接反映，而是能够激发学生发生真实学习的问题的情境，是符合逻辑的、合情合理的、具有教育性的情境。比如，想让学生了解人民币的面值和它们之间的换算关系，可以模拟设计一个购物情境，让学生亲身体验，进一步理解。因此，情境是为主题学习提供一个真实、复杂、丰富的环境载体，学生在情境中以问题为导向，着眼于具体问题的解决，从中不仅可以掌握与其相关的学科知识，还可以学习到如何应用所学的知识，进而提高自己的实践能力，增强跨学科思维。

2. 跨学科性：无跨界不联结

综合学习代表的是一种"联结"教育改革价值观导向下的学习方式变革，强调的是基于"整体性"思维下的广泛而多样的联结。新课程方案将综合实践活动和跨学科主题学习作为推进综合学习的两条路径，不仅强调学科间知识、方法的整合与联结，还强调知识与生活的联结，以此提高学生解决复杂问题的能力。

在真实情境中，学生面对的问题、任务或项目时常具有复杂性，需要以更加开放和综合的视角来审视问题，自然而然就会跨越学科的边界，寻找知识间的合力来获得解决办法。比如要减少学校附近的交通污染，学生需要了解交通污染对环境的具体影响，如汽车尾气排放如何在空气中传播，尾气又怎样和环境互相作用产生二次污染。在这个过程中，学生就需要综合环境科学、物理、化学、社会学等多个学科的知识，才能找到一个全面的解决方案。当面对一个相对复杂的综合问题时，学生会意识到只靠单一学科知识是无法解决的，只有跨越学科边界，综合运用多学科的知识、方法、思路去分析问题、解决问题，才能获得对事物、对世界的相对完整的认识，才能获得综合解决问题的办法和能力。

3. 综合性：无综合不发展

跨学科主题学习以主题的形式开展，就意味着要面对一个相对复杂的综合问题。首先，主题学习的"主题"包容性大，可实现知识内容的多样性。"主题"可以是历史事件、科学探索、社会问题等，所涉及的知识内容非常宽广，学生将从不同学科的角度探索和理解主题，思考问题，这有利于学生形成全面的学习视野。在主题开展的过程中，将通过整合不同学科的知识和概念来解决问题。例如，在学习关于环境保护的主题时，学生需要了解生态学、地理学和社会学等多个学科的相关知识，综合考虑不同学科的观点和方法，从而提升知识的综合性和实用性。

其次，主题学习的方式具有综合性。可以围绕主题开展概念理解、资料收集、方案设计、假设验证、作品制作、创意发明等学习活动，每个学生都可以找到自己的能力点，为学生个性发展找到充分的机会。同时，学习过程具有灵活性，学习时间可长可短，学习任务可大可小，学习小组可多可少，学习空间可以贯通校内校外。综合的情景、综合的任务和综合运用知识解决问题的过程，带来学生综合素养的发展。学生在真实问题构建的问题链和问题矩阵解答的过程中，将实现知识从低级结构到高级结构的逐渐演进，即从单一学科结构到跨学科结构的建构，从纯粹的理论知识到与真实世界密切联系的广泛拓展，帮助学生逐渐形成一个完整的认知结构和更加综合的知识网络，增强学生解决复杂情境问题的能力，为未来的发展提供坚实的基础。

当然，主题结构化实施除了情境性、跨学科性和综合性等主要特征外，还有实践性、多样性、探究性、主动性、创造性等多种显性表征。

三、跨学科主题学习教研活动的组织

跨学科主题学习涉及不同学科的知识、观念和思想方法，这就决定了跨学科主题学习的教研活动与以往学校以学科教研组为单位的教研活动有所不同。因此，要采用一定的组织策略才能保证跨学科教研活动的开展。

（一）跨学科教研活动的"3553"组织实施流程

组织实施跨学科教研活动可以让部分教师在实践中习得开展跨学科主题

学习的思路和方法,并带动更多教师认识和了解跨学科主题学习。虽然跨学科教研活动的本质仍属于教研活动,遵循教研活动的一般流程,但因参与对象的特殊性和教研内容的跨学科性,在组织实施上要比一般的教研活动更细致。"3553"组织实施流程是对跨学科教研活动环节的提炼和概括。

第一个"3"指跨学科教研活动分为研前、研中和研后三个阶段;两个"5"分别指研前和研中各有五个主要环节,最后一个"3"指研后有三个主要环节。

1. 研前:精心选题与设计

研前阶段主要是对跨学科主题学习活动进行设计,包括组建跨学科项目教研组、确定跨学科主题、建构跨学科主题学习框架、分科撰写教学设计、组合论证形成方案等五个主要环节。

学校在开展跨学科教研活动的初期,一般以跨学科同学段的方式组建跨学科项目教研组,通过交流讨论提炼主题,并借助一些支架手段建构学习活动框架。跨学科主题学习框架可以由在组织主题活动方面比较有经验的教师负责,如学校的综合实践活动教师或少先队辅导员。在跨学科主题学习框架初步形成后,需要进一步分解出与该主题相关的学科,确定参与撰写主题方案的教师,再由各相关教师负责撰写各自学科部分的教学设计,以保证学科素养目标的落实。最后,各部分教学设计进行汇总、理顺衔接,组成一个完整的跨学科主题学习活动方案。

2. 研中:组织观察与交流

研中阶段主要是围绕跨学科主题学习活动的实施开展观课议课活动,包括设计课堂观察量表、分解观课议课任务、完成课堂观察记录、组织沉浸式讨论、总结反馈等五个主要环节。

有效的教研活动应使每一位教师都能够积极参与其中,有发言的机会,进而能够在合理的分工下,通过集思广益,寻得问题的解决途径。因此,在课前要聚焦教师的困惑与需求,设计多维课堂观察量表作为驱动任务。课上,每位教师根据自身需求选择感兴趣的观课维度,有针对性地进行课堂观察记录和分析。课后,教师再根据所选的观课维度组成小组,在各小组中交流所得或困惑点,并将小组的收获和建议进行集中交流和反馈。

3. 研后:反思提升与延展

研后阶段主要是针对跨学科主题学习开展的情况进行反思总结,包括再次澄清对跨学科主题学习的认知、再次修改跨学科主题学习方案和经典案例打磨这三个主要环节。

无反思，不教研。在观课议课之后，教师可以结合展示的课例重新探讨对跨学科主题学习的理解，梳理跨学科主题学习设计、实施的主要步骤和注意事项；也可以从实施者和观课者的角度对展示的课例提出重构思路，进一步修改完善；还可以再次组织实施修改后的方案，通过不断地调整和打磨，使之最终形成一个个经典的跨学科主题学习案例。

（二）跨学科教研活动组织实施的策略

现代认知心理学认为，学习是一个主动的过程，是一个建立在已有经验的基础上不断自我建构的过程，学习者的认知结构将随着学习活动的开展不断地发生着变动。

1. 明认知，形成共识策略

进行跨学科教研活动前，教师先要建立正确认识，为"跨"做好铺垫。教研活动组织者可以采用认知辨析的策略，增进教师对跨学科的价值、意义的理解。如采用专题研修、微讲座的形式，从"是什么""为什么""做什么"几个方面展开，解答教师的疑惑，使大家对跨学科主题学习的基本概念、内涵价值有一个初步的、正确的认知，为深入开展跨学科教研活动做好准备。

2. 全员参与，多形式互动策略

跨学科教研活动是围绕跨学科主题学习而进行的教研活动，新领域的尝试需要参与者贡献集体智慧。因此，要充分创造条件，让每一位参与者变为主动者。如采用自动报名的形式，组建不同的跨学科项目教研组，吸引具有课改前瞻理念和挑战精神的优秀教师主动加入。跨学科主题的产生需要不同学科的教师深入研读课程标准，选择合适的课程内容，结合现实生活和学生兴趣提出初步设想，并在教研组内充分讨论后再确定。跨学科主题学习方案的撰写按照"总—分—总"的方式推进，议课环节采用"链式互动"的方式交流分析，实现经验共享、答疑解惑，达成共识。整个跨学科教研进程需通过各种形式发挥每一位教师的主观能动性，争取做到全员参与、全身心参与和全程参与，实现"做中学，做中研"。

3. 多路径，提炼主题策略

跨学科主题能否达到"跨"的目的，重点在主题的确定。可以说，主题对于跨学科学习具有引领性价值，是"跨"的前提，也是实施过程结构化的保证。跨学科主题的提炼一般有以下几种路径：一是学科载体导向，即从本学科出发，找到与不同学科之间的联系点，并进行适当的主题拓展；二是学科关联导向，即各学科在保持相对独立性的同时，围绕同一话题展开探究；三是真实问题需求导向，即围绕一个真实的复杂问题，在寻求解决方案的过程中自发地运用各学科的知识与技能；四是资源条件导向，即以学校所在区域的自然资源、经济条件、历史景观等为线索来提炼主题。

4. 借支架，整体构建策略

为保证跨学科主题学习能真正实现"跨"的目的，需要借助主题活动建构的支架"确立大观念—明晰核心问题和驱动性问题—拟定素养目标—设计关键活动—明确评价任务—设计评价量表—具体活动规划"，整体构建跨学科主题学习框架。以"地面小游戏 快乐大空间"跨学科学习活动为例（图5），教研组先集体讨论，确立"健康游戏让生活更有趣"的大观念。接着，明晰核心问题"如何利用学校现有地面设计好玩有趣的地面游戏？"并将核心问题分解为驱动型问题，如"同学们喜欢的地面游戏是怎样的？学校哪些地面可以利用，如何合理安排？怎样让地面游戏更吸引人、更美观？如何向大家推介好的地面游戏？"等具有逻辑关系的问题群。然后，分组梳理问题群所涉及

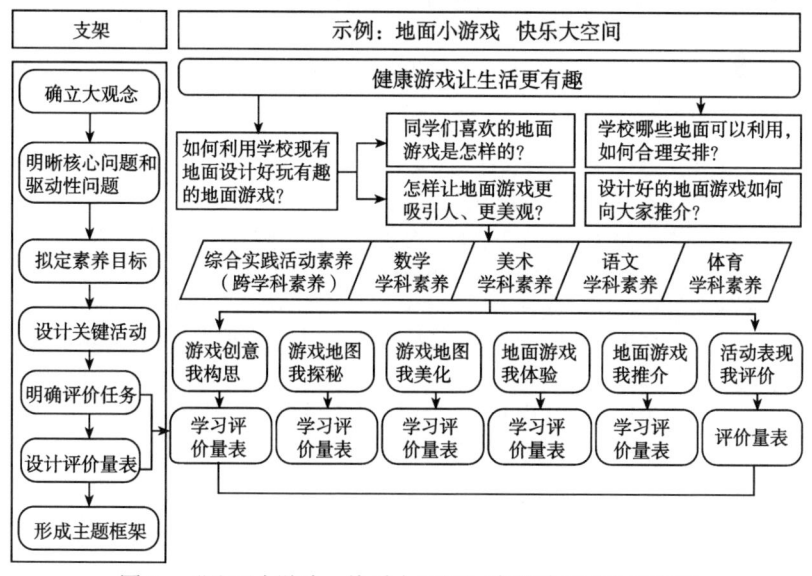

图5 "地面小游戏 快乐大空间"跨学科主题学习框架

的学科，拟定学科素养目标和跨学科素养目标，并在核心任务和素养目标的指导下，设计关键活动和相应的学习评价量表。

5. 总—分—总，目标架构策略

学习目标是学习活动有效开展的指挥棒。跨学科主题学习涉及多个学科知识、能力和思想方法，其目标的制订也比一般学习活动更复杂。首先应从总体出发，认真分析与主题相关的学科，再深入研读相关学科的课程标准，寻找与主题相契合的素养要求，最后形成总体目标。如在"地面小游戏 快乐大空间"跨学科学习活动中，涉及的课程有综合实践活动、数学、美术、语文和体育。深入研读这几门课程标准后，可拟定与主题密切相关的素养目标群（如下表）。

学科	素养目标群
综合实践活动（跨学科）	价值体认（认识地面游戏，形成健康游戏意识和正确的价值观） 责任担当（作为校园小主人能积极参与校园活动，主动为校园设计地面游戏） 问题解决（在活动过程中分析问题，并依据现实条件选择合适的方法解决问题） 创意物化（完成地面游戏的创意设计，提升创新实践能力）
数学	空间观念（合理绘制游戏地图）、数感（合理估算使用数据） 数据意识（根据游戏规则，验证游戏地图布局的合理性） 应用意识（综合应用数学知识和方法解决在绘制游戏地图过程中所遇到的问题）
美术	审美感知（知道什么才是好看的设计图） 艺术表现（能给设计图装饰图案、添加色彩） 创意实践（能够结合主题巧用方法、搭配色彩，美化设计图） 文化理解（认同美术与其他学科协作，能够富有创意地解决问题）
语文	语言运用（根据需要，用简洁明确、文从字顺的书面语言记录游戏规则） 思维能力（辩证地思考问题，有理有据、有条有理地介绍游戏规则） 审美创造（在游戏编写、介绍、推荐过程中发现游戏的美，表现美，并试着创造，形成健康的审美情趣）
体育	运动能力（能借助地面游戏进行运动，提升体能） 健康行为（通过玩地面游戏，意识到劳逸结合的重要，增进身心健康） 体育品德（遵守游戏规则，形成良好的运动品德，提升团队精神）

在明晰相关素养目标后，教师可再统整形成主题的整体目标：①能依据校园地面游戏征集令的要求及校园运动区域的分配，共同设计出有趣的地面游戏，并能够有条理地解说游戏规则，提升信息搜集能力和语言表达能力。②能从尺寸、排列等方面考虑地图布局，能综合运用数据、图形位置关系等知识来解决问题，发展数据意识、应用意识和统筹规划能力，提升空间观念。③能围绕游戏主题，从图案装饰、色彩运用等方面巧用方法完成设计美化，落实审美感知、艺术表现、创意实践等艺术素养。④通过亲身体验游戏，验证游戏布局的合理性，提升规则意识和健康游戏意识，感受地面游戏运动带来的乐趣。

第三章　主题式跨学科学习设计

导读

```
                                                    ┌─ （一）课程整合视角下的综合实践活
                           ┌─ 综合实践活动和跨学科 ─┤   动和跨学科主题学习
                           │  主题学习的联系和区别   └─ （二）综合学习教育观下的综合实践
        ┌─ 融通综合实       │                           活动和跨学科主题学习
        │  践活动与跨       │                        ┌─ （一）跨学科学习的形态
        │  学科主题学 ──────┤                        │
        │  习的设计         └─ 主题式跨学科学习设计 ─┤─ （二）主题式学习的内涵
        │                      的依据                │
        │                                            └─ （三）主题式跨学科学习设计的范畴
主题式 ─┤
跨学科   │                                            ┌─ （一）核心素养的要义
学习设   │                      核心素养导向的主题式 ├─ （二）核心素养发展机制
计       │                   ┌─ 跨学科学习活动        ├─ （三）综合实践活动与学生核心素养发展
         │                   │                        └─ （四）跨学科主题学习与学生核心素养发展
         │                   │                        ┌─ （一）呈现以主题为中心的结构化推进
         │  核心素养导        │  核心素养导向的主题式  │
         └─ 向的主题式 ──────┼─ 跨学科学习设计特征 ───┼─ （二）凸显实践认识论的价值取向
            跨学科学习        │                        └─ （三）体现跨学科学习的目标追求
            设计              │                        ┌─ （一）专家学者对跨学科学习设计的
                              │  核心素养导向的主题式 │   相关研究
                              └─ 跨学科学习设计方法 ──┤
                                                       └─ （二）核心素养导向下的主题式跨学
                                                          科学习设计流程
```

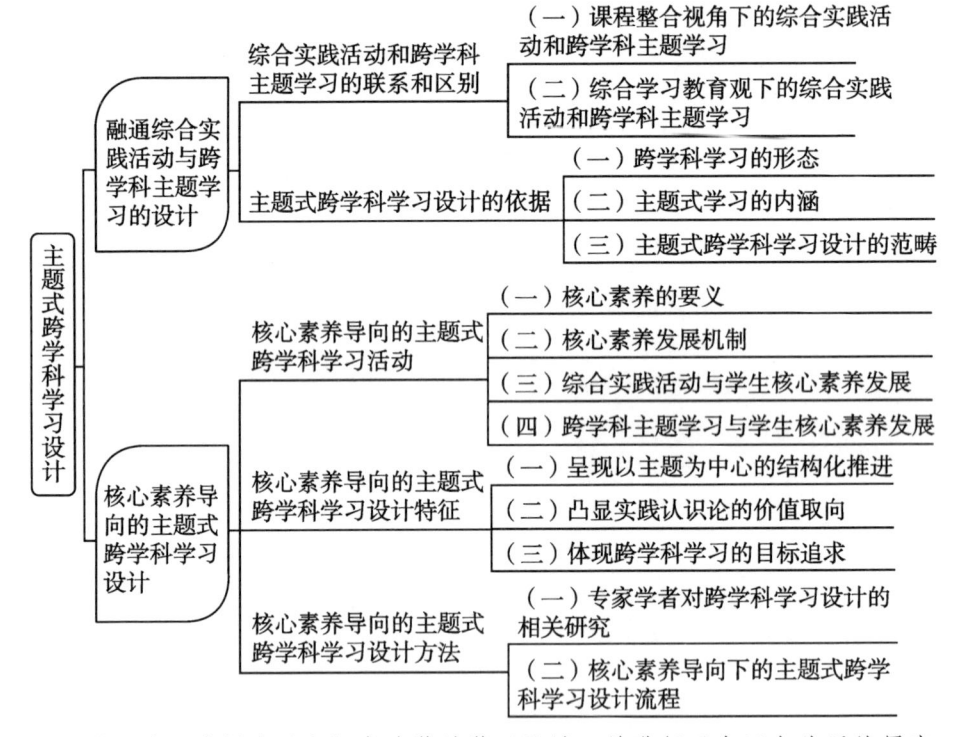

这一章正式提出了主题式跨学科学习设计，并进行了内涵和外延的界定。当然，因为主题式跨学科学习设计是对以主题形式组织开展的跨学科学习活动进行设计的方法，适用于综合实践主题活动和跨学科主题学习活动。因此，本章先从综合实践活动与跨学科主题学习的联系和区别入手，论证了为何可以将主题式跨学科学习设计作为综合实践活动与跨学科主题学习活动的通用设计，然后再进一步分析核心素养发展的机制以及核心素养导向下主题式跨学科学习设计的特征，并通过第二节第三部分中的"核心素养导向的主题式跨学科学习设计流程"中六个基本环节的解析，帮助您掌握这一设计方法。

本章是全书的核心，起到承前启后的作用。只有明白"主题式跨学科学习设计"的定义，才能清楚本书的设计意图和价值所在。

综合实践活动课程与跨学科主题学习理念的落实都需要经过教学设计才能得以实现。在前面的两个章节里，我们明晰了综合实践活动课程和跨学科主题学习是我国基础教育领域中基于学生核心素养培育、推动学校学与教方式变革的两条重要路径（从本章起，文中所有提到的"综合实践活动"和"跨学科主题学习"都指我国课程方案中规定的相关概念），它们在实施形式上都提倡以主题活动的方式开展，实施过程又都突出跨学科性，且在转化为现实教学设计时，都没有明确的设计规范，呈现了各自的实践探索。既然两者有那么多的共性要求，那么，是否可以采用一种兼容的设计方法？因此，厘清综合实践活动与跨学科主题学习的联系与区别，提出一种通用的设计方法，是现阶段教师们最困惑也是最期待解决的问题。

第一节 融通综合实践活动与跨学科主题学习的设计

一、综合实践活动和跨学科主题学习的联系和区别

综合实践活动和跨学科主题学习都是以主题组织的形式来开展学习活动。除了那些明确来源于各课程标准中规定的跨学科学习主题外，其余来源于"生活"和"学生需要"的跨学科主题活动和综合实践活动中的主题活动不就重合了？特别是当学习目标是从"利用跨学科主题学习来学习知识"走向"运用知识以解决复杂问题"时，所运用的知识不是单一学科时，那不也是综合实践活动了吗？所以，跨学科主题学习和综合实践活动的关系是什么？两者的区别又是什么？一系列实践过程带来的疑惑和冲击，是教师在课程改革过程中对于重要概念在实践操作中的积极探索。下面就从课程整合和综合学

习的角度出发,分析综合实践活动和跨学科主题学习之间的关系。

(一)课程整合视角下的综合实践活动和跨学科主题学习

1. 课程整合的概念

课程整合是课程研究和实践领域的重要议题,始于19世纪末赫尔巴特提出的"统觉论",发展于20世纪20年代末的进步主义教育运动,经历了漫长的概念转换和发展。学术界关于课程整合的性质界定可以归纳为"作为课程内容组织方式的课程整合""作为课程开发方式的课程整合"和"作为实施方式的课程整合"[①]。根据"课程内容组织"的整合程度可以分为多学科整合、狭义的跨学科整合和超学科整合。根据"课程开发与设计"的立场可以分为学科中心课程整合、儿童中心课程整合和社会中心课程整合。根据"实施的方式",课程整合可以形成综合课程,也可以是学习方式,即是课程得以综合的教学和学习策略"[②](见图6)。

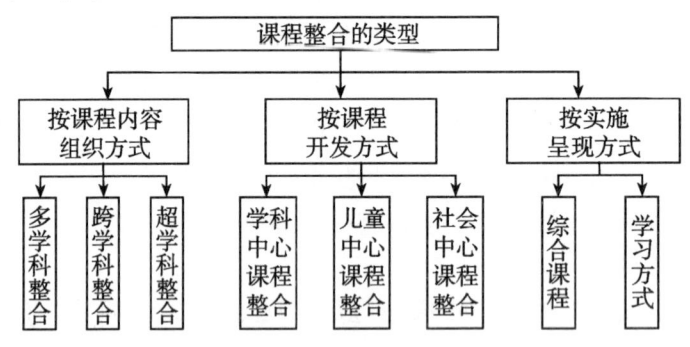

图6 课程整合的类型

课程整合是一个不断发展完善的概念,其初衷在于避免因过度强调课程分化而导致的课程孤立化、封闭化等现象,以及由此所引发的学习与应用脱节、知识与经验分离、个体与社会疏离等问题。所以,随着时间的推移,课程整合逐渐展现出综合取向的特点,不仅关注"整合什么"和"如何整合"的问题,还更关注"为何整合"的问题。

2. 从课程内容整合程度看综合实践活动和跨学科主题学习

课程整合根据课程内容整合的程度,可分为多学科整合、狭义的跨学科

---

① 李学书. 指向核心素养的课程整合 [M]. 福州:福建教育出版社,2020:32—33.
② 香港教育署课程发展处学科综合小组. 课程统筹的实践与思考 [Z]. 1997.

整合和超学科整合。多学科整合，是指围绕一个问题或主题，不同学科之间联合开展探究，但保留学科各自的名称、边界、内容和方法体系，学科之间由此形成"若即若离"的关系。狭义的跨学科整合，是指围绕一个现实主题或学科主题，将一个学科的观念或方法迁移，并应用到其他学科，由此生成新的学科观念、方法等，学科之间形成相互作用、跨界融合的关系。超学科整合，是指围绕一个现实世界主题，将所有学科的观念、知识与方法融为一体，学科的边界和名称完全消失，学科之间形成水乳交融的关系。

《指导纲要》指出，我国综合实践活动是"从学生的真实生活和发展需要出发，从生活情境中发现问题，转化为活动主题，通过探究、服务、制作、体验等方式，培养学生综合素质的跨学科实践性课程"。综合实践活动的课程内容指向学生的真实生活。真实生活世界的问题往往具有"劣构"特性，表现为复杂且多样，要求学生一方面运用学科思维，另一方面又要模糊学科边界，彻底打破学科壁垒，以实现具体问题的有效解决。因此，从课程内容整合的程度看，综合实践活动属于超学科整合。

2022年版的课程方案和义务教育各科课程标准中对跨学科主题学习的界定是"立足某一学科，以主题来组织关联其他学科的内容和学习方式"[①]。我国跨学科主题学习是立足学科，让学生拥有系统而扎实的学科知识与方法，又通过主动跨界，让学生能够建立知识与生活世界的联系，实现对现实世界的整体理解和系统思考。因此，从课程内容整合的程度来看，跨学科主题学习属于狭义的跨学科整合。

3. 从课程开发与设计的角度看综合实践活动和跨学科主题学习

课程整合和分化是课程发展的两种基本形态，作为课程开发与设计的课程整合是一种有别于分科课程的课程设计方式，不仅关注课程内容的统整，还关注课程目标、实施与评价等各层面的统整。根据开发与设计的立场不同，可以划分为学科中心统整、儿童中心统整和社会中心课程统整三类。以学科中心统整的课程整合是以知识体系为基础，追求的是相近学科或跨学科知识的整合，包含纵向整合（即重视学科本身知识体系的关联），也包含横向整合（即不同学科知识之间的关联）。儿童中心统整的课程整合追求的是儿童经验

---

① 郭华. 跨学科主题学习：是什么？怎么做？[M]. 北京：教育科学出版社，2023：4－5.

和课程的整合。社会本位追求的是社会文化和课程的整合。

综合实践活动是"学生从生活情境中发现问题，转化为活动主题"。体现的是以儿童为中心的课程整合，通过"问题"联系了学生与现实生活的对话和经验与知识的对话，使学生在个体生活、社会生活与大自然的接触中获得丰富的实践经验，建立学生与生活的有机联系。

跨学科主题学习是"立足某一学科，以主题来组织关联其他学科的内容和学习方式"。体现的是以学科为中心的课程整合，无论是"运用知识以解决复杂问题"或"利用跨学科主题来学习知识"，都是根植于学科，是立足学科的主动跨界。

4. 从实施方式看综合实践活动和跨学科主题学习

课程整合的重要标志是落实到课程实施，目的是实现教学过程中知识之间的联系，促进学生学习与个体的生活经验、社会生活、世界发展间的沟通①。课程整合在实施过程中，可以是以课程的形式存在，也可以是以教学方式和学习策略的方式出现。综合课程是课程整合后的结果，但是整合不一定产生综合课程。

综合实践活动是"国家义务教育和普通高中课程方案规定的必修课程，与学科课程并列设置，是基础教育课程体系的重要组成部分"。这一规定明确了综合实践活动的课程地位，将其确立为我国课程体系的重要组成部分，属于国家必修课程，以综合课程的方式与分科课程并列存在，此举构建了我国新型的课程结构。

2022年版的课程方案提倡"各门学科课程用不少于10%的课时设计跨学科主题学习"。可以看出跨学科主题学习属于学科课程内容中的一部分，不是独立增设一门课程，而是作为一种教学或学习方式渗透在所有课程之中。

综上所述，从课程整合的三种视角来看，我国的综合实践活动和跨学科主题学习具有本质的差异。在课程内容整合程度上，综合实践活动的整合程度上最高，属于超学科整合，而跨学科主题学习的整合程度上较低，属于狭义的跨学科整合。在课程开发方式上，综合实践活动是以儿童为中心的统整，而跨学科主题学习是以学科为中心的统整；在实施的呈现方式上，综合实践

---

① 刘明选. 21世纪，谁来教综合课——谈新课程结构的重建[M]. 北京：北京大学出版社，2002.

活动表现为一门独立的课程形态,而跨学科主题学习是一种内嵌于学科的学习方式。

但无论是综合实践活动还是跨学科主题学习都是我国强化核心素养导向下课程改革的积极作为,体现了课程的多维度整合。通过综合实践活动课程,改变我国长期以来单一课程结构的局面,以课程形态的形式建立学生经验和课程的整合。通过跨学科主题学习渗透到各分科教学中,以弱化学科边界,推动分科背景下的教师主动更新理念,实现学科间的主动联结。

(二)综合学习教育观下的综合实践活动和跨学科主题学习

1. 综合学习的内涵

综合学习源于日本的"综合学习时间"和美国的"综合学习项目"[1]。作为一种新的教育理念,国内外学者对综合学习的内涵提出了多角度的解读。国外学者更多将综合学习定义为实践学习,或者理解为跨学科知识联结的学习。如学者佐藤学指出,综合学习通过活动学习实现与主题的对话,通过合作实现与他人的对话,通过反思实现与自我的对话[2]。国内学者则认为综合学习是一种学习内容综合与学习方式综合的整合性学习形态,代表了一种新的教育变革价值观。如崔允漷等学者指出,综合学习的实质即"联结"引领下的学习方式变革,既强调跨越学科间的固有边界,增进学科知识之间的联系,又指明综合学习在具体实践中需借助多样的学习方式而展开[3]。

虽然目前世界各国对综合学习内容理解各有侧重,但都形成一个共识,就是综合学习体现为"整体性思维"下的"多维联结"[4]。综合学习是通过符号学习、操作学习、交往学习、观察学习、反思学习等多种学科方式的联合实现学科知识内部、学科知识之间以及学科知识与学生个体、生活、社会的多维联结,使学生获得关于真实世界的完整认识。

2. 我国综合学习的发展

我国紧跟国际教育改革,在 2001 年印发的《改革纲要》中着重强调"设

---

[1] 陈佑清,贺元萍. 综合学习的要义阐释 [J]. 当代教育科学,2023,(04):27—34.

[2] 佐藤学. 静悄悄的革命——课堂改变,学校就会改变 [M]. 李季湄,译. 北京:教育科学出版社,2014:94—106.

[3] 崔允漷,王涛,雷浩. 义务教育课程方案(2022 年版)解读 [M]. 北京:北京师范大学出版社,2022:190.

[4] 陈佑清,贺元萍. 综合学习的要义阐释 [J]. 当代教育科学,2023,(04):27—34.

置综合课程"；在《义务教育课程方案（2022年版）》中将"加强课程综合，注重关联"作为课程改革的基本原则之一，并在"深化教学改革"部分明确提出"推进综合学习"。新课程方案的颁布，标志着我国从"综合课程"走向"综合学习"，从关注"学习内容"走向关注"学习方式"，体现了从"学科中心"向"学习者中心"的理念转变。

《义务教育课程方案（2022年版）》规定了"要加强课程内容与社会生活和学生经验的联系，强化学科内知识整合，统筹设计综合课程和跨学科主题学习"。在这个规定中，明确了我国从三条路径来推进综合学习：一是学科内整合学习；二是加强设置综合课程；三是开展跨学科主题学习。

3. 从综合学习的推进路径看综合实践活动和跨学科主题学习

从概念归属与定位来看，综合实践活动和跨学科主题学习都是我国综合学习的重要组成部分，都属于路径之一。综合实践活动作为一个课程概念，旨在改变课程结构过于强调学科本位、科目过多和缺乏整合的现状。跨学科主题学习作为一种学习方式，旨在正视我国分科课程设置不可避免的现实，借助学科依托，实现学科之间的横向关联，推动课程的综合性和实践性。从内涵与外延来看，综合实践活动突出的是跨学科知识的实践运用，以及知识学习与生活经验相联结。跨学科主题学习是通过对不同学科知识的整合，以深化和拓展学科知识学习，加强学科学习的理解。从教育目标的层次性来看，综合实践活动作为一门课程，其目标是培养学生的综合素质，特别是跨学科实践能力。跨学科主题学习作为一种学习方式，其目标是帮助学生实现知识技能的素养转化。

作为我国推进综合学习的不同路径，综合实践活动和跨学科主题学习两者是相辅相成的，它们共同推动学生的核心素养的发展。

二、主题式跨学科学习设计的依据

（一）跨学科学习的形态

在第二章第一节中，我们对"跨学科学习"进行了核心词解释和含义界定，弄清楚了跨学科学习是指将不同学科间的知识、方法、思维进行整合，重新建构的学习活动。在实施过程中，跨学科学习可以以独立课程的形式存在，也可以以教学方式和学习策略的形式出现。北京师范大学杨明全教授指出，跨学科学习既是课程样态，又是一种学习方式，在深化课程改革、发展学生核心素养、回应世界教育变革等方面发挥着不可替代的作用[①]。杭州师范大学张华教授同样也认为，跨学科学习是一种以跨学科意识为核心的课程观，又是一种融综合性与探究性于一体的深度学习方式，还是一种以综合主题为基本呈现方式的特殊课程形态[②]。

从多位专家学者的论述中可以发现，当跨学科学习作为一种推动学科实现深度学习的学习方式，是存在于各学科中的。我国课程方案中规定的"各门学科原则上用不少于10%的课时开展跨学科主题学习"指的是作为学习方式呈现的跨学科学习。包括世界各国推出的STEM学习、项目化学习、主题学习、探究学习等也都属于作为学习方式呈现的跨学科学习，都指向强调跨学科知识的整合与应用，目的在于培养学生的创新精神和解决问题的能力。综合课程是课程整合后的结果，但是整合不一定产生综合课程。当跨学科学习作为一种课程整合的特殊结果，是独立于学科课程之外的另一种课程形式。我国的综合实践活动、国外的STS课程、STEM课程等都是作为特殊课程形态的跨学科学习。

因此，广义的跨学科学习包括作为学习方式的跨学科主题学习、项目化学习、STEM学习、探究学习等；也包括作为综合课程形态的综合实践活动、STS课程、STEM课程等。

（二）主题式学习的内涵

"主题"泛指主要内容。"主题"和"学习"组合成"主题学习"，是指学生围绕一个或多个经过结构化的主题（或专题）进行学习的一种组织方式，也称"主题式学习"[③]。在这种学习方式中，"主题（或专题）"成为学习的核心，而围绕该主题的结构化内容成了学习的主要对象。主题式学习的前身可追溯至20世纪60年代的医学院教育，但其理念则可追溯至杜威的进步主义学派。这一学派强调"做中学"的学习方式，并以活动、专题及解决问题等

[①] 杨明全, 赵瑶. 从分化到融合：跨学科主题学习的三重维度 [J]. 教育科学研究, 2023, (05): 5—12.

[②] 张华. 跨学科学习：真义辨析与实践路径 [J]. 中小学管理, 2017, (11): 21—24.

[③] 陈艳茹. 素养培育视角下跨学科主题学习设计案例研究 [D]. 华东师范大学, 2022.

方式作为学习的主轴。

1. 主题式学习的类型

主题式学习根据整合的程度可以分为三类：单学科的主题式学习、多学科的主题式学习、超学科的主题式学习。

（1）单学科的主题式学习，是指围绕某一学科主题进行学习和探究，围绕主题所组织的不仅有学科既定内容，还有和主题密切相关的本学科拓展内容。

（2）多学科的主题式学习，是指围绕某一主题，打破学科界限进行学习和探究，将涉及不同学科的内容、问题和活动，需要综合应用多学科知识。

（3）超学科的主题式学习，是指以学习者的兴趣和需要为中心，围绕一个生活中的主题，跨越学科的界限，实现知识的融会贯通。超学科的主题式学习几乎看不出具体的课程领域。

由此可见，单学科的主题式学习还是属于学科内整合学习，多学科的主题式学习已超越单一学科的束缚走向学科间的整合学习，而超学科的主题式学习则是完全模糊学科边界，是整合度最高的类型。

2. 主题式学习的组织特征

（1）主题。主题式学习的组织的首要特征是主题，亦指专题，是联结活动中各要素的核心。

（2）结构化。张紫红和崔允漷学者指出，结构化在于注重事物之间、整体与部分之间的关联[1]。以主题来组织学习活动就意味着围绕主题开展的相关知识的学习不能是零散的，必须是相关联的整体，呈现高度结构化。

（3）深度探究。学生在围绕主题进行学习的过程中，不是简单地获取知识，而是对主题进行深入探究，挖掘主题背后的内涵和联系。这种深度探究可以帮助学生建立知识体系，提升思维品质，培养创新能力。

（4）实践性。主题式学习强调学生将所学知识应用于实际生活中，在实践中实现对知识的理解和深化，同时通过实践活动提高动手能力、解决问题能力和团队合作能力。这种实践性可以使学生在学习过程中感受到知识的价值，提高学习的兴趣和动力。

---

[1] 张紫红，崔允漷. 论课程内容结构化：内涵、功能与路径 [J]. 课程·教材·教法，2023，43（06）：4—10.

(5) 合作与交流。在主题式学习过程中，学生需要与同伴进行合作与交流，共同探讨问题、解决问题。这种合作与交流有助于培养学生的沟通能力、协作能力和批判性思维能力。

(6) 多元化评价。主题式学习倡导对学生进行全面、多元的评价，不仅关注学生的学术成绩，还关注学生在实践能力、创新能力、团队合作等方面的表现。这种评价方式有助于激发学生的潜能，促进学生的全面发展。

我国综合实践活动和跨学科主题学习活动都是采用主题式学习来组织学习活动，只是在整合程度上有所区别。综合实践活动课程中的主题式学习活动属于超学科的主题式学习，各门课程中的跨学科主题学习活动属于多学科的主题式学习。

（三）主题式跨学科学习设计的范畴

1. 主题式跨学科学习设计的提出

根据以上对跨学科学习形态的认识，我们了解到综合实践活动和跨学科主题学习都属于跨学科学习，只是存在形态不同。同时，我们也了解到综合实践活动和跨学科主题学习具有主题式学习的组织特征。因此，我们将我国综合实践活动和跨学科主题学习以及国际上各种以主题形式组织开展的跨学科学习活动，简称为"主题式跨学科学习活动"。这里包含了两个基本要求：一是必须是跨学科的主题学习活动，如果只是单学科的主题学习活动不属于这类。二是必须是以主题式开展的跨学科学习活动，如果是以项目式开展的跨学科学习活动也不属于这类。

主题式跨学科学习设计是指对以主题形式组织开展的跨学科学习活动进行设计的方法。它不是一个课程概念，也不是一种学习方式，而是一种教学设计的方法，目的在于提高教师设计跨学科学习活动的能力，通过设计促使主题式跨学科学习活动的价值功能得以实现。其设计方法的核心在于聚焦主题，设计系列相互联结的结构化学习活动，推动学生在学习过程中实现不同学科知识、内容、思想和方法的综合发展。

2. 主题式跨学科学习设计的设计要求

(1) 有明确主题。这个主题可以是一个问题，一个概念，或者一个话题，或一个任务，是学习活动开展的核心。

(2) 内容要有跨学科性。主题所涉及的内容应具有丰富性，需要多学科知识来解决、理解或探讨。

（3）组织要结构化。学习过程中相关的知识不是零散的，而是构成一个彼此关联的整体，以此来深化对主题的理解或问题的解决。

（4）过程要有实践性。学生是通过对知识的运用实现不同学科知识的整合和联系，而不是在接受式学习中开展主题活动。

（5）评价要多元化。评价内容维度要丰富，关注素养目标的达成；评价方法要多样，体现过程性评价；评价主体要多元，除了教师、学生、家长外，也可以是活动过程的辅助者、旁观者。

第二节　核心素养导向的主题式跨学科学习设计

我国开展综合实践活动和跨学科主题学习等跨学科学习的目的在于加强学科间的相互关联，强化实践要求，培养学生综合运用知识解决复杂问题的能力，促进学生核心素养的发展。因此，要了解核心素养的内涵以及发展机制，才能设计出促进学生核心素养发展的主题式跨学科学习活动。

一、核心素养导向的主题式跨学科学习活动

（一）核心素养的要义

"核心素养"的概念是经济合作与发展组织（OECD）率先引入的，其初衷在于回应信息化时代、全球化背景及新兴技术革命所催生的多样化生活场景对未来人才的需求与挑战。核心素养是指学生应对未来复杂生活情境或工作环境所需要的关键素养。人在面对复杂情境时，往往需要展现出的是一个人的综合素养，比如要策划一次家庭旅行，需要具备搜集各种旅游信息的信息素养，还需要具备计算并统筹交通、食宿、娱乐等大致费用的经济素养，还有与家人、服务提供商进行协商的沟通素养，时间安排的统筹素养以及最基本的打包旅游物品的劳动素养，更重要的是还需具备解决行程中遇到的各种具体问题的应急素养。所以说，核心素养不是单一素养，而是包括了人在具体情境中成功做事、行动或实践所需要的情感、态度、知识、技能、创造

力、合作力等全部素养要素及其构成的整体性素养结构①。在世界教育创新峰会中发布的《面向未来：21 世纪核心素养教育的全球经验》报告中，将素养划分为领域素养与通用素养，领域素养与特定的内容或学科领域有关，通用素养则跨越了不同的领域或直接指向人的全面发展，因此核心素养具有学科指向性与跨学科性。

我国以"全面发展的人"作为培养中心，围绕学生关键能力和必备品格的培育，将"核心素养"界定为"学生在接受相应学段的教育过程中逐步形成起来的适应个人终身发展与社会发展的人格品质与关键能力"。这是建立在我国课程发展从"知识传递"向"知识建构"转型的基础上提出的，符合我国国情。

（二）核心素养发展机制

素养是在先天遗传和后天环境影响及教育的共同作用下，通过个体主观努力所塑造的。在教育领域所提及的"知识"可分为两种不同的表现形式。其一为"公共知识"，这是一种以符号为载体的"符号性知识"，它代表了人类创造和积累的文化知识财富，是学生获取知识的主要途径。其二为"个人知识"，这是一种内化于个体大脑中的知识形态。"个人知识"也有两种存在形式，一种是记忆的知识，即学习者对知识没有自己的加工和理解，这部分知识与人的素养关系不大。另一种是内化的知识，即学习者在对公共知识进行能动加工、主动建构并融合了自身感受体验的基础上形成的知识，这种知识的掌握会促进人的素养形成并完善。

由于公共知识以符号化的方式存在，其教学过程可采用传递接受的模式。而素养作为具有个体性和生命性的概念，无法独立于活的生命体而仅存在于物质媒介之中，也无法经由他人直接传递。素养的形成涉及先天与后天、理性与非理性、间接经验与直接经验等多重因素的相互作用。维列鲁学派认为，心理机能的发展源于人通过参与感性、物质性的活动，将人类社会历史经验内化和个体化的过程②。杜威则认为，儿童的发展是在与环境互动的经验（活

---

① 陈佑清. 培养"会行动的人"：核心素养导向课程改革的价值取向［J］. 教育科学论坛，2023，（25）：1.

② 陈佑清，曹阳. 能动参与文化性活动：学生素养发展的基本机制［J］. 课程·教材·教法，2018，38（12）：80—87.

动)过程中实现的。叶澜教授提出,个体的活动是个体发展的决定性因素,没有个体的活动就谈不上任何发展。王道俊先生主张,学生的发展正是活动方式诸要素的内化与外显。没有学生的活动就没有学生的发展。因此,素养并非直接由教师或他人直接传授,而是借由有效的教育活动推动知识转化,才能促进素养的生成。

(三)综合实践活动与学生核心素养发展

综合实践活动是一门实践课程,旨在帮助学生通过具体的实践经历来积累个人经验,促进知识的内化。在这门课程中,学生们有机会深入生活、参与到各种实践活动中,能够将书本上抽象的理论知识与生活实际情境相结合,需要学生启动自己的知识和经验,通过自主思考、分析问题、尝试操作等方式来解决问题,从而更加深入地理解所学知识。这个过程不仅锻炼了学生的创新思维和问题解决能力,还培养了他们的独立思考和自主学习的能力,有助于学生形成自己独特的认知结构和知识体系,促进"公共知识"内化为"个性化知识"。这种认知是基于亲身参与和体验的,不同于传统的被动接受知识的方式。此外,生活中的具体问题还为学生提供了面对各种不同情境和挑战的机会,学生可以真实地感受自己的情感和态度,这种情感和态度的积累会逐渐影响他们的行为方式和价值观念,不仅可以更好地认识自己、理解他人,还能培养出关心社会、关爱他人的品德和社会责任感等核心素养。

由此可见,综合实践活动以学习者的生活经验为基础,架起知识和生活的联结、学习与经验的对接,学生在参与各种实践活动中不仅可以获得知识的内化,还涵盖了情感、态度和行为方式等多个方面的发展,从而促进核心素养的形成。

(四)跨学科主题学习与学生核心素养发展

我国在各学科中提倡跨学科主题学习是为了增强学科知识的实用性,通过将知识学习与现实生活及社会问题相联系,促使师生主动跨越学科边界,融通学科间的知识和技能、思维和方法,提高对知识的理解和运用。跨学科主题学习的提出既能够弱化学科的界限,又不至于使知识内容完全模糊化,避免陷入泛活动化与常识化的困境。核心素养导向下的教学不是不要学科知识,而是更加重视知识的支撑,没有扎实的学科基础知识,就没有高阶认知能力的产生。低阶认知能力和高阶认知能力不是二元对立的关系,而是相辅相成的关系。跨学科主题学习立足学科，通过学科的视角来审视生活世界具体的问题或议题，这样的设计使学科间内容更为紧密结合，也给学生提供了富有挑战的学习体验，为学生提供了一种更加接近现实世界的复杂性和多样性的知识学习体验，从而促进知识到素养的转化。

二、核心素养导向的主题式跨学科学习设计特征

主题式跨学科学习活动的特点是，学科知识不再是课程的组织中心，取而代之的是社会生活中的现实问题，学科知识被融入单元或主题之中，成为服务于解决现实问题的主要内容。核心素养导向的主题式跨学科学习设计需要兼顾两者的功能作用，突出以主题为中心的学习内容结构化推进，同时促进实践过程中素养的集结和发展，从而推进跨学科学习功能价值的实现。

（一）呈现以主题为中心的结构化推进

而主题通常是一个相对复杂的综合性问题，需要综合运用多学科的知识、方法、思路去应对，并在解决问题的过程中，获得对事物、对世界的相对完整的认识，进而形成综合解决问题的意识和能力。主题式跨学科学习活动通过以主题的形式来组织和开展学习活动，使学习过程变得高度结构化，实现了以主题为中心的学科知识间的整合、学习与社会的整合、学习与学生自身的整合。比如围绕"安全头盔改良设计"，学生为了让人们喜欢上安全头盔，化身为"产品研发设计师"，集小组力量，共商方案，在实际工作岗位上集思广益，通过"确定对象""调查需求""创意设想""设计制作""产品评估"等系列结构化学习，在头脑风暴、思维碰撞中，积累经验和完善方案，最终改良设计出符合人们需求的安全头盔。在切身体验中深刻感受到了"设计师"成功的不容易，促进学生形成正确的职业价值观。

（二）凸显实践认识论的价值取向

马克思主义实践认识论指出，"人认识的形式是多种多样的，但却是抽象和复杂的，只有在实践的基础上才能发挥认识主体的能动性和创造性，在实践的基础上，使认识主体与客体达到真正的统一。"素养是存在于人身上的一种生命化的东西，从素养学习的机制来看，学生不能以直接接受的方式从他人或书本那里获取某种素养，而必须通过主动参与、亲身经历的主体实践才能实现知识的内化和建构，形成素养。这与马克思主义实践认识论相契合。

2017年颁发的《指导纲要》明确了，综合实践活动是培养学生综合素养的跨学科实践性课程。实践性是综合实践活动的显著特点，强调学生亲身经历各项活动，在"动手做""实验""探究""设计""创作""反思"的过程中进行"体验""体悟"和"体认"，在全身心参与的活动中，发现、分析和解决问题，体验和感受生活，发展实践创新能力。《义务教育课程方案（2022年版）》在提出设立跨学科主题学习活动时，也指出要"强化实践性要求"，即跨学科主题学习要实现学科间知识、方法和思维的整合，必须通过真实的探究活动和项目实践，在具体解决问题的真实情境中形成学科理解和跨学科理解。

因此，主题式跨学科学习设计必须坚持"做中学"和"学中做"的实践认识论价值取向，积极倡导学生主体性和能动性的发挥，通过经历"知识—实践—再认识—再实践—再认识"的循环往复过程，实现知识能力、情感态度、个性品质等核心素养的发展和形成。

（三）体现跨学科学习的目标追求

跨学科学习是培养跨学科素养的重要途径。跨学科学习是一种教育理念，也是课程融合的载体和手段，目的在于解决学科分化导致的知识（经验）割裂的问题，从而促进学习与应用、知识与经验、个体与社会的链接。

我国新课程改革以来推行的综合实践活动和跨学科主题学习，都是在探索以一种综合系统的课程或学习方式，促进学生知识学习和实际应用的融会贯通。无论是综合实践活动还是跨学科主题学习都是从现实世界出发，而现实世界中的主题或问题是复杂的，都不可能是单一学科知识可以解决的，这时必然需要运用两种或两种以上学科的知识、方法和思维来解决，在解决的过程中自然而然地实现学科间知识的整合，并由此产生新理解——跨学科理解。另外，跨学科理解的产生一定是基于学科思维的深入，才可能实现相关学科的知识和方法的整合，没有学科思维支持的跨学科学习一定是肤浅的，停留在表面的。因此，主题式跨学科学习设计要致力于推动学生将知识与生活联结，形成对周围世界的理解，实现对知识与生活、知识与知识之间的有机联系与整体性认识，进而提升学生解决现实综合问题和完成复合型任务的能力。

三、核心素养导向的主题式跨学科学习设计方法

（一）专家学者对跨学科学习设计的相关研究

1. 跨学科主题学习单元的设计步骤

吴刚平教授提出，跨学科主题学习单元的设计可能会因为主题性质和类型的不同存在差异，但是设计的技术和思路却是基本相同的，主要有六个步骤。

（1）确立学习主题。主题的选择可以直接选用课程标准或教材设计的主题，也可以创设更加符合具体学情的主题。

（2）明晰学习目标。围绕跨学科主题学习内容，以学生为主体，以三维目标整合的形式，明确表述目标要求。

（3）提出评价要求。评价要求与目标要求相一致，尽量前置。

（4）安排学习任务。运用主题任务化的策略，设计满足跨学科主题学习特定要求的核心任务和若干分项任务。

（5）展开学习过程。把主题任务纳入学习环节和流程，在规定时间范围内有序推进。

（6）促进学习小结[①]。

2. 核心素养发展的 STEAM 跨学科整合模式

李学书构建了指向核心素养发展的 STEAM 跨学科整合模式，主要包括主题选择、目标制订、知识建构和教学评一体化设计四部分。

（1）主题选择。主题的选择要以具体的问题情境为起点，要符合主流价值，体现知识属性、人本属性、社会属性，主题范围要保证可以应用于不同科目。

（2）目标制订。应将课程标准和相应的能力指标作为主要目标来源，通过对国家、地方课程标准分解，进行课程整合设计。

（3）知识建构。统整的知识应包括学科知识、学科间知识（被遗忘在学科间的知识）、跨学科知识（实践性、操作性、体悟性知识等）三个部分，其中"跨学科知识"是核心。

[①] 吴刚平. 跨学科主题学习的意义与设计思路［J］. 课程·教材·教法，2022，42（09）：53—55.

(4) 教学评一体化设计①。

3. "学用合一"的跨学科主题学习设计步骤

吴明平等学者也基于"学用合一"的理念，提出了跨学科主题学习设计步骤②。

（1）选取学习主题。主题来源可以是课程标准、学科教材，或者教师根据学生学习现状进行设计。

（2）明晰学习目标。采用 KUDB 分析法，分析学生在一次跨学科主题学习活动中能知道什么、理解什么、做到什么以及成为什么。

（3）提出评价要求。教师综合考虑采用形成性评价、过程性评价、表现性评价以及诊断性评价。

（4）安排学习任务。优先设定核心任务，再分解成若干子任务。

（5）展开学习过程以及促进学习小结。组织学生开展、个人小结和小组小结。

（二）核心素养导向的主题式跨学科学习设计流程

根据主题式跨学科学习的组织特征，结合我国开展综合实践活动和跨学科主题学习的目的，在借鉴上述国内专家学者提出的各种跨学科学习设计步骤的基础上，建构出核心素养导向的主题式跨学科学习设计流程，共包括 6 个基本环节（见图 7）。

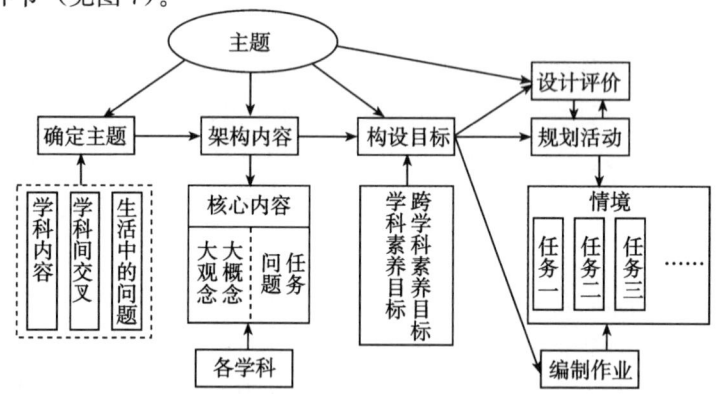

图 7　核心素养导向的主题式跨学科学习设计流程

---

① 李学书. STEAM 跨学科课程：整合理念、模式构建及问题反思［J］. 全球教育展望，2019，48（10）：59—72.

② 吴明平，藏玲，周玲等. 学用合一：跨学科主题学习的困境突破与实现路径［J］. 基础教育课程，2023，（13）：12—16.

1. 确定主题

选择合适的主题是主题式跨学科学习设计的起始。作为适用于以主题形式组织开展的不同形态的跨学科学习活动，主题来源具有一定的广泛性，可以来自学科课程领域，也可以来自现实生活领域。来自学科课程领域的主题，可以从某一学科内容出发，或者从学科间的概念交叉点选择一个能够涵盖多个学科知识的跨学科大概念或大观念，作为整个学习活动设计的核心和统领。来自现实生活领域的选题，可以是师生围绕当下热点现象或问题共同讨论产生的，还可以是从人与自然、人与自我、人与社会的相关问题中产生的。所选的主题应能体现与相关学科内容的密切联系，与学生实际生活和经验相关联，能激发学生的兴趣和好奇心。

2. 架构内容

与其他教学设计不同的是，跨学科学习没有明确的内容标准与教材，跨学科学习的内容需要教师根据主题结合学生已有的学习基础进行自主选择与组织。教师首先要考虑到主题背后所涉及的核心内容，即开展这一主题活动的目的是什么？是指向一个大观念（或大概念）的建立，还是指向具体问题（或任务）的解决？这个要建立的大观念（或大概念）的具体问题（或任务）是什么？核心内容的确定是设计的关键，对后续设计流程起到基础性的作用。接着，要分析相关学科领域中的重要知识和概念，可以从纵向和横向两个角度对相关的学科课程标准进行浏览与集合，确定主题学习所涉及的知识、方法和核心素养。最后，确定核心内容所跨学科之间的主辅关系。

3. 构设目标

目标是指学习活动所要达到的预期结果，清楚明晰的学习目标将引领学习活动的开展。主题式跨学科学习活动目标是以发展学生核心素养为导向，关注学生的学习结果和成就水平。作为指向核心素养的主题式跨学科学习活动，其目标应该包括所涉及学科的素养目标和跨学科素养目标，并以统整的方式进行表述。

4. 规划活动

主题式跨学科学习设计是以核心素养为导向，学习活动的设计需要将学习内容置入具有真实问题情境和具体学习任务的结构之中，才能确保学习得以有效进行。首先，要寻找支撑学习活动开展的学习情境，这个情境要能涉及解决的问题或建立大概念的内容,这有利于学生从中发现问题,并提供实际应用知识和亲身参与体验的机会。其次,要设计进阶性任务,将主题整体性总任务解构成逐级深化的活动(或任务),引导学生在完成任务过程中螺旋上升地探究和解决问题,实现从低水平到高水平的思维发展。

5. 设计评价

核心素养导向下的主题式跨学科学习评价指向的是学生学习与成长的发展与促进,评价内容要从"知识检测"转向"素养发展",不仅要关注学习活动开展过程中学生学科知识的理解和运用情况,还要关注批判性思维、创造性思维、沟通与交流等跨学科素养的发展情况。评价方法也要从一维转向多维,综合考虑采用形成性评价、过程性评价、表现性评价以及总结性评价。在"教、学、评"一致性的背景下,可采用"逆向设计"将评价设计前置,在目标制订后先进行评价的设计,再规划活动。

6. 编制作业

主题式跨学科学习作业不仅是实现学生核心素养目标的有效方法和途径,也是衡量学生在探究和解决问题过程中是否获得发展的重要手段。作品的编制与活动的规划也是同步的。主题内容与目标是作业的内涵本质,要围绕主题目标编制作业目标,设计实践型作业,同时要保持作业内容与表现性任务相一致。

实践篇

主题式跨学科学习设计的实践探索

第四章 主题式跨学科学习设计的类型与呈现

导读

```
                          ┌── 学科知识导向的跨学科学习活动
              ┌─ 主题式跨学 ─┼── 大观念建构导向的跨学科学习活动
              │  科学习设计  │
              │  的类型     └── 问题解决能力导向的跨学科学习活动
主题式跨       │
学科学习  ─────┤
设计的类       │                ┌── "1←N"：辅助学科助力主导学科的形态
型与呈现       │  主题式跨学   ├── "1→N"：主导学科走向主辅共生的形态
              └─ 科学习设计  ─┤
                 的融合形态    ├── "1&N"：每门学科都是主导学科的形态
                              └── "1∪N"：主辅融通的超学科整合形态
```

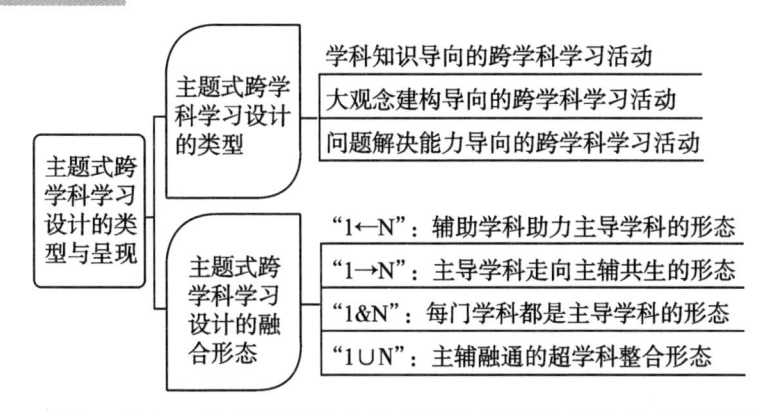

在这一章中，您将接触到主题式跨学科学习设计的三种类型。主题式跨学科学习设计因为出发点的不同会有不同的划分类型，本书提出的三种设计类型是以主题活动所要达到的"学习目标"指向为依据。第一类，学科知识导向的跨学科学习活动，是以学科知识学习为主要目的，引入其他学科是为了深化对本学科知识的理解。我国新课程方案规定的各门课程用课时的10%开展的跨学科主题学习大多适用于这一类设计。第二类，大观念建构导向的跨学科学习活动，是以大观念（或大概念）的建立作为组织统领，围绕一个大观念（或大概念）的建立开展相关学科知识的学习、探讨或运用，从而促进观念的建立或概念的理解。这类设计可以出现在各学科拓展的跨学科主题学习活动中，也可以出现在综合实践活动课程所组织开展的学习活动中。第三类，问题解决能力导向的跨学科学习活动，是以培养学生在面对未知和复杂情境时，能灵活应对、解决问题的能力为出发点的，围绕问题解决的过程，主动整合不同学科知识和技能，创造性地解决问题。我国综合实践活动课程中开展的学习活动大都适用这类设计。

根据实施过程，学科知识会呈现不同的融合形态，因此在第二节中，借助数学符号形象地将主导学科（"1"）和关联辅助学科（"N"）之间的关系表达出来，它们是，"1←N"：辅助学科助力主导学科的形态；"1→N"：主导学科走向主辅共生的形态；"1&N"：每门学科都是主导学科的形态；"1∪N"：主辅融通的超学科整合形态。这一节中，概念的界定非常简洁，更多是辅以具体课例说明的方式进行。

因此，如果您困惑为什么您开展的跨学科学习活动与他人的不大一样，都可以在这里找到答案，甚至还会再产生新的融合形态。因为跨学科学习活动的"跨"的方式不尽相同，但都是为实现一定的学习目标而进行的，所以融合形态具有一定的开放性。

跨学科学习设计的出发点是一个比较有争议的话题，可以依据"主题类型"进行设计，也可以根据"学习目标"进行设计，还可以根据"学习方式"的不同进行设计，基于不同出发点设计的学习活动由不同的类型呈现。值得说明的是，在已有涉及"主题式学习""主题式跨学科课程设计"和"主题式"类型的相关研究，尽管对象范围有所差异，但也为主题式跨学科学习设计的探索提供了重要的参考。因此，在对前人研究梳理分析的基础上，依据跨学科学习活动所要达到的"学习目标"指向，可围绕"主题"设计出不同类型的跨学科学习活动。

第一节 主题式跨学科学习设计的类型

一、学科知识导向的跨学科学习活动

学科知识导向的跨学科学习活动是指以学科知识学习为主要目的，引入其他学科是为了深化对本学科知识的理解。我国新课程方案规定的各门课程用课时的10%开展的跨学科主题学习大多适用于这一类设计。在设计学科知识导向的跨学科学习活动时，学生首先会接触到本学科的核心概念和原理，然后通过引入其他学科的知识和方法，来深化对本学科知识的理解。这种类型的学习活动不仅有助于提高学生的学科素养，还能够培养学生的跨学科思维能力和综合实践能力。

以数学第一学段"综合与实践"中的"欢乐购物街"为例。学生经历了"认识人民币"的数学学习活动，"筹备欢乐购物街"的综合实践活动，"制作购物街海报"的美术活动，"欢乐采购"的数学活动和"表达欢乐购物感受"的语文活动。在"认识人民币"的活动中，学生可以通过观察、比较和分类，了解不同面值的人民币，理解它们之间的换算关系。在"筹备欢乐购物街"的活动中，学生运用数学知识进行预算和规划，理解购物中的数学原理。在"制作购物街海报"的美术活动中，学生通过设计和创作，提高他们的美术素养和创意思维。而在"欢乐采购"的数学活动中，学生则可以在实际操作中运用所学的数学知识，进行购物和计算，提高他们的数学应用能力。最后，在"表达欢乐购物感受"的语文活动中，学生可以通过写作和表达，记录他们的购物体验，提升他们的语文表达能力（具体设计详见第六章课例2）。通过这样的跨学科学习活动，学生不仅深入理解了数学知识，也提高了其他学科的能力，实现了学科知识的整合和跨学科思维的培养。

二、大观念建构导向的跨学科学习活动

大观念建构导向的跨学科学习活动是指以大观念（或大概念）的建立作为组织统领，围绕一个大观念（或大概念）的建立开展相关学科知识的学习、探讨或运用，从而促进观念的建立或概念的理解。在设计大观念建构导向的跨学科学习活动时，教师的作用至关重要。他们需要精心选择一个能够涵盖多个学科的大观念或概念，然后设计出相应的教学活动，引导学生从不同的角度和层面去认识和理解这个大观念或概念。在这个过程中，学生需要运用各种学科知识和技能，进行深入的探讨和研究，从而建立起自己的认知框架和知识体系。

以小学一年级"课间十分钟巧安排"为例。学生经历了"观察与发现"的语文学习活动，"体验与规划"的数学学习活动，"交流与辨析"的道德与法治学习活动以及"制作与游戏"的劳动实践活动。通过语文课绘本的学习，学生初步建立了"重要的事情要先做"的思想意识。通过数学课的时间体验，

建立了时间观念并初步懂得如何安排时间。通过道德与法治课的游戏体验，建立了课间十分钟的安全和规则意识（具体设计详见第七章课例4）。虽然各学科都围绕"课间十分钟"这一主题开展学习活动，但学科间的界限仍然存在，只是通过同一时间内不同学科的集中学习，帮助学生建立课间十分钟的时间规划意识。

当然，在设计大观念建构导向的跨学科学习活动时，各学科间也可以是没有明显界限的，表现为学科知识融合在学习活动的进程中，随着学习活动的推进和深入，学生对大概念的理解越来越深刻，从而逐步建立了大观念。以"保护身边的水资源"为例。学生在道德与法治课上认识了水污染的危害和污染的水对人类生产生活造成的影响，体悟到水与我们的生活息息相关，初步形成要保护水资源的意识。接着在科学课上借助"水质情况检测"活动，对身边的水资源（如自来水，村里的小溪和公园的湖水）进行检测，在分析数据的过程中，发现村里的小溪被污染了，从而深入生活实际开展水污染原因调查活动。在教师的带领下，学生实地考察、采访他人并查找资料，了解到排放污水、往水里扔废弃物等行为都可能污染水资源，唤醒要自觉保护水资源的意识。最后学生自发运用美术知识设计、分发宣传海报，呼吁身边的人一起保护水资源。这个主题式跨学科学习活动设计，通过层层深入的结构化学习活动，指向学生"保护水资源"意识的建立。

三、问题解决能力导向的跨学科学习活动

问题解决能力导向的跨学科学习活动是指以培养学生在面对未知和复杂情境时能灵活应对、解决问题的能力为出发点，围绕问题解决的过程，主动整合不同学科知识和技能，创造性地解决问题。在设计问题解决能力导向的跨学科学习活动时，关键是要找到既有挑战性又是学生可以解决的核心问题，围绕核心问题设计若干个学习活动，引导学生通过实践、探索、反思和合作，达到对问题的全面理解和有效解决，培养问题解决能力和创新能力。

以小学五年级"地面小游戏　快乐大空间"为例。在"地面游戏设计征集令"的真实任务驱动下，以"如何设计一个好玩、有趣的地面游戏"问题为主线，有机融入数学、美术、体育、语文等学科知识与技能，学生通过经历"游戏创意我构思""游戏地图我探秘""游戏地图我美化""地面游戏我体

验""地面游戏我推介""活动表现我评价"等系列活动层层递进，通过融合运用多学科知识解决地面游戏的设计问题（具体设计详见第八章课例7）。在这个学习活动中，学生首先进行游戏创意的构思，结合数学知识来确定游戏的基本规则和框架。接着，运用美术知识来绘制游戏地图，使之既美观又易于理解。同时，体育知识为游戏玩法的设计提供了有力支持，确保游戏既有趣又安全。最后，学生运用语文知识撰写游戏介绍和推广文案，让更多人了解并参与到他们的游戏中来。整个过程中，学生过小组讨论、实践操作和反思总结等方式，不断提升问题解决能力。学生学会了如何分析问题、如何提出创造性的解决方案、如何有效地沟通和协作以及如何评估和改进作品。这种学习体验让学生更加珍惜团队合作的力量，也更深入认识到联结知识的重要性。

  这三种类型的主题式跨学科学习活动，不仅要达到的学习目标指向侧重点不同，实施过程也呈现不同的侧重点。学科知识导向的跨学科学习活动在实施时侧重于学科知识的深化和拓展；大观念建构导向的跨学科学习活动在实施时侧重于观念和概念的理解和建立；问题解决能力导向的跨学科学习活动在实施时侧重于问题解决的过程和方法的掌握。同时，教师在不同"类型"活动中的角色定位也不同。在学科知识导向的跨学科学习活动中，教师主要起到引导和解释的作用；在大观念建构导向的跨学科学习活动中，教师需要精心设计和组织教学活动，引导学生深入探讨和研究；在问题解决能力导向的跨学科学习活动中，教师需要提供问题解决的情境和任务，并引导学生主动整合不同学科知识和技能来解决问题。

  当然，这三种类型的主题式跨学科学习活动虽然因"学习目标"指向的不同而有不同的设计重点，但都离不开围绕"主题"设计结构化的学习活动，以及学习过程的跨学科性和学习活动的实践性。在实际设计时，先围绕"主题"确定学习活动的目标指向是最为重要的一点。

第二节 主题式跨学科学习设计的融合形态

  主题式跨学科学习设计的核心是"主题"，重点是"跨"。"跨"的主体、"跨"的程度和"跨"的目的不同就会产生不同的跨学科学习融合形态。郭华教授等人提出，根据"跨学科学习主导学科的多寡"，可分为"单学科的跨学科学习"与"多学科（学科融合）的跨学科学习"[①]。我们把立足的学科称为主导学科（"1"），关联的其他学科称为辅助学科（"N"），主导学科与辅助学科的关系不是一成不变的。进行主题式跨学科学习设计时，"主辅"学科之间的关系会呈现出以下四种较为常见的融合形态。

一、"1←N"：辅助学科助力主导学科的形态

"1←N"辅助学科助力主导学科的形态是指在主导学科的教学过程中，围绕主导学科内某一知识点或教学单元确定主题内容，引入其他学科的知识和方法，目的在于加深对本学科知识、概念的深入理解，表现出来的形态为辅助学科"N"是为主导学科"1"服务。这种形态的跨学科学习活动常出现在学科教学中，为学科知识学习服务。在组织上，一般以主导学科的教师牵头，其他辅助学科教师配合实施，或者完全由主导学科的教师自己组织。

◎ 小学三年级"演绎寓言故事，品味人生智慧" ◎

主导学科：语文　辅助学科：美术、音乐

学习目标：通过阅读分享寓言故事和制作寓言身份证、表演寓言故事等实践活动，加深学生对寓言故事的理解，同时锻炼学生的口头表达能力、想象能力、创造能力和艺术欣赏能力。

组织过程：

活动一：寓言小书虫

语文教师组织学生在小组内讲寓言故事，运用记录想法、联结和比较等方式阅读寓言故事，通过联结生活，理解寓言故事中人物的"怪"行为，理解其寓意。

活动二：寓言星推官

语文教师借助阅读记录单，选出最受欢迎的六个寓言故事组建六个学习小组。分组完成寓意故事推荐卡，并每组选派一名"寓言星推官"进行全班交流分享。

活动三：寓言身份证

语文教师组织学生根据寓言故事，设计制作寓言故事"身份证"。在"身

[①] 郭华，袁媛. 跨学科主题学习的基本类型及实施要点［J］. 中小学管理，2023，(05)：10—13.

份证"上呈现故事名字、人物（角色）、人物"怪"的行为、结局、寓意等内容。并在美术教师的指导下，画出最能体现故事情节的插图，从构图、排版、描绘等进行装饰美化。

活动四：寓言奥斯卡

小组策划寓言故事情景剧所需服装、道具、头饰、音乐和对白。美术教师指导道具制作，语文教师指导对白修改，音乐教师指导音乐选择和表演要点。现场演出，评选寓言"奥斯卡"。

解析：中国古代寓言故事是中国古代文学成就中精彩的一笔。通过"演绎寓言故事，品味人生智慧"主题式跨学科学习活动，学生走进了中国古代寓言故事，在个性化的理解过程（语文）中，以自己独特的视角，运用夸张或含蓄的绘画手法（美术）表达寓言故事中的人、事、物，借助形象或生动的艺术形式演绎故事情节（音乐），丰富对寓言故事的形象认知，也进一步加深了对每个寓言故事背后蕴含道理的深刻理解。

"演绎寓言故事，品味人生智慧"主题式跨学科学习活动设计的起点是语文学科知识的学习，过程中涉及了美术、音乐，但相关活动的目标始终围绕寓言故事的理解来展开，通过融合其他学科的知识、技能来丰富对语言文本理解和表达。这种主题式跨学科学习活动形态其实在2001年新课程改革中的学科综合性学习活动中已经非常常见，只是后面逐渐不被重视。

二、"1→N"：主导学科走向主辅共生的形态

"1→N"主导学科走向主辅共生的形态是指从主导学科中生成具有跨学科价值的主题，其他学科也围绕此主题相继开展相关的学习活动，带动其他学科知识的深入学习和运用，达到多学科知识的整合运用，表现出来的形态为从主导学科"1"走向了辅助学科"N"的整合发展。这种形态的跨学科学习活动突破了学科边界，不停留在某门学科知识的学习，而是指向多门学科知识的发展，让学生在主题学习活动中获得多学科整合的学习体验。

◎ 小学六年级"乐玩竹节人"◎

主题产生背景：

统编版小学语文六年级上册有一篇课文《竹节人》。很多孩子阅读课文后，对这个传统玩具非常感兴趣，一直问："学了这篇课文后，能不能自己制

作一个竹节人？"于是，教师就顺势问学生："如果要制作竹节人，我们首先需要了解什么呢？"孩子们你一言我一语地回答，有的说要先有竹节人的制作步骤，还要告诉别人怎么玩，怎么让竹节人更厉害，有的说还要装饰竹节人来进行表演等。学生这样一讨论，便生成了一个跨学科学习活动——"乐玩竹节人"。

经过与同年段老师的讨论，我们形成了跨学科学习设计的初步思路：各小组自选名著片段，制作竹节人进行表演。由语文老师主要负责，劳动教师、美术教师合作配合。语文老师引导学生借助课本编写竹节人制作指南。劳动老师指导学生依据语文课上的制作指南动手制作竹节人。初坯完成后，根据剧本角色需要，由美术老师指导学生进行美化和装饰。最后再由语文老师组织学生开展竹节人大战，引导学生观察，把大战的过程记录下来，完成写作。

在项目研讨活动中，各学科老师纷纷从各自学科角度继续拓宽思路。当提到"学生做出来的竹节人有的大，有的小，如何才能更协调"这个问题时，数学老师说："六年级会涉及比例尺的教学，可以从比例尺的知识来引导学生进行思考，总结出竹节人脚、手、身体比例在哪几个范围内更灵活、更具威力。"项目组的老师都表示同意。于是，"乐玩竹节人"的跨学科学习活动就确定为四个任务，涉及语文、数学、美术、劳动等学科。

任务一：编写"竹节人制作指南"（语文）。

任务二：选择剧目，制作竹节人（劳动、数学）。

任务三：装饰竹节人（美术）。

任务四：编写剧本，组织"竹节人大战"（语文）。

解析："乐玩竹节人"跨学科学习活动的确立源自语文学科教学内容，通过主题活动的开展，不仅完成了语文学科知识的学习，还带动了劳动、美术、数学等知识和技能的理解和运用，提升了孩子的动手操作、审美品位、独立思考和语言表达等素养，实现了知识的结构化学习，让成长与素养共生。

"乐玩竹节人"主题式跨学科学习活动从主导学科语文的课程内容"跨"向劳动、数学、美术后，又回到语文学科本身来，所有的制作和设计都是指向语文文本中有关竹节人制作的描写并进行创新。该课例符合新课程方案对跨学科学习的初步形态要求，即从主导学科"跨"出去又回到主导学科。

三、"1&N"：每门学科都是主导学科的形态

"1&N"每门学科都是主导学科的形态是指在同一个单位时间段内，多个学科因内容或目标互有关联，通过共同协商形成跨学科学习活动，表现出来的形态为每门学科都是主导学科"1"，其他学科互为辅助学科"N"。在学习开展过程中，教学活动是分开的，每门学科都是"1"，呈现各自学科的知识、概念、立场、视角等。同时，其他学科都是"N"，反映为学生在同一单位时间内从不同学科获得同一主题的知识、概念、立场、视角等。这种形态的跨学科学习活动经常从不同学科的视角聚焦共同的大概念或大观念，使这些不同学科围绕同一主题的教学内容及其要求同步发生到学生身上，对共通的课程内容形成更有整体性和深入的理解。

◎ 小学一年级"课间十分钟巧安排" ◎

主题产生背景：

幼儿园与小学在作息时间安排方面有较大的差别。刚刚离开幼儿园的孩子，心理上呈现出极强的依赖性，也不会合理分配自己的时间，为了帮助孩子适应小学不同的作息安排，小学许多学科都安排了相关的内容。如语文绘本《爱上一年级——课间十分钟》，道德与法治《课间十分钟》，音乐《哦！课间十分钟》。通过梳理，我们以课程整合的思想，规划设计"课间十分钟巧安排"跨学科学习活动，全面深入地引导孩子解决课间十分钟出现的问题。

各科教学内容和目标

语文课：带着问题"阿力在课间都做了哪些事情？他的做法对吗？"阅读绘本《爱上一年级——课间十分钟》。根据教师提供的句式支架，学生简单复述绘本的情节，学会完整表达。在阅读、交流中，懂得重要的事情先做，次要的事情后做。

道德与法治课：学生交流和体验喜欢玩的课间游戏，懂得课间活动要注意安全，不追逐打闹，同时知道课间除了玩游戏，还要做好生理准备（喝水、上厕所）和学习准备（文具、书本）。

数学课：体验1分钟可以做什么，感知时间的长短。接着制订简单的课间十分钟计划表，并按计划进行实践操作尝试，修改计划。

劳动课：制作可供课间游戏的小玩具，能使用剪刀、卡纸等工具和材料，

按照步骤制作出简单的陀螺、七巧板、"东南西北",发展动手能力,初步养成安全、规范的劳动习惯。

音乐课:学唱《哦!课间十分钟》,能按节奏和曲调有表情地演唱,能用身体动作或借助简单的乐器表达歌曲的情绪。

解析:在"课间十分钟巧安排"跨学科学习活动中,学生通过语文课上绘本的学习,知道了课间十分钟哪些事是重要的,哪些事是次要的,初步建立了重要的事情要先做的思想意识。在道德与法治课上又通过体验明白了课间十分钟适合玩哪些游戏和玩这些游戏的注意事项,建立了安全和规则意识。在数学课上,学生通过体验建立了"分"的概念,并通过动手制订课间十分钟计划表,初步懂得对时间进行合理规划,培养时间管理能力。劳动课上制作的小玩具刚好可以成为学生课间十分钟玩的小游戏,既培养动手能力,又开启了学生对课间小游戏内容的创意设想。音乐课中歌曲的学习,让学生在轻快、优美的旋律中感受小学学习生活的愉悦。在不同学科的学习过程中,学生建立了时间规划的意识。

"课间十分钟巧安排"主题式跨学科学习活动围绕一年级学生时间观念的建立,将语文、道德与法治、数学、劳动和音乐学科中相关课程内容集合在同一时间段内组织开展教学活动,学科的边界依然存在。这种形态的跨学科学习活动要与早期的"多学科学习"区分开来。"多学科学习"是指各学科围绕同一个内容开展各自的学习活动。比如都围绕"萝卜",语文课上关于萝卜的课文、数学课上测量萝卜的体积,美术课画萝卜,科学课认识萝卜,劳动课炒萝卜等。但是知识或概念间没有发生联系。而在上述课例中,虽然还是在各学科中独立开展认识课间十分钟的学习活动,但都围绕"课间十分钟要如何安排"这一问题的解决,体现从思想认识(语文、道德与法治)到具体实践(数学、劳动)以及情感提升(音乐),促使学生形成了"要合理安排时间"的跨学科理解。所以,"跨学科学习"与"多学科学习"最主要区别在于知识内部要发生关联,而不是只是停留在围绕同一内容开展活动。

四、"1∪N":主辅融通的超学科整合形态

"1∪N"主辅融通的超学科整合形态没有明显以某个学科为主导,而是以生活中真实的问题为主题,在实施的过程中同时融合了几门学科知识,体现

为主题下的学科融通实施，表现出来的形态为主导学科"1"和辅助学科"N"融为一体，没有明显的学科界限。这种形态的主题式跨学科学习活动注重对各学科知识的创造性使用，增强学生认识、理解和处理真实情境中复杂问题和综合性问题的能力，又称为超学科主题学习，经常在综合实践活动课程中出现。

◎ 小学五年级"自制家庭自动感应灯"◎

主题产生背景：

社会不断发展，人们的生活水平逐步提高，人工智能慢慢渗透到人们的生活中。如感应灯，小巧、轻便又环保，给人们的生活带来许多便利，在楼梯转角、物业走廊等公共场所随处可见，但是在家庭里却较少使用。善于观察的学生在调查中产生根据家庭需求自己设计制作感应灯的想法。此前，学生在科学课上学习过简单的电路原理，在美术课上学习过简单的色彩和材料的搭配原理，语文课上学过简单说明书的撰写方法，同时具备文本编辑的信息技术能力。本次活动的开展，旨在让学生基于前期调查结果，综合运用科学、美术、语文、信息科技等学科知识和技能，尝试设计制作家庭自动感应灯，解决生活中的问题，进一步发展创新实践能力，体会新时代劳动创造美好生活的道理。

任务一：前期调查（科学、美术）

通过上网、实地查看、访问等途径搜集市场上家庭感应灯的种类、使用方法、优缺点等信息，知道不同感应灯的感应原理和电路设计上的异同点，并初步分析市面上感应灯的外形、色彩、光线及其与环境的关系。

任务二：创意设计（语文、信息技术、美术）

小组讨论，确定家庭自动感应灯的需求，画出设计草图和商定制作步骤。对不明白的知识，借助网络或通过咨询进行自主学习。

任务三：电路制作（科学）

引导学生对简易电路进行改进，引入符合条件的电路元件，通过尝试、修正完成电路连接。

任务四：外观制作（美术、劳动、数学）

各小组结合设计草图，探究如何选择合适的材料和装饰方法，让制作的感应灯达到既实用又美观的效果，并使用合适的劳动工具进行感应灯的外观制作。

任务五：组装和撰写使用说明书（劳动、语文）

各小组完成自动感应灯的组装，并从"作品名称、外观特点、实用功能、使用方法"等方面撰写使用说明书。

任务六：产品发布会（语文）

各组上台推介作品，进行民主投票，选出最佳作品、最佳推介员和最佳评委，并通过交流总结成功经验，反思、总结项目式学习的一般流程和方法。

"自制家庭自动感应灯"主题式跨学科学习活动立足于学生已有的知识基础，借助主题开展，推动了各门学科知识的深入学习和运用，实现了知识与知识、知识与生活、知识与社会等的联结，促进了学生批判思维、创新思维和综合思维的发展。这类主题式跨学科学习活动应该是新课改提出跨学科学习的最终追求的理想状态，即学科间的联结源于真实生活中的问题，学科间知识的联结源于解决问题过程的需要，学生综合素养的形成源于建立知识与知识、知识与自我、自我与他人、知识与生活的多方联结，指向核心素养的形成。

主题式跨学科学习设计时，主导学科与辅助学科的学习内容规划存在先后之分，主导学科一般在内容规划之初就已确定，而辅助学科往往是因主导学科内容转化的任务与活动设计需要而逐渐纳入的，具有生成性。需要强调的是，主题式跨学科学习设计时，主导学科和辅助学科不是对立的关系，而是相互支撑、互相成就，共同致力于学生核心素养的发展。

第五章　主题式跨学科学习设计的基本要素与方案撰写

导读

```
主题式跨学科学习设计的基本要素与方案撰写
├── 主题式跨学科学习设计的基本要素
│   ├── 主题式跨学科学习设计要素的形成
│   └── 主题式跨学科学习设计要素的说明
│       ├── （一）主题
│       ├── （二）内容
│       ├── （三）目标
│       ├── （四）活动（或任务）
│       ├── （五）评价
│       └── （六）作业
└── 主题式跨学科学习设计方案的撰写
    ├── 主题式跨学科学习设计方案的模板
    │   ├── （一）综合实践活动设计方案
    │   ├── （二）跨学科主题学习设计方案
    │   └── （三）主题式跨学科学习设计方案模板
    └── 主题式跨学科学习设计方案的撰写
        ├── （一）跨学科主题名称
        ├── （二）主题设计说明
        ├── （三）涉及学科和核心素养
        ├── （四）学习目标
        ├── （五）适用年级
        ├── （六）学习场域
        ├── （七）整体规划
        └── （八）各阶段的详细组织过程
```

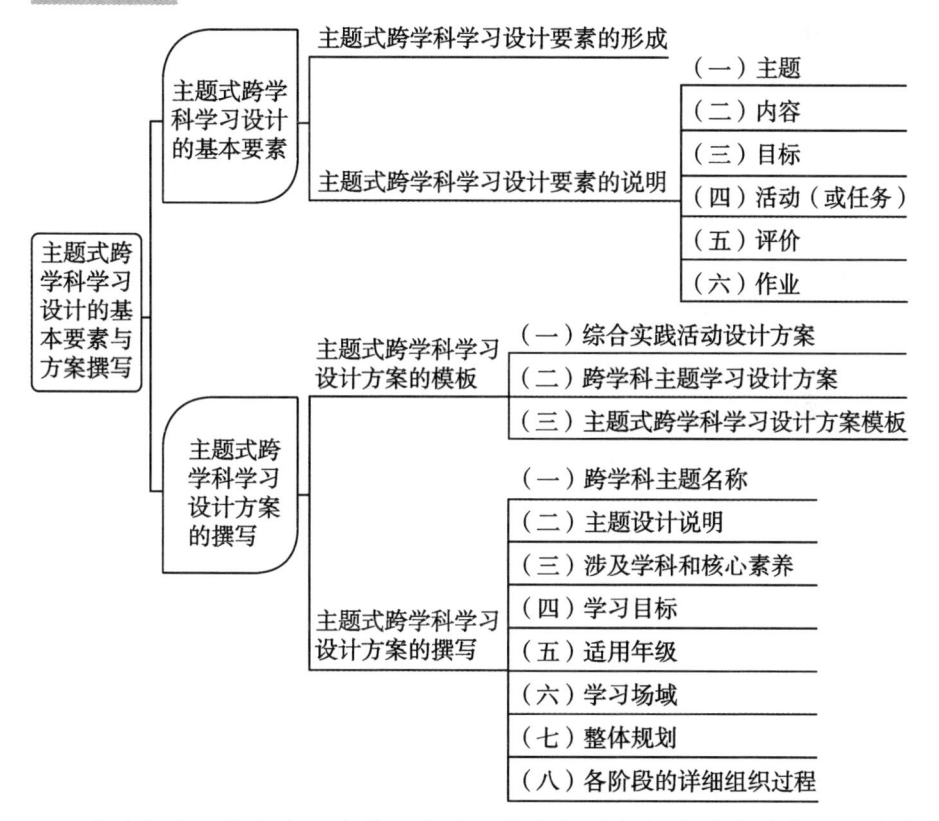

本章包含两节内容。在第一节中，您将知道主题式跨学科学习设计的基本要素包含主题、内容、目标、活动（或任务）、评价和作业六个方面的内容，并将详细了解到每个要素的作用和具体撰写要求，从而提高主题式跨学

科学习设计的能力。在"主题式跨学科学习设计方案的撰写"中，提供了综合实践活动设计方案、跨学科主题学习设计方案和主题式跨学科学习设计方案模板，有利于您进行对比，从而在今后设计中进行个性化选择。在"主题式跨学科学习设计方案的撰写"中，还进一步明晰了各部分的撰写方法，这部分的撰写与综合实践活动设计方案的撰写要求有相似性，但不完全相同，您可以通过对比阅读，进一步理解和内化。如果您想掌握主题式跨学科学习设计方案的撰写，在阅读这一章节时，可以结合后面具体的课例，从而清晰地明白文章所指。

经过20多年综合实践活动课程的实施，我国部分教师已初步具有了设计跨学科学习活动的思路，并开发和形成了比较清晰的综合实践活动设计要素和方案模板。教师通过方案撰写，实现了对综合实践主题活动的设计和规划，保障了综合实践活动课程的稳定实施和教育目标的实现。

跨学科主题学习提出后，教师们又开始探索跨学科主题学习的设计，也试图撰写跨学科主题学习设计方案。基于不同学科教师的积极探索，跨学科主题学习设计方案也呈现了丰富的多样性和各式各样的内容要素。这是有利的探索，也是推动更多教师融入跨学科学习研究、更新教育理念的过程。但是，不同的设计要素也让一线教师无所适从、迷茫和疑惑。不同形态的跨学科学习有没有一些共性的设计要素？有没有一种普适性的设计方案可以作为不同形态跨学科学习的共通设计？因此，整理现阶段各层面对综合实践活动和跨学科主题学习的不同设计方案，并分析其共性的设计要素，提出基于"主题式跨学科学习设计"的方案模板和基本要素，具有一定的时代价值和意义。

第一节　主题式跨学科学习设计的基本要素

主题式跨学科学习设计是指以主题形式组织开展的跨学科学习活动的设计方法。跨学科学习在我国课程体系中以综合实践活动和跨学科主题学习两种形态存在。要确定主题式跨学科学习设计的内容要素，需深入研究当下综合实践活动和跨学科主题学习设计的内容要素。通过对比分析，归纳出主题式跨学科学习设计的要素，才能保证其科学性和普适性。

一、主题式跨学科学习设计要素的形成

在第一章中已详细阐述了综合实践活动设计基本要素的多次演变，并知道目前已形成的、比较稳定的内容要素主要包括主题名称、主题目标、主题设计、主题作业、主题评价等五部分。

与综合实践活动不同的是，跨学科主题学习进入我国课程体系的时间虽然不长，却是每门课程内容中的重要板块，有众多学科专家进行相关理论研究以及众多不同学科教师开展实践探索，两年来呈现井喷的状态。在中国知网中，以"跨学科主题学习设计"为关键词进行数据检索，截至2024年4月份，共有相关文章272篇，涉及多个学科的跨学科主题学习设计理论和方法，并有大量丰富的案例。通过对大部分文章的浏览和对提及设计要素内容的分析，归纳出主题式跨学科学习设计的基本要素应包含：主题（或问题）、内容（或概念）、目标、活动（或任务）、评价和作业六方面内容。

二、主题式跨学科学习设计要素的说明

（一）主题

主题是架构整个学习活动的线索和实现不同学科联系的粘合剂。一个好的主题决定着跨学科学习开展的内容、目标导向、组织形式以及学习效果。正如美国学者福格蒂所说，各种各样的主题像"链钩"一样将各种活动与内容组织在一起，为课程和教学提供了明显的、包容丰富的整合性组织方式[①]。

1. 主题的产生

在主题的选择上，首先要考虑学生的兴趣爱好、学习需求和学习基础等，选择大部分学生都能普遍参与的内容。如小学阶段可根据学生以形象思维为主的特点，开展对自然世界和身边事物的探索，如动植物生态探索、天文奇观观察、传统节日探究等主题学习活动。中学阶段的学生逐步向抽象思维发展，可以开展对现实社会问题的探索，如能源与环境、社会公平等现实问题的主题学习活动。高中阶段学生思维逐渐走向深刻，可以开展全球性复杂问

---

① 罗宾·福格蒂，朱迪·斯托尔. 多元智能与课程整合[M]. 北京：教育科学出版社，2004.

题的探索，如气候变化、文化冲突等主题学习活动。其次，要关注现实生活中的社会问题和实践情境，使主题能与现实世界的真问题相联系。比如"我和我的家乡"的选题，就来源于二年级学生在学习了语文第四单元"家乡"的课文内容后，产生了对自己家乡的兴趣，这时以"我和我的家乡"为主题开展跨学科学习活动，能让学生学会留心观察生活，综合运用多学科知识探秘和表达家乡风采，激发热爱家乡的情感。另外，还要考虑主题是否具有综合性，能否从不同学科角度进行研究和分析，或者研究和解决问题过程需要运用不同学科的知识、方法或思想。

2. 主题的来源

主题式跨学科学习设计作为适用于以主题形式组织开展的不同形态的跨学科学习活动，在主题的选择上具有一定的广泛性。来源上可以包含来源于学科课程标准或学科交叉点的跨学科学习的主题，还可以包含来源于生活真实问题的综合实践活动主题。首先，来源于课程标准中的跨学科主题学习的主题，一方面可以直接从各自课程标准中去找。如《义务教育语文课程标准（2022年版）》中，第一学段学习内容的建议提出"在班级、学校或家里养护一种绿植或者小动物。综合运用语文、科学、数学等多学科知识，学习日常观察和记录"，就可以开展"我和我的动物朋友""绿植的种植"等主题活动。再如《义务教育数学课程标准（2022年版）》中，在每个学段都提供了具体主题活动，第一学段提供了"数学游戏分享""欢乐购物街"等6个主题活动，第二学段提供了"年、月、日的秘密""曹冲称象的故事"等4个主题活动，第三学段提供了"如何表达具有相反意义的量"等3个主题活动。各门课程标准中就有丰富的主题活动内容。另一方面，也可以基于各门课程标准的要求和目标，寻找同一学段中不同学科之间的交叉点和关联点，产生能够整合多个学科内容的主题。如第二学段的数学课程标准中提出"结合实例，感受平移、旋转、轴对称现象"，艺术课程标准中提出"能利用不同的工具、材料和技能，制作传统工艺品"。通过开展"探寻风筝之美"主题学习活动，就能使学生把数学学科中的轴对称和比例等数学知识概念应用在传统风筝制作中，从而发现数学和艺术在创造和表达中的相互关系。

如果说每个学科的知识、方法可以看作一条线性模型，那么各个学科的知识、方法就织成一个纵横交错的网（见图8），网中的联结点就蕴含着主题。

主题呈现聚焦状和放射状，将分散的知识、技能、方法、思维或者分散的信息集合起来，为学生实现多学科知识的关联提供机会。

另外，还有来源于生活真实问题的综合实践活动主题。此类主题面很广，涉及自然、生活、社会等方方面面的内容，选题原则就是从学生熟悉的生活或社会中的现象、问题入手，只有具有真情境、真问题的主题，才能使活动开展具有生命力。

图8　各学科间的关联点

（二）内容

主题确定后，接着是学习内容架构。学习内容架构是跨学科学习设计的关键，决定了学习活动开展的质量和效果。相较于学科学习，跨学科学习没有明确的内容标准与教材，因此对教师的专业能力提出较高的要求，需要教师根据学生已有的学科学习基础以及围绕主题进行多学科内容的自主选择与组织。其实在选择主题的时候，跨学科学习内容的架构就已经开始了。因为在选择主题时，就要考虑到主题背后所涉及的核心内容，以及相关学科领域中的重要知识和概念，围绕主题确定核心内容和所跨学科之间的关系。

1. 核心内容的确定

核心内容是指主题涉及的各学科领域中的重要知识和概念。在跨学科学习中，这些内容是有机整合的，不是零散的，是作为一个组织中心整体推进的。组织中心是课程整合中的重要名词，在跨学科学习中，组织中心有的是以大概念（或大观念）统整的方式，有的是以明确具体的问题或任务推进的方式。组织中心实际上确认了跨学科学习的核心内容。

（1）大概念（或大观念）。目前关于大概念的界定还没有达成一致。克拉克和怀特利从认知发展的角度阐述大概念，认为大概念是聚合概念，是无限小概念的有序结构或合理框架的归档。埃里克森从课程内容整合的角度，指出大概念是学科中的核心概念，是基于事实并加以抽象出来的深层次的概念，是一种元知识（元认知），也是一个学科最为精华的内容，具有很强的可迁移性。崔允漷教授基于新课标的内容指出，当大概念用于课程目标时，更多是指看法或思想，因此他认为"大概念"又可以作为"大观念"使用[①]。大观念表达了某个学科或专业领域中知识之间有机联系的那些基本（重大）规律、基本（重大）关系、基本（核心）原理的观念，更多地表示一种观念、观点、认识[②]。但总的来说，大概念或大观念最重要的特征是具有高度的整合性，统整了学科内乃至学科间的许多重要概念和相应的知识体系，是可起到组织或整合众多概念和规律的理论知识。如果引用埃里克森"概念透镜"的观点，就是相关的各学科均使用共同的透镜、利用一些事实或现象作为工具来探究主题。如在"家庭节水小专家"这一主题中，预设了一个"概念透镜"——"节约用水人人有责"。学生利用数学知识"算算家庭用水账"，利用科学实验进行"漏水时的滴水量"观测，进行"家庭节水打卡行动"并交流家庭节水方法，最后撰写"家庭节水宣传信"。通过"节约用水人人有责"这一"概念透镜"，使放在同一个架构中的各学科知识、技能和思维共同发生作用，学生通过各学科概念，从不同的角度理解主题内涵。因此，主题下的各个学科概念的选择乃是因为这些概念与主题直接相关，而并非因为其在特定学科中的代表性。主题既是组织中心也是学习目标。

（2）问题链（或任务链）。大概念（或大观念）对教师和学生来说都比较抽象、难以理解，可以借助与大概念相关的"本质问题"来作为组织中心。通过围绕主题，确定本质问题，再提出与主题相关的可操作的"驱动性问题"，并逐步细化出"引导性问题"，形成完整的问题链。

[①] 崔允漷. 论大观念及其课程意义 [J]. 上海课程教学研究，2015，(10)：3—8.
[②] 吴永军. 关于大观念教学的三个议题 [J]. 课程·教材·教法，2023，43（05）：40—47.

小学六年级"安全头盔"改良设计			
大概念	本质问题	驱动性问题	引导性问题
结构与功能	1. 如何通过设计将物体的结构与功能有机地融合在一起？ 2. 结构的变化是否会影响到设计物体的功能性？ 3. 如何通过结构的优化来增强物体的功能表现？	1. 结构改变想实现的功能是什么？	1. 头盔的主要功能是什么？ 2. 现在的头盔存在什么问题？ 3. 用户对头盔有哪些方面的需求？
		2. 如何提升物体的功能性和实用性？	1. 根据用户的需求，我们可以做到哪些改变？ 2. 如何在原有基础上增加头盔的功能？ 3. 要怎样合理对头盔的外观进行改造？ 4. 外观设计和功能改变要如何结合起来？
		3. 设计物体是否可以满足用户的需求和期望？	1. 我们要怎么样进行试验？ 2. 还需要做什么调整？

对于教师来说，确定本质问题是至关重要的第一步。这需要教师对主题有深入的理解和掌握，能够从中提炼出最核心、最本质的问题。如，教师在深度挖掘"'安全头盔'改良设计"背后的教育意蕴，抽取出核心内涵背后的价值与意义，并综合考虑主题学习内容和学生的年段特征，确定大概念"结构与功能"。接着，进一步从大概念出发澄清三个"本质问题"："如何通过设计将物体的结构与功能有机地融合在一起？""结构的变化是否会影响到设计物体的功能性？""如何通过结构的优化来增强设计物体的功能表现？"在确定本质问题之后，教师需要进一步提出与主题相关的"驱动性问题"。如，"结构改变想实现的功能是什么？""如何提升设计物体的功能性和实用性？""设计物体是否可以满足用户的需求和期望？"这些问题应该能够引导学生主动思考、积极探索，从而帮助他们理解和掌握"本质问题"。而最后提出的"引导性问题"应该具备足够的逻辑性和连贯性，从各个角度和层面对主题进行深

入的探讨和分析，以帮助学生形成完整的知识体系和认知结构。

因此，核心内容确立的过程就是一次教学预设的过程，明确了什么内容与组织中心最相关、什么内容与组织中心较不相关，什么内容应该被涵盖、什么内容应该被暂时舍弃，保证符合内容组织结构化的要求。

2. 跨学科内容的组织

确定核心内容后，还应进一步分析要达成核心内容需要哪些学科知识、方法、思维等的支撑以及这些学科之间的相互关系。主题式跨学科学习设计时，"跨"的主体、"跨"的程度和"跨"的目的不同，就会使与主题相关的学科内容之间呈现不同的融合形态。在第四章中已详细分析了因学科之间融合程度的不同，主题式跨学科学习设计会呈现"辅助学科助力主导学科的形态""主导学科走向主辅共生的形态""每门学科都是主导学科的形态""主辅融通的超学科整合形态"四种不同的基本融合形态。因此，在内容组织时关键要确定"主导学科"和"辅助学科"。

主导学科内容与任务完成直接关联，是跨学科学习展开中需要综合与利用的重要资源与工具，甚至还作为任务履行过程中需要理解与掌握的对象。主导学科的确认能够为主题学习内容定向，也便于分析与主题相关的学生已有的学习经验（知识与能力）起点水平，为主题学习活动的开展奠定基础。与主导学科相对的其他学科，一般也称为辅助学科。辅助学科更多是提供工具与方法性支持的学科，在学习内容组织上体现整合性，在学习内容转化中使得任务的设计更为完整与流畅。

主导学科与辅助学科在学习内容规划上有先后之分，一般在内容规划之初就确认了主导学科，而辅助学科往往是应实施的需要逐渐纳入的，具有生成性。如在六年级"乐玩竹节人"跨学科学习中，初步设计时是以语文学科作为主导学科，围绕文本理解开展"编写竹节人制作指南"以及"编写剧本，组织'竹节人大战'"两个主要活动任务；劳动和美术两个学科作为辅助学科，为"制作竹节人"和"装饰竹节人"提供知识和技能的支撑。但因为在制作过程中，出现制作出来的竹节人不灵活的问题，又引入了数学学科比例尺的知识，最后形成以语文学科为主导，劳动、艺术、数学为辅助学科的内容组织模式。从这个课例中可以看出，辅助学科往往助力主导学科知识与技能的迁移与应用需要，或随着活动开展过程中问题的解决需要而逐步加入，具有较强的开放性和生成性。

需注意的是，主导学科并不一定只有一门。在"单学科的跨学科学习"，主导学科是以一门为主，如各门课程开展的跨学科主题学习。而在"多学科融合的跨学科学习"和超学科学习中，主导学科就不只是一门，表现为几门学科同时主导，共同围绕问题的解决协同推进，如综合实践活动课程中开展的跨学科学习活动。当然，在设计时，跨学科学习中的主导学科和辅助学科不是对立的关系，而是相互支撑与成就，共同致力于主题学习任务的完成。

（三）目标

无论在学科学习中还是在跨学科学习中，学习目标都是教与学的起点和终点，明确预期的学习效果将引领跨学科学习活动有方向地开展，同时也为学习评价提供判断标准。

1. 目标的内容

跨学科学习目标以发展学生核心素养为导向，凸显对学生能力与意识品质发展的要求，指向人的全面发展。素养本位的育人目标以成就取向取代了以往的内容取向，成就取向强调从学生的学习结果和成就水平切入展开[1]。因此，跨学科学习的目标内容应该包括所涉及的学科素养目标和跨学科素养目标。

德雷克基于学生核心素养发展需求，提出了指向21世纪技能的KDB框架，即"知—行—为"框架。其中，"知"强调概念性思维，且这些概念是跨学科的，如可持续性、改变、因果等；"行"强调诸如批判性思维、交流、创造性等复杂的跨学科能力/素养；"为"则侧重个人成长、社会情感学习、价值态度等[2]。德雷克的"知—行—为"三方面架构了学生的学习结果和成就水平，为跨学科学习目标设计提供方向性的指引。跨学科学习中的学科素养目标，不只是停留在对学科事实性的知识、概念的掌握，更指向基于深层理解的经得起考验的个人知识。而跨学科素养目标指向通用性素养目标，如学生在形成学科素养目标过程中所涉及的批判性思维、创新性思维和合作协同沟

---

① 崔允漷，王涛，雷浩. 义务教育课程方案（2022年版）解读[M]. 北京：北京师范大学出版社，2022：8.

② [加] 苏珊 M. 德雷克，[美] 黎贝卡 C. 伯恩斯. 综合课程的开发[M]. 廖珊，黄晶慧，潘雯译. 北京：中国轻工业出版社，2007：33—53.

通等能力。同时，跨学科学习活动是由系列活动（或任务）组成的，因此目标内容分为整个主题的总目标和各个阶段活动（或任务）的阶段目标。

2. 设计的要求

跨学科学习的目标设计时机有别于学科课程，往往安排在主题与内容框架确立之后。因此，在设计跨学科学习目标时要遵循以下一些基本要求。

（1）目标要体现核心素养导向。核心素养下跨学科学习指向人的全面发展，发展的基础是学科素养和跨学科素养。因此，教师需要先对主题所跨学科的学科素养有清晰的了解，然后再梳理出相关的通用跨学科素养，最后将两者统整为本主题的跨学科学习目标。以小学五年级"纸飞机 向前飞"为例。教师首先考虑学生在此主题活动中，需要涉及的学科核心素养有哪些，采用分科描述的方式进行整理罗列（如下表）。

学科	核心素养	相应知识、方法
劳动	劳动能力 劳动品质	掌握基本的纸飞机折叠方法，能折出满足不同需求的飞机形状。 能通过不断调整折叠方式，改进飞机的形状和结构。
体育与健康	运动技能	初步学习肩上屈肘快速挥臂的投掷动作，掌握纸飞机投掷"姿势、角度、力度、松手"4个技巧。
科学	探究实践 科学思维	能通过观察记录，对比发现不同折叠方式的纸飞机飞行效果。通过小实验，调整观察各部位的作用，掌握飞机控制技巧。

与主题活动相关的跨学科素养又有哪些？可以依据《中国学生发展核心素养》的内容，提取出与主题相关的跨学科素养内容。如在"纸飞机 向前飞"跨学科学习活动中，学生可以发展的跨学科素养有"科学精神""学会学习""实践创新"三个方面。"科学精神"方面体现在学生通过了解纸飞机飞行中涉及的纸张材质、折叠方法、投掷技巧以及物理的力学原理等，从而促进科学探究、科学素养和科学思维等能力的发展。"学会学习"方面体现在学生通过记录观察、折叠调试，研究飞机的飞行原理，学会如何获取和评估相关信息，学会整合不同学科的知识和技能，促进自主学习和合作学习等能力的发展。"实践创新"方面，学生通过设计和制作不同形状、结构的飞机，促进运用科学知识和技能解决现实问题等能力的发展。素养的形成离不开具体

知识的支撑，学科知识学习越深入，对跨学科问题的理解就越深入，从而培养核心素养。

（2）总目标要贴合主题活动（或任务）。跨学科学习活动是由围绕主题开展的不同活动（或任务）组成的，作为整个跨学科学习活动的目标不能架空于具体活动（或任务）之上，也不能分散到各个活动或（任务）中，而是要以主题学习统领性任务的完成作为目标的牵引，体现高度整合。如"纸飞机向前飞"跨学科学习活动共有"思考与发现""制作与改进""技巧与练习""原理与实验""总结与交流"五个部分的内容，每个活动（或任务）都有各自的学习目标，在阶段目标中可以具体体现，但是不能直接将每个阶段的目标堆砌成整个主题的目标，而应该围绕"纸飞机如何才能飞得远"这一核心问题进行统整性表述，围绕"纸飞机如何才能飞得远"展开探究，知道纸张材质、折叠方法、投掷技巧会影响纸飞机的飞行，在不断尝试和调试过程中，养成凡事认真思考、不怕困难、乐于探究的良好品质习惯，提高发现问题、分析问题和创造性解决问题的能力。

（3）阶段活动（或任务）的学习目标描述要详实。目标引领活动开展，因此在目标的表述上，就要清晰地描述通过什么活动（或任务），学生将知道（或运用）哪些知识或方法，达到什么效果。

◎ 纸飞机　向前飞 ◎

活动一：思考与发现

学习目标：

1. 通过纸飞机射飞比赛活动，能对纸飞机的优劣进行评价，养成客观分析、公平公正评价的好习惯。

2. 通过交流影响纸飞机飞得远的多种因素并梳理分类，养成遇事认真思考的习惯，提高分析问题的能力。

活动二：制作与改进

学习目标：

1. 通过观察、分析纸飞机，知道如何在材质、造型和大小方面控制变量。

2. 通过视频学习制作要点，掌握纸飞机的基本折叠方法，能够根据需求调整纸飞机的形状和结构，折出不同形状的飞机，发展动手操作和创造性思考的能力。

活动三：技巧与练习

学习目标：

1. 通过经验交流与教师的动作示范讲解，明确纸飞机投掷的4个要点。

2. 在纸飞机投掷练习中，初步学习肩上屈肘快速挥臂的投掷动作，能结合数学知识，如角度和距离的计算，优化纸飞机的投掷角度和力度，锻炼学生的投掷力量，使纸飞机飞得更远。

活动四：原理与实验

学习目标：

1. 通过实物介绍和观看视频，了解飞机各部位的作用，掌握飞机控制技巧。

2. 在不断地尝试和调试过程中，理解纸飞机飞行中涉及物理学科的力学原理，并能将这些原理应用到纸飞机的设计和飞行中，体会到创造性思维在解决问题和创新中的重要性。

活动五：总结与交流

学习目标：

1. 通过交流"折""射"纸飞机的变化，发现知识的价值和力量。

2. 运用思维导图梳理学习收获，实现思维具体化，推动经验分享，提升反思和学习能力。

（四）活动（或任务）

学习活动是指在学习过程中，围绕主题设计一系列有针对性的活动，包括具体的事件、任务和其他相关行为。学习活动（或任务）的设计要围绕学习目标，指向目标的达成。主题式跨学科学习设计是以核心素养为导向，强调学生在真实情境中的亲身实践，强化概念在内容组织中的作用，因此学习活动的设计需要将学习内容置入具有真实问题情境和具体学习任务的结构之中，才能确保学习的有效进行。

1. 寻找学习情境

学习情境是用以支持学生展开探索的教学情境，可以是真实生活的情境，也可以是模拟的真实性情境。如"'安全头盔'改良设计"跨学科学习活动是基于现实生活中"家长用电动车或者摩托车接送孩子上下学，又不喜欢佩戴头盔"的真实情境开展的一个主题活动。而"欢乐购物街"跨学科学习活动是教师为了帮助学生认识和深化对"人民币元、角、分之间的关系"的理解，而模拟真实性情境开展的一个主题活动。"模拟的真实性情境"是对"真实生活"的提炼，虽然模拟的、典型化的和理念化的情境不是真实的情景，但是可以引导学生更深刻地把握真实世界。

无论创设的学习情境是何种形态，都必须要注意以下几点：第一，应关注情境是否能涉及要解决的问题或要建立的大概念的内容、是否能唤起学生参与的兴趣。例如，主题是关于环境保护，可以让学生观察校园各个角落的环境状态，也可以实地参观一个被污染的环境，从而促使学生真正产生想探究环境被污染的原因以及解决问题的兴趣。第二，情境是否有利于学生从中发现问题。例如，主题是关于食品安全，可以让学生深入学校食堂中去了解食品的制作和配送流程，从而对有可能存在卫生隐患的流程提出疑问。第三，情境是否能为学生提供实际应用知识和亲身参与体验的机会。如上述"校园环境保护"和"捍卫食堂食品安全"跨学科学习活动中，都能让学生在具体情境中开展真实的观察、实践和体验参与活动。第四，情境应能够涵盖多个学科领域，促使学生运用跨学科的知识、技能和概念。例如，食品安全的主题就涉及环境、生物、人文、道德等多学科领域内容。

需要注意的是，围绕主题而创设的学习情境不仅仅只是一个导入情境，还必须是个活动情境，能支撑学生在情境中运用知识和技能开展实践体验活动。

2. 设计进阶任务

主题内部学习活动（或任务）的进阶是指将具有挑战性和开放性的主题解构为相互衔接、逐级深化的活动（或任务），引导学生在完成活动（或任务）的过程中螺旋上升地探究和解决问题，从而将头脑中散落的知识碎片结构化，使思维走向深入[①]。

学生的学习是一个循序渐进、逐步提升的过程。因此，学习任务应呈现逐步深化和复杂化的趋势，从而符合学生认知发展所遵循的由简单到复杂、

---

① 袁晓萍，陶文迪. 跨学科主题学习的进阶设计和实施［J］. 中小学管理，2023，(05)：13—16.

由低水平到高水平的思维路径①。在进行主题式跨学科学习设计时，应将学习任务划分为不同的阶段或步骤，逐步增加任务的难度和复杂性。每个阶段的活动（或任务）都建立在前一阶段的基础上，让学生逐步深入理解和应用知识，以发展更高级的思维能力。

◎ 六年级"打造美好校园生活"进阶任务设计 ◎

阶段一：了解学校生活的不同方面

目标：学生能够简单描述学校生活的特点和组成部分。

任务：学生进行小组讨论，知道学校生活包含课程、活动、规则等不同方面。

阶段二：调查并分析学生的在校体验

目标：学生能够分析调查对象的在校体验，了解他们的喜好和需求。

任务：学生通过调查问卷或访谈的方式，调查学生对学校生活的感受和意见，例如他们最喜欢的课程、活动，以及对学校规则的看法。

阶段三：设计改进计划

目标：学生能够提出合理的改进计划，并说明其目标和实施细节。

任务：各小组根据调查结果和意见，向学校提出改善学校生活的建议和方案，例如增加新的课程或活动，改善学校设施等。

阶段四：实施改进计划并反思

目标：学生能够实际参与学校改进的行动，并反思行动的成效、困难和改进的可能性。

任务：学生根据先前提交的学校改进计划，记录学校已采纳并实施的计划以及实施的效果，进行反思和调整，总结经验和教训。

通过上述进阶任务设计，学生逐步深入了解学校生活的不同方面，并实际参与到改善学校生活的行动中。

总之，任务的建构要遵循发现问题、分析问题和解决问题的思路，从而形成结构化的活动链。在设计时，每个学习活动（或任务）都有一个清晰的目标和要求，不仅有利于学习活动的逐步深入，也有助于教师合理把控学习

---

① 刘晟，刘恩山. 学习进阶：关注学生认知发展和生活经验［J］. 教育学报，2012，8（02）：81—87.

活动开展的节奏和重点，及时调整教学策略，确保学生的学习效果达到最佳状态。

（五）评价

核心素养培育下的学习评价指向的是学生学习与成长的发展与促进，新课程方案推行"教学评一致性"，就在于要发挥评价的引导和对学生的激励作用。跨学科学习由于所探究的问题、所要解决的任务、所要创作的作品或所要参与的服务活动往往没有唯一确定的标准，故更重视学生在学习活动中的过程性表现，将过程性表现与终结性表现纳入评价范围，呈现出评价内容从"知识检测"转向"素养发展"，评价方法从一维转向多维，评价主体从单一走向多元。在评价实施过程中，重视将学习评价贯穿主题学习始终，尤其将评价设计前置（逆向设计），更能保障教学评设计的一致性，充分发挥评价对于学生的引导作用。

1. 评价内容：关注核心素养维度

跨学科学习以学生核心素养的发展为目标，在评价内容上关注与主题相关的学科素养和跨学科素养达成的情况。主题式跨学科学习设计评价时，重视通过对主题任务完成情况的评价体现对相关学科素养和跨学科素养的评价。

比如"自制家庭自动感应灯"跨学科学习活动是以"做出一盏符合家人需求的家用自动感应灯"为任务驱动的，在设计评价内容时要关注制作这盏家用自动感应灯所需的学科（如科学、美术、语文）的知识、技能和思维的运用情况，同时也要关注学生在制作过程所涉及的批判性思考能力、跨学科知识融合能力、解决问题能力、团队合作能力、沟通与表达能力等跨学科素养的表现情况，以此来评价学生在这一主题活动中获得的核心素养发展情况。

学科素养评价内容的确定可以根据每个主题任务所需的学科内容进行具体制订。而跨学科素养具有一定的通用性，经常出现在各个跨学科学习的过程中，主要包括以下 10 个方面的内容。教师可以根据具体的主题和学习目标，选择相关内容作为评价的组成部分。

评价维度	具体内容
批判性思维与问题解决能力	是否能够深入思考，对信息进行分析和评估，提出有洞察力的问题，并能够针对复杂问题提出创新的解决方案。
团队合作与交流能力	是否能够积极参与协作，有效地与团队成员沟通，共同解决问题，体现良好的合作精神。
信息素养	是否能够有效地获取、评估和利用各种信息资源，包括数字技能、信息检索能力、媒体识别能力等。
创新与创造力	是否具备创造性思维，能够提出新颖的观点和创意，展示创新能力。
跨学科知识融合	是否能够将不同学科的知识进行整合和应用，解决复杂问题，体现出综合性的学科素养。
扩展学习与自主学习	是否能够主动探索相关领域的知识，表现出持续学习的意愿和能力。
社会责任感与全球视野	是否具备社会责任感，能够关注全球问题，理解不同文化背景，形成开放的国际视野。
沟通与表达能力	是否能够清晰地表达观点，使用多种媒体形式有效地传达信息，包括口头、书面和视觉等。
伦理和价值观	是否能够从多个角度审视伦理问题，形成健康的价值观。
自我管理与反思能力	是否能够有效地管理时间，制订学习计划，同时能够对自己的学习进行反思，不断提升自身素养。

2. 评价方法：采用表现性评价

评价方法的选择与评价目标密切相关，不同的评价目标有与其相适应的评价方法。布鲁克哈特对四类评价方法最适当的用途归纳如下。

评价方法	最适当的用途
纸笔测验	评价一个内容领域的知识和技能，或者评价心向和兴趣。
表现性评价	评价一个领域中的深入思考，或者评价所获得的技能或所创造的产品。
口头评价	在教学过程中评价知识和思考，或者评价心向和兴趣。
档案袋	记录进步或发展，展示一系列技能的复杂成就。

斯蒂金斯也考察了不同评价方法对不同评价目标的适应性。

评价目标	评价方法			
	选择式评价	论述式评价	表现性评价	交流式评价
知识和观点	能够考查对知识点的掌握程度。	可以测量学生对各个知识点之间关系的理解。	不适用于评价这种学业目标，优先考虑其他三种方法。	可以提问，评价回答并推断学生掌握程度，但是很费时间。
推理能力	可以评价某些推理形式的应用。	对复杂问题解决的书面描述，可以考查推理能力。	可以观察学生解决某些问题或通过成果推断其推理能力。	可以要求学生"出声思考"或者通过讨论问题来评价。
表现性技能	可以评价对表现性技能的理解，但不能评价技能本身。	可以评价对表现性技能的理解，但是不能评价技能本身。	可以观察和评价这些技能。	非常适于评价口头演讲能力，还可以评价学生对技能表现的基础知识的掌握。
产生成果的能力	只能评价对创作高质量产品的能力的认识和理解。	可以评价对产品创作的背景知识的掌握情况，简短的论文可以评价写作能力。	可以评价产品创作的步骤是否清楚，产品本身的特性。	可以评价程序性知识，和关于合格作品的特点的知识，但不能评价作品的质量。
情感倾向	可以探测学生的情绪情感。	可以探测学生的情绪情感。	可以根据行为和产品推断学生的情感倾向。	可以跟学生交谈，了解他们的情绪情感。

跨学科学习指向学生素养的发展，高阶目标的实现需要多种评价方法的综合运用，但特别强调以真实性评价来体现学生素养的发展情况。真实性评价常采用的方法是表现性评价与档案袋评价。档案袋评价可以贯穿单个甚至多个跨学科学习活动的始终，通过持久的积累来捕捉学生的成长与发展，能够体现素养发展特征。表现性评价关注学生在非标准化情境下的生成性表现，由此引导与判断学生的素养发展。

因此，以主题形式组织的跨学科学习适合采用表现性评价。通过主题统领性任务，整合设计表现性任务和相应的评价量规，依据关键的评价维度及具体评价标准，制作不同水平表现的区分度以检测素养目标是否实现。还是以"自制家庭自动感应灯"为例。根据该主题统领性任务"做出一盏符合家人需求的家用自动感应灯"，整合设计表现性任务有"会调查""会制作""会表达""会合作"等四个方面的内容，并对完成这些表现性任务进行具体的任务描述，包括途径、方法以及所要达到的要求。

◎ "自制家庭自动感应灯"表现性任务设计 ◎

主题任务	表现性任务	任务描述
做出一盏符合家人需求的家用自动感应灯	会调查	运用采访、实地考察等方式调查市场上家庭自动感应灯的种类、使用方法、优缺点。 通过实地考察、访问等途径了解自家使用自动感应灯的需求，并将位置、使用原因、感应方式和外观需求记录下来，记录应清楚、完整。
	会制作	积极参与家庭自动感应灯的设计，能根据摆放位置、感应方式、放置方式和使用对象，画出合理、美观、可行、有创意的设计图。 能根据已经掌握的电路知识，按要求在灯盒中设计和制作不同的自动感应电路。 能根据感应灯的特点和设计需求选择装饰材料和装饰方法，进行家庭感应灯的外观制作。
	会表达	在讨论家庭感应灯设计方案时，能积极思考，并发表自己的意见。 在作品发布时，能用简洁的语言清楚介绍作品名称、外观特点、实用功能。 能借助三个评价点去评价其他人制作的感应灯，发现作品的设计亮点、存在的问题，并提出改进的意见。
	会合作	在小组活动时能积极思考、发言，主动承担任务。

评价方法是多样的，表现性评价只是其中的一种方式。要检测学生在一个跨学科学习活动中的学习效果，还可以配合其他适切的评价方法，比如纸笔测试中能设置合适的问题情境，也可以作为检验跨学科学习效果的方法。

3. 评价工具：借助评价量表

不同的评价内容、评价主体都要设计针对性的评价工具，以实现对学生学习过程表现与学习成果的评价。表现性评价的评价工具大多以量表或量规的方式呈现，以帮助学生获得及时性的反馈，促使学生在后续活动中做出积极的改变。

评价量表是一种评分工具，是对某项任务的具体期望，可用于评价多种任务，包括研究论文、书评、讨论、实验、报告、档案、小组活动、口头陈述等。评价量表一般由四个基本部分组成：任务描述、评价标尺、评价维度和评价标准描述。

（1）任务描述。评价量表要评价的内容，一般是选取整个主题表现性任务中的一个方面。如"自制家庭自动感应灯"的表现性任务之一"会表达"，任务描述是"在作品发布时，能用简洁的语言介绍清楚作品名称、外观特点、实用功能"。

（2）评价标尺。描述任务执行的程度，一般常用的有"优秀、良好、合格、不合格"或"高级、中级、低级"以及现在小学阶段常用的星级评价，这些都是用来考查学生完成任务的实际情况。

（3）评价维度。列出评价任务的具体内容或构成要素。如围绕"在作品发布时，能用简洁的语言介绍清楚作品名称、外观特点、实用功能"可以设置的评价维度有"内容、声音、表述"。要注意的是，不能用"声音响亮"来作为维度，因为"声音响亮"已经涉及学生的表现水平。

（4）评价标准。对每个表现水平的程度进行描述，一般呈现相关递进性，与评价标尺相对应，方便学生找到评价的区间。

"自制家庭自动感应灯——会表达"评价量表

任务描述	评价维度	评价标准描述			评价结果
		☆☆☆	☆☆	☆	
在作品发布时，能用简洁的语言介绍清楚作品名称、外观特点、实用功能。	内容	能清楚介绍作品名称、外观特点和功能。	能清楚介绍作品名称，但外观特点和功能有一项介绍不清楚。	有介绍作品名称，但外观特点、功能介绍不清楚。	
	声音	声音响亮	声音可以听见	听得有点吃力	
	表达	很流利简洁	不够简洁	不够流利	

4. 评价主体：体现多元主体

自新课程改革以来，评价主体多元化已被认可，并逐步在一些评价活动中得到落实。主题式跨学科学习活动涉及面广，有主导学科教师以及辅助学科教师参与，在具体问题情境开展中还有一些相关人员参与，因此主题式跨学科学习活动的评价主体更强调多元化。主导学科教师作为评价设计的主体，要协同辅助学科教师一起讨论、设计评价方案、确定评价内容、选择评价方法、制订评价量表和组织开展评价活动。在评价操作过程中，学生更是评价开展的主体，要通过开展自我反思性评价，发展元认知，在自我监控、自我反思、自我判断、自我修正的基础上开展进一步学习。同时还要开展同学间的互评，理性地分析别人表现中存在的问题，给出建设性意见，提高分析和判断的能力。

（六）作业

主题式跨学科学习活动作业不仅是实现培养学生核心素养目标的有效途径和方法，也是衡量学生在探究和解决问题过程中是否具有正确价值观、必备品格、关键能力的重要载体。主题内容与目标是作业的内涵本质。

1. 制订作业目标

作业目标应该紧密围绕主题目标，并充分考虑主导学科和辅助学科的具体内容领域，制订对应的作业目标，确保作业能够有效地引导学生达成这些素养目标的要求。

2. 选择作业类型

跨学科学习作业的目标指向不同的维度，作业的类型要突出实践性，采用学生喜欢的探究性、操作性活动，比如观察、采访、调查、测量、绘制、制作影像作品等活动性作业任务。

3. 保持作业的连贯性

作业最好和主题活动各个阶段的表现性任务相一致，体现对课内任务的课外延伸。

最后，跨学科学习的作业要具有一定的挑战性，但难度要与学生实际能力水平相匹配，切忌大大超出学生可操作的能力范围，结果变成家长的作业。

◎ "保护身边的水资源" 作业设计 ◎

主题目标：

学生理解水资源的宝贵，认识到人类活动对水资源的影响，并探索各种保护水资源的方法。

涉及学科：道德与法治、科学、美术、语文。

涉及跨学科素养：理性思维、批判质疑、勇于探究、问题解决、责任担当、沟通交流、技术运用。

作业目标：

1. 使学生理解水循环的原理、水污染对整个生态环境的影响。

2. 会进行简单的水质检测，发展学生的数据分析能力、解决实际问题的能力以及团队合作和沟通能力。

3. 培育学生的环境责任感和对可持续发展的道德承诺。

作业类型和任务：

1. 观察与采访：学生实地考察身边的水域，记录水体的现状和是否有排污口，并采访周边的居民。

2. 调查与测量：采集家中的自来水、身边水域的水，学生进行水质测试，收集并分析水样中的数据，如 PH 值、TDS 等指标。

3. 设计与宣传：学生利用所学知识创建保护水资源的宣传材料或者发起校园内的节水活动。

4. 展示与交流：通过制作视频或幻灯片，展示他们对水资源保护问题的研究成果，并提出解决方案。

跨学科学习的作业设计是一个综合性的过程，需要教师深入理解本次主题式跨学科学习活动的目标和学生需求，创造性地设计作业，帮助实现学生核心素养的进一步发展。

第二节　主题式跨学科学习设计方案的撰写

一、主题式跨学科学习设计方案的模板

主题式跨学科学习设计方案是指将主题式跨学科学习活动设计写成文本的形式。主题式跨学科学习设计适用于综合实践活动课程和跨学科主题学习等所有以主题形式开展的跨学科学习活动，因此，主题式跨学科学习设计方案必然要体现这两者在设计方案上的共性要求。

（一）综合实践活动设计方案

在第一章中，我们了解了综合实践活动设计方案及其内容要素的演变，知道了目前被教师普遍使用的综合实践活动设计方案内容主要有"活动主题""主题说明""适用年级""主题目标""主题实施思路""主题作业设计"和"分阶段内容的教学设计"七个部分。

◎ 活动主题 ◎

一、主题说明

二、适用年级

三、主题目标

四、主题实施思路

活动总时长	
内容及课时建议	活动规划
活动准备阶段：＊＊	活动组织环节的简要描述
活动实施阶段：＊＊	
活动总结阶段：＊＊	

五、主题作业设计

六、分阶段内容的教学设计

(二) 跨学科主题学习设计方案

在 2023 年教育部基础教育跨学科教学指导委员会发布的全国性"跨学科主题学习典型案例征集活动"中，随文件提供了"跨学科主题学习活动教学设计模板"。

◎"跨学科主题学习"教学设计（2023 年版）◎

主题（单元）设计：

1. 主题（单元）名称

2. 主题（单元）学习活动学时：共 ? 学时

3. 主题（单元）涉及学科

简要说明本单元中所需涉及的具体学科及相关知识、方法等。

4. 主题（单元）设计说明

依据课程标准、学生情况对主题活动设计进行说明。

5. 主题（单元）学习活动目标

基于课程标准、分析教材、结合学情确定，体现素养导向的目标。

6. 主题（单元）学习评价设计

基于课程标准，结合学期、目标设计，关注过程性评价，设计表现性评价指标。

7. 主题（单元）学习活动环境

说明开放性学习环境情况，如教室桌椅摆放、黑板、实验设备器材、多媒体设备、智能终端（物理环境）和数字资源、软件工具、网络平台（虚拟环境）等。

8. 主题（单元）学习活动/任务设计

呈现活动名称，概述活动的内容、过程、环境等，标注与目标关联。给出驱动问题或核心问题，说明具体的问题情境，明确本单元所要解决的实际问题。

活动/任务 1：

活动/任务 2：

活动/任务 3：

9. 主题（单元）作业设计

结合主题单元内容及目标整体设计单元作业，在作业类型、难度、时长等方面综合考虑，尤其关注跨学科作业的设计。单元作业设计要关注实践性、综合性。

10. 主题（单元）教学结构图

通过结构图说明主题中几个活动之间的关系和主要教学内容。

从提供的设计模板中，可以看出目前我国教育学术界较为认可的跨学科主题学习活动是以"单元"或"主题"的形式开展，内容主要包括"名称""学习活动学时""涉及学科""设计说明""学习活动目标""学习评价设计""学习活动环境""学习活动/任务设计""作业设计"以及"教学结构图"十个方面的内容。

在教育科学出版社出版的"跨学科主题学习设计与实施丛书"中，所有提供的课例都是由主题、主题分析、学习目标、学习规划、学习过程等五部分内容组成。

（三）主题式跨学科学习设计方案模板

通过对综合实践活动设计方案和目前比较有代表性的跨学科主题学习设计方案的内容进行对比，发现普遍存在一致性的要求：都突出主题，都强调主题说明，学习目标、学习活动规划、作业设计和学习评价等。

结合主题式跨学科学习设计的六个基本要素，我们将主题式跨学科学习设计方案的内容确定如下：跨学科主题名称、主题设计说明、相关核心素养、学习目标、适用年级、学习场域、整体规划、各阶段的详细组织过程等八个部分。

◎ 跨学科主题名称 ◎

一、主题设计说明

1. 主题产生来源
2. 主题设计思路
3. 主题实施结构图

二、相关核心素养

学科（跨学科）	核心素养	相应知识、方法

三、学习目标

四、适用年级

五、学习环境

六、整体规划

内容与课时建议	学科建议	活动规划
活动/任务一		
活动/任务二		
活动/任务三		
……		

七、各阶段的详细组织过程

二、主题式跨学科学习设计方案的撰写

（一）跨学科主题名称

主题名称的撰写方法与综合实践活动主题名称的撰写要求一致，可以是一个词组或短句，也可以是一个问题或议题，在表述上都强调简明扼要，能够准确反映学习的关键内容。但作为主题式跨学科学习活动设计，除了突出主题元素，还要突出围绕主题开展的跨学科学习活动在"跨"后走向何方，就是要突出学习目标的指向，强化主题的价值引领。如，可以在原主题前面加入"大观念"或"大概念"：在"我和我的家乡"主题前面加入家国情怀的引导，主题名称则可以表述为"故乡情　中国心：我和我的家乡"；在"纸飞机　向前飞"主题前加入跨学科概念则可以表述为"结构与功能：纸飞机向前飞"。德雷克也认为，为主题添加一个概念上的标题，将主题定位成一个高水平的概念，可以确保学生在学习主题时向思维或情感的更高水平发展。

（二）主题设计说明

主题设计说明是主题式跨学科学习设计方案一个至关重要的部分。它包

括了"主题产生来源""主题设计思路"和"主题实施结构图"三个组成部分。

1. 主题产生来源

简要说明主题是来源于真实生活中的问题,还是各科课程标准中内容的交集,或者是一门课程内容或教材内容的拓展延伸。

主题式跨学科学习设计方案是适用于所有以主题形式开展的跨学科学习活动设计的通用方案,主题来源比较广,因此主题产生来源要描述清楚,才可以知道是属于哪一种形态的跨学科学习活动。比如,主题来源于真实生活中的问题,一般是属于综合实践活动课程中的跨学科学习活动,指向问题解决能力的培养或大观念大概念的建立;如果主题是来源于各科课程标准中内容的交集,则更多是指向大观念或大概念的建构学习;如果主题是来源于一门课程内容或教材内容的拓展延伸,一般属于各课程中的跨学科主题学习,指向学科知识学习的理解和深化。

2. 主题设计思路

要突出核心问题和核心任务,明确主题实施是围绕什么核心问题,设计了哪些驱动性问题和开展了哪些系列活动,使学生在学习活动中获得哪些知识、技能或素养的发展。写清楚了,才能避免活动开展得零散而随意,确保所有的学习活动都能够紧密联系核心问题和任务,强化主题中心,使学生通过该主题活动的跨学科学习形成系统的知识结构和思维方式。

3. 主题实施结构图

主要是用图表的形式呈现各个活动任务之间的联系和层次关系,包括总活动时长和各个活动时长之间的关系。方便清晰地展示学习活动的布局,有助于掌握整个主题式跨学科学习活动的全貌。

(三)涉及学科和核心素养

说明该主题式跨学科学习活动中所需涉及的具体学科(或跨学科)及相应的知识、方法和能力。主题式跨学科学习活动指向学生核心素养的发展,素养发展的基础是知识和方法,只有深入分析与主题活动相关的学科核心素养是什么,跨学科素养是什么,才能保证活动实施不浅浮于表面。

在实际操作中,这部分对教师是最难的,需要建立在教师对各门课程标准深度解读的基础上。以"保护我们身边的水"为例,主题设计思路是通过开展"水污染离我们远吗?""水质情况我检测""污染原因我探究""水源保护我宣传"等系列活动,让学生形成"自觉保护水资源"的意识以及"为改善身边的水污染现象尽一份力"的责任担当意识。涉及的学科有道德与法治、科学、美术、语文以及综合实践活动。《义务教育道德与法治课程标准(2022年版)》中提出"道德修养"核心素养的主要表现为:具有"保护环境做社会的好公民"的社会公德;"责任意识"核心素养的主要表现为:具有"关心集体,关心社会"的主人翁意识。因此,结合具体学习活动安排,确定了本主题和道德与法治学科相关的素养、知识、方法如下:

学科 (跨学科)	核心素养	相应知识、方法
道德与法治	社会公德 主人翁意识	认识水循环,知道水污染的危害,从我做起,自觉践行水资源保护。 主动宣传水污染的危害,带动他人共同维护水资源。

因此,在撰写这部分内容时,需要根据主题设计的核心任务,先确定相关的学科有哪些,然后再深入阅读相关的课程标准,寻找具体的核心素养要求。这里要注意的是,核心素养不能只是泛泛而谈,需要定位到该核心素养目标在对应学段中的素养要求,才能准确写出相应的知识、方法。

(四)学习目标

主题式跨学科学习活动的目标表述也应满足教学目标"四要素",即行为主体、行为动词、行为条件和表现程度,采用"行为条件+行为动词+表现程度"的方式进行撰写。在目标内容上的表述采用整合描述的方式,明确学生通过学习活动要实现的知识、技能和思维方式的目标,体现与特定的素养相对应的应知、应会、应理解的目标。

其中,对表现程度的刻画和描述是学习目标表述的重点。主题式跨学科学习活动体现为实践结构目标,表现程度以问题解决或任务完成的情况进行描述,例如能够在何种程度上应用某知识解决何种问题(或任务)。

(五)适用年级

即该主题式跨学科学习活动适合在哪个年级使用,选择的标准一般是建立在对学生生情分析的基础上,以学生现有的知识、能力和经验水平密切相关。

(六) 学习场域

说明开放性学习条件的特点要求。主题式跨学科学习活动经常采用小组合作的形式开展，这就涉及小组成员的组成和人数，是同桌两人一组，还是四人一组，或者 6~8 人一组？是在普通教室，还是特定的活动教室，或者是校园内外的场所？有的学习活动还需要利用一些软件工具、网络平台或虚拟环境等，这些都需要在这里一一说明。

(七) 整体规划

整体规划采用表格的方式呈现，主要包括"内容与课时建议""学科建议"和"活动规划"。

1. 内容与课时建议。和前面"主题实施结构图"的内容相一致。"内容"部分就相当于结构图中的二级结构，是由几个活动或任务组成。"课时"是指单个活动或单个任务完成的时间，包含课内课时和课外课时。有的学校在开展主题式跨学科学习活动时，将时间调整集中到半天或一天，甚至几天内连续开展，那么课时建议就不再是以"课"来计算，可以进行灵活改动。

2. 学科建议。是指这部分内容由哪个学科教师组织比较合适，但并不是绝对的。年级越低，主题式跨学科学习活动对学科专业知识的要求越低，一般由发起活动的教师自己组织即可。但是随着年级的增加或者主题涉及的学科内容较为专业时，就可以由"学科建议"的教师来组织实施。

3. 活动规划。简要描述对应活动（或任务）要开展的内容。因为每个活动（或任务）都需要若干个具体的学习环节来落实，一般用一段话将学习环节中教师的行为和学生的行为描述出来。活动规划是对后面"各阶段的详细组织过程"的概述，因此具有动态调整性。

(八) 各阶段的详细组织过程

这部分内容是对"活动整体规划"的具体化，以活动/任务一、活动/任务二……作为分阶段的节点。每个阶段要有具体的"学习目标"和"组织过程"。在"组织过程"中，要写出学习环节，对环节中可能出现的问题进行充分的预设并提出对策，同时配套相关的学习表单、评价量表和作业内容。

主题式跨学科学习设计方案的具体撰写的样例范式详见第三部分"课例篇：主题式跨学科学习设计的课例举隅"。

课例篇

主题式跨学科学习设计的课例举隅

第六章 学科知识导向的主题式跨学科学习设计课例

课例1：指向语文学科知识学习
小学三年级《演绎寓言故事 品味人生智慧》
（融合形态"1←N"）

一、主题设计说明

1. 主题产生来源

《义务教育语文课程标准（2022年版）》明确提出跨学科学习，以提升学生的语言文字运用能力。在统编版语文三年级下册第二单元"寓言故事"的学习中，学生对寓言故事已具有一定的阅读思考能力，能初步结合生活实际理解寓言的含义。在本单元末，教材还安排了阅读中外寓言故事的活动，以提升学生为人处世的智慧。然而，学生在独立阅读整本书时仍存在困难。因此，结合语文课标和教材内容，从学生阅读现状入手，聚焦在"如何让学生读懂寓言故事"的要求上，开展一次以"演绎寓言故事，品味人生智慧"为主题的跨学科学习活动，旨在通过多样化的实践活动，帮助学生读懂寓言故事，并体会其中蕴含的人生智慧，进而激发学生的阅读兴趣，积累阅读经验。

2. 主题设计思路

本主题学习活动以语文学科为主导，巧妙地融合美术、音乐等学科，设计了"寓言小书虫""寓言星推官""寓言身份证""寓言奥斯卡"和"寓言总结会"系列递进活动，让学生通过经历"阅读寓言—推荐寓言—整理寓言—

表演寓言"等学习过程，主动探究寓言价值，深入理解寓意，帮助学生提升阅读的整体性、深刻性和互动性，在落实学科知识的同时，提高他们的文化自信、审美创造、语言运用、艺术表现、创意实践等核心素养。

3. 主题实施结构图

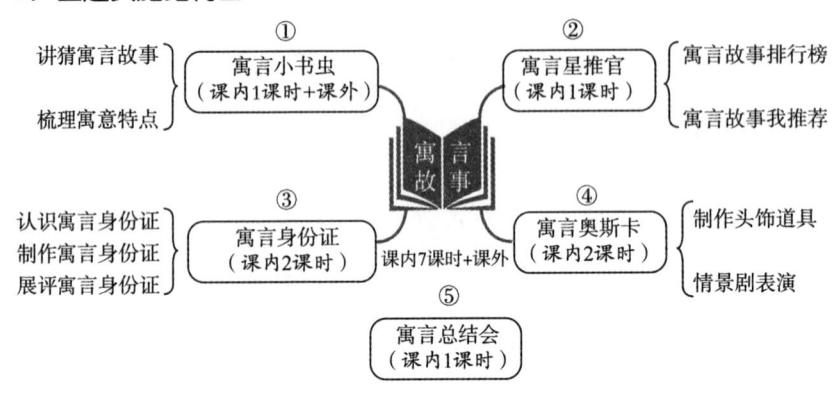

```
讲猜寓言故事          ①                    ②          寓言故事排行榜
                 寓言小书虫              寓言星推官
梳理寓意特点    （课内1课时+课外）      （课内1课时）     寓言故事我推荐

                        ┌─────────┐
                        │ 寓  言  │
                        │ 故  事  │
                        └─────────┘
认识寓言身份证        ③                     ④           制作头饰道具
制作寓言身份证     寓言身份证              寓言奥斯卡
                  （课内2课时）   课内7课时+课外  （课内2课时）
展评寓言身份证                                              情景剧表演

                          ⑤
                       寓言总结会
                      （课内1课时）
```

二、涉及学科和核心素养

学科	核心素养	相应知识、方法
语文	文化自信 思维能力 语言运用 审美创造	运用图文结合、记录想法、预测、联结、比较等阅读方法和策略阅读《中国古代寓言》，形成阅读记录。把自己的阅读所得和感受通过"推荐表""身份证"等多种形式进行表达。
美术	审美感知 创意实践 文化理解	通过观察、体验、分析、联想等方法进行学习探究，运用图文结合、色彩装饰等技巧美化寓言身份证，画出突出寓言特点的插图。根据寓言角色形象，收集不同角色表演所需的制作材料，运用绘画、剪贴等方式，小组合作完成"角色头饰"的制作。
音乐	审美感知 艺术表现 创意实践 文化理解	通过欣赏、模仿、创编等方法，学习情景剧的舞台布置、角色编排、动作神态的演绎，学生在现场演出中深化对寓言故事的理解，在丰富多彩的实践活动中积累、建构文化知识。

三、学习目标

1. 通过阅读、鉴赏、梳理、探究寓言文本，初步了解寓言故事的特点，领悟寓言故事蕴含的思想和智慧，感受阅读寓言故事的快乐。

2. 在经历美化身份证、制作角色头饰、情景剧表演等实践活动中，发展艺术表现、创意实践、审美感知等素养，提高团队协作能力。

3. 通过融合语文、美术、音乐等学科知识和技能开展阅读活动，发展综合运用多学科知识解决问题的能力，积累阅读经验，增强文化自信，提升语言运用、思维能力、审美创造等素养。

四、适用年级

三年级

五、学习场域

学习组织：分成 6 个学习小组

学习场地：教室、舞蹈室或音乐室

学习材料：演出服装道具、绘画和手工工具

六、整体规划

内容与 课时建议	学科建议	活动规划
任务一： 寓言小书虫 （课内 1 课时＋课外）	语文	课前，学生自主选读一则寓言故事，并记录关键信息。课上，通过讲猜寓言故事，梳理阅读策略，读懂寓言故事中人物的"怪"行为，理解寓意。课后，继续阅读《中国寓言故事》并填写阅读记录卡。
任务二： 寓言星推官 （课内 1 课时）	语文	课上，根据学生阅读记录卡填写情况，选出最受欢迎的六个寓言故事并组建六个学习小组。分组完成寓言故事推荐卡，并选派一名"寓言星推官"进行全班交流分享。课后，了解居民身份证的信息，收集寓言故事的插图。

续表

内容与 课时建议	学科建议	活动规划
任务三： 寓言身份证 （课内2课时）	语文 美术	本阶段建议尽量两课时连上。课上，教师引导学生借鉴居民身份证的内容信息，梳理出寓言身份证所需要的信息要素，并选择合适的插图。小组合作制作寓言身份证，组织展评，完善寓言身份证。课后，收集寓言角色所需要的制作材料。
任务四： 寓言奥斯卡 （课内2课时）	美术	课上，教师布置情景剧表演任务，引导各小组讨论策划表演活动，并进行小组分工，重点指导学生运用绘画、剪贴等方式，合作完成"角色头饰"的制作。课后，继续制作其他道具。
	音乐 语文	课上，组织学生欣赏《亡羊补牢》寓言故事的情景表演，并进行模仿创编、排练，选择配乐。现场演出，评选出"小小奥斯卡"获得组。
任务五： 寓言总结会 （课内1课时）	语文	课上，组织学生填写收获单，畅谈活动收获。开展主题综合评价，评选出"寓言金鸡百花奖"，并现场颁奖。课后，在学校各小舞台展区和电视台展示寓言身份证及情景剧。

七、各阶段的详细组织过程

任务一：寓言小书虫

【学习目标】

1. 借助寓言卡片的关键信息讲猜寓言故事，感受寓言故事的丰富多彩，激发阅读中国古代寓言故事的兴趣。

2. 运用图文结合、记录想法、预测、联结、比较等阅读方法和策略，阅读《中国古代寓言》，形成阅读记录。

【组织过程】

课前任务：学生选择一则寓言故事，提取自己需要的关键信息，记录于卡片上，为课上讲演做准备。

一、讲猜寓言，激发兴趣

1. 齐读学习单内容，明确学习任务。

◎ "寓言小书虫"学习单 ◎

驱动问题：本单元，我们走进了寓言世界，里面有想不劳而获的农夫、骄傲自大的铁罐，还有奔流不息的河流……这些发人深省的故事背后隐藏着一个个深刻的道理，深深地吸引了我们。你还读过哪些寓言故事呢？请你讲一讲、演一演所知道的寓言故事，我们一起猜一猜。

学习建议：借助寓言卡片的关键信息讲演寓言故事，注意不要直接说出故事名。

2. 借助课前准备的寓言卡片在小组内讲演寓言故事，让组员猜测寓言名称。

3. 对照评价表进行评价，小组内推选出"故事大王"。

"故事大王"评价表

评价项目	评价标准	小组评
故事内容	内容完整，情节生动。	☆☆☆
表达能力	表达流畅，口齿清晰。	☆☆☆
表现技能	举止大方，绘声绘色。	☆☆☆

（请在☆上打"√"）　　　　　　　　　　恭喜你获得了_____个☆

4. 各组"故事大王"在全班讲演，教师适时追问、引导评议。

5. 梳理与小结：可以借助故事卡片，记录故事的寓意、生动的形象和吸引人的情节；还可以利用故事卡片讲述故事，让故事更有趣。

二、初识目录，发现"怪"点

1. 复习《守株待兔》，回顾寓言故事的典型写法：将人物写"怪"。

2. 浏览《中国古代寓言》目录，整体感知。

3. 猜一猜：根据题目，猜测故事人物"怪"的行为，预测故事结局，说说预测的理由。

三、梳理策略，聚焦"怪"点

1. 学生运用已学方法阅读《打井得一人》《神鱼》寓言二则，并填写在表格中。

项目	《打井得一人》	《神鱼》
"怪"行为		
相同点		
不同点		
我的感受		

2. 小组内交流阅读结果，进一步完善记录表。
3. 小组派代表在全班交流，解析"怪"点，分析异同，交流感受。
4. 教师归纳小结阅读方法：在内容、主题相似的寓言故事中可以提取关键信息进行比较分析，聚焦人物的"怪"行为，联系生活实际理解寓意。
5. 对照评价表，进行自评和互评。

寓言故事阅读情况评价表

评价标准	自评	互评
能读懂故事	☆☆☆	☆☆☆
能找出"怪"点	☆☆☆	☆☆☆
能发现异同	☆☆☆	☆☆☆
能表达感受	☆☆☆	☆☆☆
备注：请在☆上打"√"		恭喜你获得了＿＿＿个☆

四、布置课后作业

阅读《中国古代寓言》，填写阅读记录卡，并进行自评、家长评。

寓言故事阅读记录卡

日期	故事题目	阅读用时	喜欢级别	"怪"之级别
			☆☆☆	▽▽▽
			☆☆☆	▽▽▽
			☆☆☆	▽▽▽
我最想推荐的寓言故事				
我的推荐理由				

"寓言小书虫"学习评价表

评价内容		学生自评	家长评价
阅读态度	自觉认真得 3 颗☆。	☆☆☆	☆☆☆
	偶尔需提醒得 2 颗☆。		
	经常要提醒得 1 颗☆。		
能有计划地进行阅读。		☆☆☆	☆☆☆
能边读边积累有新鲜感的词句,做适当批注。		☆☆☆	☆☆☆
能边读边运用阅读策略(如预测、联结、比较)。		☆☆☆	☆☆☆
能联系生活实际感悟寓意。		☆☆☆	☆☆☆
乐于与他人分享、交流阅读收获。		☆☆☆	☆☆☆
备注:请在☆上打"√"		恭喜你获得_____个☆	

任务二:寓言星推官

【学习目标】

1. 从寓意、趣味性、故事或人物的表现方式、写作手法、与现实生活的关联性等多方面品悟寓言故事,推荐自己所喜欢的寓言故事。

2. 借助寓言推荐表等形式进行表达,建构阅读经验,获得直接而真实的阅读感受。

【组织过程】

一、寓言故事排行榜

1. 根据课前完成的"寓言故事阅读记录卡",统计各篇寓言故事喜欢的人数,列出最受欢迎的寓言故事排行榜。

2. 选出前六名最受欢迎的寓言故事。

二、寓言故事我推荐

1. 全班学生按喜欢的寓言故事重新组合成 6 个小组。

注意:教师根据学生自由组合情况做适当引导和调整,让每篇寓言故事都有人选择,每组的人数相当。

2. 各个小组根据所选的寓言故事,从多方面讨论推荐理由,完成推荐卡。

```
┌─────────────────────────────────────────────────────────────┐
│                     寓言故事推荐卡                            │
│    推荐故事：_____        推荐小组：_____           │
│    内容简介：_____                  │
│    道理：_____                   │
│    现实生活中关联的例子：_____                  │
│    推荐理由：_____                   │
│    _____                    │
│    "怪"之级别： 👻 👻 👻 （请在" 👻 "打"√"）                    │
└─────────────────────────────────────────────────────────────┘
```

3. 小组内对照评价表自评，推选出一位"寓言星推官"。

"寓言星推官"推荐评价表

评价内容	评价标准	自评	互评
故事内容	能说清故事内容，明白其中道理。	☆☆☆	☆☆☆
	能从不同角度说推荐理由，有理有据。	☆☆☆	☆☆☆
	能联结生活举例，符合寓意。	☆☆☆	☆☆☆
行为表现	口齿清晰。	☆☆☆	☆☆☆
	举止大方。	☆☆☆	☆☆☆
	表达完整。	☆☆☆	☆☆☆
	有感染力。	☆☆☆	☆☆☆

备注：请在☆上打"√"　　　　　　　　　恭喜你获得_____个☆

4. 每组的"寓言星推官"在全班分享交流。

教师引导学生从寓意、趣味性、故事或人物的表现方式、写作手法、与现实生活的关联性等多方面品悟寓言故事。

5. 各组根据教师和同学的建议，对寓言故事推荐卡进行修改和补充。

三、总结学法，拓展延伸

1. 小结学习寓言的方法。

2. 课后观察了解居民身份证上的基本信息，并搜集本组寓言故事的插图。

任务三：寓言身份证

【学习目标】

1. 通过观察、分析、联想、体验等方法探究"寓言身份证"的制作方法，加深对寓言故事的理解，体验创作的乐趣。

2. 运用图文结合、色彩装饰等技巧美化"寓言身份证"，画出突出寓言特点的插图，发展文化理解和审美认知等素养。

3. 小组学习，合作交流，启发联想，提高合作能力，加强探究意识。

【组织过程】

一、认识身份证

1. 出示居民身份证，说说身份证上的基本信息。

2. 教师结合学生回答，适时板书：姓名、性别、民族、出生日期、常住地址、身份证号码、本人照片、证件有效期、签发机关。

二、梳理"寓言身份证"的关键信息

1. 提出学习任务：根据居民身份证的基本信息，大家想想"寓言身份证"需要有哪些关键信息呢？

2. 全班交流，共同梳理。

"寓言身份证"的关键信息：故事名字、人物（角色）、"怪"的行为、结局、寓意、插图。

3. 小组讨论，提炼本组寓言故事的关键信息。

三、绘制"寓言身份证"的插图

1. 教师出示《守株待兔》的不同插图，说说异同。

相同：都有兔子、人和树（或树桩）

不同：突出人在想象；突出兔子撞树；突出人抓了兔子……

2. 小组汇报寓言故事的关键信息，并重点聚焦"怪"的行为。

3. 小组讨论，并动手画一画最能体现故事情节的插图。

四、展示对比，发现制作秘诀

1. 读取信息，猜人物。

出示一张"寓言身份证"，请同学们读取身份证上的基本信息，猜一猜是哪一篇寓言故事。

发现秘诀一：文字内容要简洁，信息要素得准确。

2. 对比排版找亮点。

通过欣赏对比两张"寓言身份证"，发现它们的不同。

身份证1：文字图案色彩单一。

身份证2：运用艺术字、图案点缀，色彩搭配丰富。

发现秘诀二：色彩搭配需和谐，图文结合更生动。

五、制作"寓言身份证"

◎ 制作要求 ◎

1. 每个组员可以独立或与伙伴合作制作一张"寓言身份证"。

2. 制作时可结合"寓言身份证推荐卡"提炼关键信息内容，在A4卡纸上合理排版，并配上合适的插图，进行美化装饰。

六、展评"寓言身份证"

1. 学生在组内展示交流自己的设计图，对照评价表进行自评、互评。

"寓言身份证"推荐评价表

评价内容	评价标准	自评	互评
内容	齐全准确、重点突出。	☆☆☆	☆☆☆
排版	图文结合、简洁美观。	☆☆☆	☆☆☆
色彩	色彩丰富、装饰饱满。	☆☆☆	☆☆☆
插图	插图合适、富有创意。	☆☆☆	☆☆☆
备注：请在☆上打"√"		恭喜你获得____个☆	

2. 每组推选一张最满意的"寓言身份证"在全班进行展示，师生评议。

3. 学生根据评价表和展评的收获，进一步完善自己的"寓言身份证"。

七、布置课后作业

1. 继续完善"寓言身份证"。

2. 根据寓言角色形象，收集不同角色表演所需的制作材料。

任务四：寓言奥斯卡

【学习目标】

1. 根据寓言角色形象，运用绘画或剪贴等方式小组合作完成角色头饰的制作。

2. 能运用剪贴、装饰、比对、调整等技法，在动手设计制作中大胆创新，提高动手能力和创造能力。

3. 通过欣赏、模仿和创编等方法，掌握情景剧的舞台效果、角色编排及动作神态的演绎，提升审美能力、语言运用能力、创造能力和表现能力。

4. 通过情景剧表演，深化对寓言故事的体会，加深对寓言故事的理解。

第1课时　制作头饰道具

【组织过程】

一、创设情境，表演策划

1. 发布寓言故事情景剧表演任务。

2. 各小组讨论策划表演活动，根据小组的寓言故事选择表演点和角色，进行小组分工。

寓言故事表演策划卡

组名			
表演点			
小组分工	姓名	饰演角色	所需道具

3. 教师巡视指导，选择有代表性的策划表进行全班展示，引导对照评价表进行自评、互评。

表演策划评价表

评价内容	评价标准	自评	互评
表演点	表演点选择是否合理。	☆☆☆	☆☆☆
角色安排	角色安排是否符合组员兴趣特长。	☆☆☆	☆☆☆
道具	所需道具和获取途径是否明确。	☆☆☆	☆☆☆
备注：请在☆上打"√"		恭喜你获得____个☆	

4. 针对存在的问题修改完善。

二、制作头饰道具

1. 提出驱动任务。

怎样让别人快速识别你所扮演的角色呢？

2. 欣赏道具，明确道具特点。

（1）展示有特色的头饰道具。

（2）学会观察，说说道具特点。

结合学生回答，板书：角色突出、色彩鲜艳、装饰丰富、制作精美。

3. 学生讨论头饰的制作方法。

（1）引导学生探究交流：头饰的大小怎么做才合适？

教师示范指导：头饰内圈根据头围来定。

（2）师生共同梳理制作步骤：先确定头围，再剪贴内圈；接着画主体，后装饰细节；最后比对合适，再调整粘牢。

4. 动手实践，尝试制作。

各组分工合作，根据所需角色动手制作头饰，教师巡视指导。

三、展示头饰，师生评议

各组上台展示头饰，师生对照评价表进行评价，提出修改建议。

头饰制作评价表

评价内容	评价标准	自评	互评
头饰制作	角色突出特点。	☆☆☆	☆☆☆
	色彩装饰丰富。	☆☆☆	☆☆☆
	制作精美细致。	☆☆☆	☆☆☆
	造型富有创意。	☆☆☆	☆☆☆
备注：请在☆上打"√"		恭喜你获得____个☆	

四、布置课后作业

1. 继续补充其他道具制作。

2. 了解情景剧表演。

第2课时　情景剧表演

【组织过程】

一、观看视频，激发兴趣

1. 欣赏《亡羊补牢》情景剧。

2. 学生认真观看后交流：你最喜欢哪个演员的出色表演，为什么？

引导学生评价情景剧中人物的对话、表情、动作等，明白要把书上刻画的人物性格在表演中展现出来。

3. 了解情景剧，梳理表演要点。

（1）关注人物的进退场方式（表情管理、肢体动作等）。

（2）对白。

（3）配乐。

（4）场景布置。

……

4. 提出任务，揭示课题。

二、创编排练，筹备演出

1. 小组讨论怎么演，需要敲定哪些细节？

在有服装、道具的情况下还需要参照"寓言身份证"创编适当台词，添加动作、表情……

2. 在提供的音乐库选择合适的配乐。

3. 学生根据选定的故事角色进行创编和排练。

4. 教师巡视指导，从旁协调。

三、正式表演，展示成果

搭建"寓言奥斯卡"小舞台，各组按抽签顺序上台正式表演。

四、根据表演评价表，评选"小小奥斯卡"获得组。

表演评价表

评价内容	评价标准	自评	互评
主题表现	主题明确,情节清晰。	☆☆☆	☆☆☆
主题表现	内容编排新颖,有创意。	☆☆☆	☆☆☆
主题表现	能准确表达故事内容和思想情感。	☆☆☆	☆☆☆
主题表现	合作氛围愉快。	☆☆☆	☆☆☆
语言水平	语言生动、有趣,能吸引人。	☆☆☆	☆☆☆
语言水平	语气、语调、声音、节奏等富有变化。	☆☆☆	☆☆☆
表演技巧	姿态、动作、表情、眼神等表演形象有趣。	☆☆☆	☆☆☆
表演技巧	能突出人物性格特点,有夸张效果。	☆☆☆	☆☆☆
舞台效果	服装、道具、音乐具有感染力。	☆☆☆	☆☆☆
综合效果	演员配合默契,演出紧凑。	☆☆☆	☆☆☆

备注:请在☆上打"√"　　　　　　　　　　　恭喜你获得_____个☆

任务五:寓言总结会

【学习目标】

1. 通过回顾活动,学生愿意主动思考,肯定自己、欣赏他人,并根据自身不足提出努力方向。

2. 在分享交流中,敢于表达、乐于分享,并保持客观公正。

【组织过程】

一、品悟寓言,分享收获

1. 回顾活动经历,写下自己的所思所获。

◎ **我的收获与反思** ◎

1. 在"寓言小书虫"任务中,我感受到了_____

_____

2. 在"寓言星推官"任务中,我最喜欢_____小组推荐的_____

_____寓言,因为_____。

3. 在"寓言身份证"任务中,我完成了_____。

4. 在"寓言奥斯卡"任务中，我扮演的角色是_____，我对自己的表现_____（很满意　基本满意　不满意），理由_____。

在活动中，我遇到的困难是_____，我是这样解决困难的：_____。

5. 通过活动，我最大的收获是_____。

6. 今后，我要在这些方面继续努力：_____
_____。

2. 分享交流所思所获。

二、总结交流，现场颁奖

1. 组内进行自评、互评。

"演绎寓言故事　品味人生故事"综合评价表

活动任务	评价标准	自评	互评	师评
寓言小书虫	能够绘声绘色地讲寓言故事，倾听故事，又快又准地猜故事。	☆☆☆	☆☆☆	☆☆☆
	课堂专注，积极参与，认真完成课堂学习单，大胆交流与展示。	☆☆☆	☆☆☆	☆☆☆
	能够运用寓言故事阅读方法有计划地阅读整本书，形成阅读记录卡。	☆☆☆	☆☆☆	☆☆☆
寓言星推官	在小组中大胆交流自己最想要推荐的寓言，并说明推荐的理由。	☆☆☆	☆☆☆	☆☆☆
寓言身份证	积极参与设计"寓言身份证"。身份证上寓言信息齐全准确，插图能体现寓言故事的经典情节，图文结合，美观大方，富有创意。	☆☆☆	☆☆☆	☆☆☆

续表

活动任务	评价标准	自评	互评	师评
寓言奥斯卡	在小组活动中，积极主动参与，所制作的头饰能体现角色特点，富有美感，敢于展示与交流。	☆☆☆	☆☆☆	☆☆☆
寓言奥斯卡	表演活动中，能做到声情并茂，感情真挚，自信大方地表现出情节的变化和人物的性格特点，并与观众适当互动。	☆☆☆	☆☆☆	☆☆☆
寓言总结会	能够结合生活实际，积极主动发表自己的所思所得。	☆☆☆	☆☆☆	☆☆☆
寓言总结会	通过参与寓言故事跨学科学习活动，掌握了阅读、理解寓言故事的基本方法，能联系生活实际领悟寓言故事中蕴藏的道理，对持续阅读寓言故事，持续进行整本书的阅读有浓厚的兴趣。	☆☆☆	☆☆☆	☆☆☆

备注：请在☆上打"√"　　　　　　　　恭喜你获得_____个☆

家长寄语	
教师寄语	

2. 统计获☆情况，评选"寓言金鸡百花奖"。

3. 现场进行颁奖，教师进行总结。

三、拓展延伸，做好宣传

1. 阅读更多寓言故事，如《伊索寓言》《克雷洛夫寓言》《拉·封丹寓言》。

2. 将"寓言身份证"和情景剧表演视频等成果，通过学校各小舞台展区、电视台、学校微信公众号等进行展示，拓宽优秀寓言故事的传播渠道。

课例点评

本主题活动是在学生学习了语文三年级下册第二单元的基础上，以"快乐读书吧——阅读《中国古代寓言》"整本书导读课为切入点，联结了教材与学生的生活世界、美术音乐学科的知识和技能，实现了整本书有计划、有目的地阅读。通过开展制作寓言故事"身份证"、策划创演寓言故事情景剧等真情境、真任务的跨学科学习活动，引领学生走进中国古代寓言，感受寓言故事的丰富多彩，领悟寓言故事中所蕴藏的道理，收获美好的阅读体验，为更广阔、更深入的寓言故事阅读、整本书阅读打下良好的基础。整个跨学科学习活动设计的亮点如下。

一、通融多学科实践，实现关键能力迁移提升

语文课程标准中"跨学科学习"任务群指出了第二学段要"尝试运用科学、艺术、信息科技等相关知识和技能，富有创意地设计和呈现朗诵会、故事会、戏剧节等校园活动"。此次跨学科学习活动的实施正契合了课程标准的要求，它以语文教材中的寓言故事单元为主导，紧密联系生活实际，找准学科连接点，围绕语文的"阅读与鉴赏""表达与交流""梳理与探究"等实践活动进行设计，实现了语文、美术、音乐三个学科的深度融合。在"任务一 寓言小书虫"中以"说寓言""猜寓言"的形式来检测学生单元学习成果，这是对知识的回忆与再现；在"寓言星推官"任务中，同学们自由分享自己心目中的寓言故事，并谈谈寓言故事在现实生活中的运用，充分展示了学生对寓言故事的理解和运用；制作"寓言身份证"，既训练了学生的关键信息检索与提炼能力，直击阅读与表达这一语文核心能力，同时也通过美术知识技能的运用与提升，培养了学生的审美感知和手工制作能力。"寓言奥斯卡"任务引导学生进行合作与探究，情景剧的策划与创编，全程凸显了学生的主体作用，而教师的指导则发挥了辅助作用，提高了学生交流沟通、团队协作和实践创新能力。一个又一个精彩的情景剧表演，化无声的文字为有声的语言，有效地补充了寓言学习的内容。

最后所有的学习任务回归于语文课堂，进行总结和深化，侧重提升学生语文关键能力，体现了语文学科本位的思想，真正实现"一只脚站在语文里，一只脚向多元世界迈出去，双手拉起其他学科"。

二、立足儿童视角，活动设置符合最近发展区

语文课程标准在"跨学科学习"任务群指出，应"根据不同学段学生生活的范围、学习兴趣和能力，精心选择学习主题和内容，组织、策划多样的学习活动"。考虑到寓言与学生所处的时代相隔甚远，学生对寓言的学习多停

留在字面上的理解，难以深入，因此在活动设计中，立足于儿童视角，努力挖掘、设置符合儿童最近发展区的各项学习活动，激起儿童参与活动的兴趣。如在寓言故事讲猜环节，学生在各种幽默风趣的表演中保持着高度的参与热情，通过竞答、抢答，个人积分和小组积分等形式评选出"故事大王"和"猜故事大王"。学生于新奇愉快的情景当中悄然复习了旧知，也扎实地掌握了寓言故事中人物诙谐搞怪的表现特点。

三年级的学生思维活跃，喜欢表现自己，具有一定的自主性，同时对艺术学习有着浓厚的兴趣。他们喜欢画画、折折、剪剪、唱唱、跳跳。基于此，设计中充分尊重学生的自主性——以班级评选出来的六篇"最受欢迎的寓言故事"作为六个学习小组组名，引导学生根据自己的喜好，自主选择要加入的学习小组。这样，学生得以在兴趣的驱动下，积极参与系列跨学科的学习活动。通过设计寓言身份证、美化、自制角色头饰等活动，引导学生探究体验特有的身份证创意表现形式，掌握制作和装饰头饰的方法。在"寓言奥斯卡"环节中，为学生创设表现自己的舞台——将小组精心美化的"寓言身份证"作为表演的PPT背景，在情景剧中自信展现出小组道具、合作与策划的成果。通过展示作品和富有童趣的创演，学生收获了满满的成就感和美妙的寓言阅读体验，他们对寓言的综合理解和多形式的深入学习再一次得以呈现。

三、构建学习支架，尊重学情，由扶到放

《小学语文跨学科主题学习设计与实施》一书中，徐鹏教授曾指出："学习支架是建立在一定的学习情境、学生全程参与基础上的，确定相应需求后才为其提供学习支架，只有这样学习支架的作用才能得到更好地发挥。"根据皮亚杰的认知发展理论，三年级孩子正处于向具体运思阶段迈进的时期，还未形成完全的自主学习能力，因此，在本跨学科学习活动的设计中，教师致力于为学生设计出恰到好处的学习支架，各项学习任务体现了对学生各学科思维认知和学习规律的关照，遵循了"支架引路，由扶到放"的设计思路。如制作"寓言身份证"，语文、美术教师联合运用策略型支架，引导学生梳理出身份证基本信息，提供文字编排和插图选择参考范例，帮助学生顺利执行学习任务，快速达到学习目标；音乐教师运用资源型支架、情境型支架，为学生的情景剧提供配乐库、道具库、服装库等资源和创编展示平台，帮助学生高效地完成情景剧的创编，体验学习成就感，激发更大的参与兴趣。

四、实施伴随性评价，学生的学习进步成长可见

语文的课程标准在"跨学科学习"任务群指出，"教师可以针对主要学习环节和内容制订评价量表，邀请相关学科教师、家长、社会人士参与评价……不断提高跨学科学习的质量"。跨学科学习具有鲜明的过程、探究性特征，因此，要特别关注学生在实践活动中的真实表现。

在本次系列活动中，教师根据任务内容将任务和评价融为一体，采用任务评价的方式，力求培养学生做每件事心中都有目标，明确标准，实现"教—学—评"一致。如"寓言小书虫"阅读活动、"寓言星推官"推荐活动、"寓言奥斯卡"表演策划等活动都体现了"任务和内容融为一体"的理念；最后的综合评价表为评价学生语言表达能力、寓言故事学习深度和跨学科学习活动整体效果提供了参照依据，也为学生的自主训练提供了伴随性指导，充分体现了"评价即学习"的观念。同时，教师也注重评价主体的多元性，既有班级同学的评价，又有教师和家长的评价，激发学生不断探究、完善学习任务的兴趣。

当然，活动实施的过程中也存在着一定的不足。如语文学科主导下的跨学科融合点还可以再探索形式更为丰富、更有意义的连接点，以进一步促发学生学习方式的变革，为真正提升学生语文核心素养、形成综合能力创设有利的条件；同时，"教—学—评"一体化的评价维度还需深入思考、细化，以求更全面地实现"任务和内容融为一体"和"评价即学习"的理念，充分发挥跨学科学习的整体育人优势，增强跨学科学习的计划性和目标意识。

跨学科学习是一种融知识综合与问题解决为一体的深度学习方式，是素养时代课程整合的重要实施途径。作为一线教师，只有持续通过教学实践，才能不断完善对跨学科学习活动的认识和实施。

课例2：指向数学学科知识学习
小学二年级《欢乐购物街》
（融合形态"1←N"）

一、主题设计说明

1. 主题产生来源

《义务教育数学课程标准（2022年版）》在课程内容中增设了"综合与实践"学习领域内容，并指出第一、第二、第三学段主要采用主题式学习。主题活动分为两类：第一类，融入数学知识学习的主题活动。第二类，运用数学知识及其他学科知识的主题活动。《欢乐购物街》是第一学段综合与实践领域的内容，属于第一类融入数学知识学习的主题活动。课程标准中对第一学段的内容总体要求是"帮助学生积累数学活动经验"。"欢乐购物街"的内容要求是：在实际情境中认识人民币，能进行简单的单位换算，了解货币的意义，具有勤俭节约的意识，形成初步的金融素养。为了让学生能在开放的情景中增加对人民币的认识，决定开展"数学＋"跨学科主题学习活动，促进学生在实践中深化知识理解。

2. 主题设计思路

二年级学生在生活中接触过物品的价格，也有购物的经验。但随着社会电子货币的兴起，学生接触真正的人民币机会很少，算钱、付钱和找钱的行为也变少了。为了让学生认识人民币，知道元、角、分的换算关系，我们设计了筹备欢乐购物街——制作购物街海报——开展欢乐购物——回顾购物经历——探索货币的奥秘等一系列活动，让学生通过颜色、文字等分辨人民币的面值，能在购物中正确使用人民币，感受人民币的等值兑换原则，体会人民币在生活中的作用，培养他们的金融素养。

3. 主题实施结构图

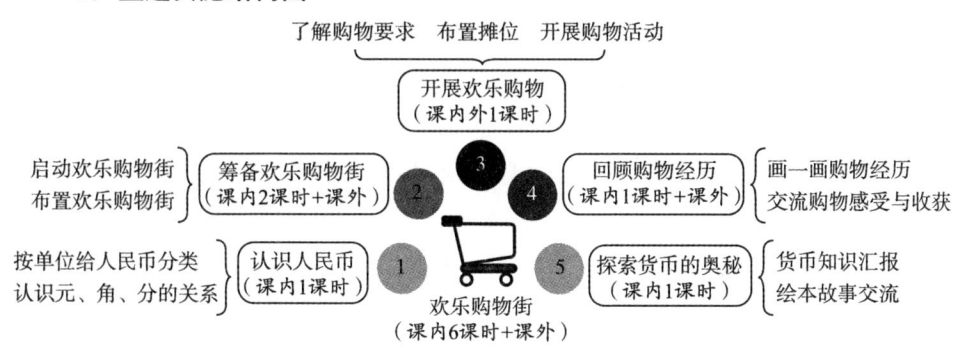

```
                    了解购物要求   布置摊位   开展购物活动
                           开展欢乐购物
                          （课内外1课时）

启动欢乐购物街     筹备欢乐购物街      ③         回顾购物经历      画一画购物经历
布置欢乐购物街    （课内2课时+课外） ②   ④  （课内1课时+课外）  交流购物感受与收获

按单位给人民币分类  认识人民币                探索货币的奥秘    货币知识汇报
认识元、角、分的关系 （课内1课时） ①   ⑤    （课内1课时）     绘本故事交流
                          欢乐购物街
                       （课内6课时+课外）
```

二、涉及学科和核心素养

学科	核心素养	相应知识、方法
数学	量感 运算能力 应用意识	认识人民币，知道元、角、分之间的换算关系。在具体情境中，能正确使用人民币进行付款和找钱，感受兑换的等值原则。
道德与法治	个人品德 有序参与 社会公德	能有序地进行购物，合理使用礼貌用语。能自觉爱护人民币，不在人民币上乱涂乱画。
综合实践活动	问题解决 责任担当	能策划购物街的筹备事项，合作完成制订小组安排表。根据个人特长完成所负责的任务。
美术	审美感知 艺术表现 创意实践	学会从各类海报设计中发现海报的设计要素和原则。运用图文排版技巧和装饰搭配方法，合作设计购物街海报。
语文	语言运用 审美创造	会用普通话进行购物交流，说出活动收获和感受。能通过图文结合的方式表达自己购物的感受。

三、学习目标

1. 能结合具体的情景，认识人民币的种类和面值，知道元、角、分之间的关系；能进行简单的单位换算，建立等值兑换的意识。

2. 在筹备购物街的过程中，能在小组中充分发表意见，愿意承担相应的任务并认真完成。

3. 在购物活动中，能使用文明语言清晰地表达和交流信息，积累购物经验。能合理使用人民币，促进学生数感、量感、运算能力、创新意识、应用意识等核心素养的发展。

4. 在回顾活动和拓展活动中，能运用多种方式表达交流自己的感受和收获，发展语言表达能力。

四、适用年级

二年级

五、学习场域

学习组织：分成8大组
学习场地：教室、学校空旷的场地和周边超市
学习材料：人民币学具、物品、海报、装饰品等

六、整体规划

内容与 课时建议	学科建议	活动规划
任务一： 认识人民币 （课内1课时）	数学	课上，组织学生阅读《周总理答中国有多少钱》的故事，认识人民币单位，并借助学具开展人民币分类、观察和换算活动，掌握元、角、分之间的关系。课后，实地调查了解商品价格。
任务二： 筹备欢乐购物街 （课内2课时＋课外）	综合实践 美术	本阶段包含"启动欢乐购物街"和"布置欢乐购物街"。两个小主题可连上或分开独立上。第一课时，组织观看购物街的场景，引发学生想筹备属于自己的购物街，并合理思考购物街应准备哪些事项。第二课时，以小组为单位成立各自的店铺，设计摊位宣传海报和绘制商品价格单，做好前期准备工作。课后，准备售卖物品和相关工具材料，为购物街活动做好准备。

续表

内容与 课时建议	学科建议	活动规划
任务三： 开展欢乐购物 （课内外1课时）	语文 数学 道德与法治	课上，观看购物小视频，掌握购物时的文明行为。借助购物小清单，了解购物时的任务要求，并小组合作有序地开展购物实践活动。活动中，要求学生留心观察购物过程。课后，向父母说说难忘或有趣的购物经历。
任务四： 回顾购物经历 （课内1课时＋课外）	语文	课上，组织学生结合购物单进行汇报，并用自己喜欢的形式将难忘的购物经历记录下来。组织小组交流和全班交流，梳理出购物要点，开展评价活动。课后，调查货币的历史知识，并在教师的指导下绘制成数学小报、绘本故事等。
任务五： 探索货币的奥秘 （课内1课时）	道德与法治	课上，组织学生结合"货币知识小讲堂""数学小报""绘本故事"进行分享交流，感悟货币的价值，并组织课堂评价。

七、各阶段的详细组织过程

任务一：认识人民币

【学习目标】

1. 在分类整理的活动中，认识人民币单位"元、角、分"，懂得看人民币面值。

2. 结合物品价格，知道元、角、分之间的关系。

3. 通过游戏，掌握人民币面值的不同组合方式，感受等值兑换的原则。

【组织过程】

一、阅读故事，认识人民币单位

1. 教师讲述《周总理答中国有多少钱》的小故事。

2. 问：从周总理的回答中，你知道人民币的单位有哪些吗？

二、借助生活经验，认识人民币

1. 出示人民币学具，请认识的同学介绍。

2. 组织学生对人民币学具进行观察，并进行初步分类。

3. 学生介绍，教师板书。

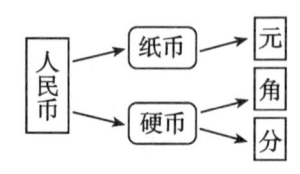

```
人民币 → 纸币 → 元
      → 硬币 → 角
              → 分
```

4. 创设情境，探究元、角、分的关系。

(1) 买 1 元的铅笔，有几种方法？用人民币学具摆一摆。

(2) 说说元、角、分的关系。

三、组织学生填写评价表，对自己的表现进行评价与反思。

"认识人民币"课堂评价表

序号	评价项目	评价内容	自评	他评
1	知识掌握	认识人民币，会根据不同特征判断出人民币的面值。	◯◯◯	◯◯◯
2	知识应用	会简单的单位换算，能用两种或以上方法表示同一种钱数。	◯◯◯	◯◯◯

四、布置课后任务

实地访问一个超市，初步了解商品价格的写法，进一步认识人民币单位。

任务二：筹备欢乐购物街

【学习目标】

1. 在问题情境中，产生策划欢乐购物街的需求和兴趣。

2. 通过讨论、交流、策划购物街的筹备事项，产生问题意识和分析解决问题的能力。

3. 通过小组制订安排表，初步学会根据个人特长进行分工，发展合作交流的能力。

4. 通过对作品的修改，养成精益求精的态度。

第 1 课时　启动欢乐购物街

【组织过程】

一、观看视频，引发主题

1. 观看购物街视频，了解购物街。
2. 提出问题：购物街是怎样的？组织学生分享感受和思考。
3. 引出主题：办一个我们自己的购物活动。

二、头脑风暴，思考问题

1. 组织学生在小组内讨论：我们要举办什么样的购物街？购物街需要准备什么？
2. 各小组汇报，师生共同筛选归纳。

板书：（1）选定物品；（2）确定价格；（3）布置摊位；（4）制订价格标签；（5）制作宣传海报。

三、小组商榷，拟定方案

1. 小组讨论：各个小组准备开什么小店呢？准备卖些什么商品？
2. 学生根据能力进行分工，填小组策划表。

"欢乐购物街"小组策划表

小组名称		组长	
店铺名称			
售卖的商品			
成员	我可以做的事		
	调查商品价格		
	布置小组摊位		
	制作价格标签		
	制作宣传海报		

四、布置课后任务

各组准备售卖的商品。

第2课时 布置欢乐购物街

【组织过程】

一、汇报导入，明确任务

1. 每个小组汇报店铺名称和要售卖的物品。
2. 讨论：如何布置各组摊位？
3. 师生共同交流，确定：（1）画宣传海报；（2）摆放物品，标注价格。

二、认识海报，尝试制作

1. 教师介绍海报的来源，并出示各类海报图片。
2. 学生观察海报，分析海报的内容：摊位名字、地点、广告标语等。
3. 布置任务：小组合作，在8开纸上，设计本小组海报。
4. 选择几幅代表作品，进行分享交流。

三、制作物品价格单

1. 出示商店中商品价格单的样式。
2. 学生说说价格单上的信息有哪些。
3. 小组分工绘制商品价格单。

四、填写评价表，对自己这一节课的表现进行评价与反思。

"制作摊位海报"课堂评价表

序号	评价项目	评价内容	自评	他评
1	创编语言	合适的店名。	◉◉◉	◉◉◉
		有趣的标语。		
2	设计图案	能设计合适的花边。	◉◉◉	◉◉◉
		能添加合理的素材。		

五、布置课后任务

继续完善摊位海报和物品价格单，准备摊位布置所需的工具材料，为下一节课购物街的开展做好充分准备。

任务三：开展欢乐购物

【学习目标】

1. 通过亲身参与购物活动，在算钱、付钱和找钱的操作中，能进行简单的人民币换算，感受到付钱策略的多样性，学会合理使用人民币。
2. 通过经历购物过程，体会"卖家"和"买家"操作、思考的不同，进一步理解加减法的应用，感悟货币和商品的关系，形成对货币多少的量感和初步的金融素养。
3. 购物过程能使用礼貌用语，有序进行购物，积累购物经验。

【组织过程】

一、回忆购物礼仪

1. 播放购物小视频，说说视频中的人表现好在哪？不好在哪？
2. 同桌模拟购物对话。

二、明确活动要求

1. 分发购物小清单。

购物小清单

1. 我带了多少钱？ _____	我的购物活动心得 _____
2. 由哪些人民币组成？ _____	_____

序号	购买商品	价格	付了多少	找回多少

3. 我花了多少钱？ _____
4. 还剩多少钱？ _____

2. 了解购物小清单的填写要求。

重点解释"我的购物心得"：记录自己买卖东西的经过，如分别买了或卖了哪些东西、一共支出了或收入了多少钱，在这个过程中遇到哪些有意思的事情等。

三、进入操场，各小组布置摊位

1. "卖家"和"买家"做好准备、带齐东西。

2. 小组成员按实际分工，快速布置摊位。（时间10分钟）

四、开展购物活动

要求：

1. 每人购买2件物品。

2. 买好商品后，回到座位填写"购物小清单"。

3. 时间：20分钟。

五、活动结束后，清理购物街现场

"开展欢乐购物"课堂评价表

序号	评价项目	评价内容	自评	他评
1	学习态度	积极参与,主动进行活动分工。	◎◎◎	◎◎◎
2	活动能力	能乐于合作,互相帮助。	◎◎◎	◎◎◎
		能进行整理、分工。		
		能用恰当的方式进行购物买卖操作。		
3	解决问题	能够认真思考,动手动脑,能及时解决购物过程中发生的问题。	◎◎◎	◎◎◎

六、布置课后任务

每个人回忆自己买卖东西的过程,和爸爸妈妈说说难忘的事。

任务四:回顾购物经历

【学习目标】

1. 通过回顾和反思购物活动的过程,能用数学的眼光、语言去思考和表达,提高语言表达能力,积累反思经验。

2. 通过回顾购物过程,体会"卖家"和"买家"思考的不同,再次感悟货币和商品的关系,培养量感和初步的金融素养。

【组织过程】

一、回顾与表述

1. 结合购物小清单汇报购物经历。

2. 全班学生用写一写、画一画的方式将购物过程中有趣或难忘的事画出来。

二、展示与交流

1. 小组中交流购物感受与收获。

2. 选派代表在全班交流。

3. 总结。

(1) 会正确使用人民币支付商品的金额;(2) 能运用加减法进行找钱;(3) 懂得爱护人民币;(4) 购物要有礼貌,守秩序。

三、开展评价

"回顾欢乐购物"课堂评价表

序号	评价项目	评价内容	自评	他评
1	数学表达	会用数学的思维、语言去思考，表达活动中的收获与反思。	☺☺☺	☺☺☺
2	交流汇报	能做到仪态大方，表达清晰流畅。 认真倾听，积极提问或回答。 能结合汇报交流，补充修正自己的想法。	☺☺☺	☺☺☺

四、布置课后任务

小组合作调查货币的来源、货币的意义等相关资料，形成数学小报或课件。

任务五：探索货币的奥秘

【学习目标】

1. 通过汇报交流中国货币的历史知识，知道人类最初的货币、现代国家的货币及其货币单位。

2. 通过分享与感受，进一步感悟货币的价值、货币与商品之间的关系，了解简单的金融知识。

3. 通过阅读聆听绘本故事，理解花钱、省钱、存钱的道理，积累金融素养，渗透财商教育，养成勤俭节约的好习惯。

【组织过程】

一、货币知识汇报

1. 货币知识小讲堂。

（1）组织几名学生在全班讲授货币的发展过程。

（2）组织分享：从他们的介绍中，你知道哪些货币？有什么感受？

2. 数学小报分享。

（1）出示几位学生绘制的小报。

（2）谈谈日常应该如何爱护人民币。

二、绘本故事分享

1. 学生分享绘本故事。

(1) 选取部分优秀作品,并请他讲述。

(2) 学生结合绘本内容谈感受。

2. 教师分享绘本故事。

(1) 观看视频:《小小理财师》故事。

(2) 思考问题并回答:

①为什么面包熊买不了自己喜欢的卡车?

②面包熊的钱都去哪儿了呢?

③买东西前,你得先思考什么呢?

(3) 教师小结:我们要学会合理使用自己的零花钱,花钱前要想清楚这些东西是否该买,要养成勤俭节约的好习惯。

三、组织评价和布置拓展任务

1. 对本次活动进行自我评价。

"寻找货币的奥秘"课堂评价表

序号	评价项目	评价内容	自评	他评
1	学习态度	积极参与,主动进行调查活动。	◉◉◉	◉◉◉
2	活动能力	能围绕主题活动进行调查,获得有用信息。	◉◉◉	◉◉◉
		能对信息进行整理、分析,形成结论。		
		能用恰当的方式进行分享。		
3	交流汇报	能做到仪态大方,表达清晰流畅。	◉◉◉	◉◉◉
		认真倾听,积极提问或回答。		
		能结合汇报交流,补充修正自己的想法。		
4	需改进之处			

2. 感兴趣的同学可以课后继续了解其他国家货币,阅读关于人民币的绘本故事。

课例点评

本次跨学科学习活动倡导从儿童的立场设计教学,打破以往数学课注重解题讲授的局限，为每个学生提供表达自己观点的机会，让学生在创设的活动中学会发现问题、提出问题、分析问题和解决问题，鼓励"让学"和"引思"辩证统一，培养学生的应用意识和创新意识，促进学生的全面发展。

一、以数学为核心，促进学生核心素养的提升

本主题活动以数学学科为核心，打破数学学科边界，进行多维度的拓展与延伸，实现数学、道德与法治、美术和语文等学科元素的融合。活动设计时，遵循"目标—任务—活动—评价"的研发流程，注重对数感、量感、应用意识等数学核心素养的培育。活动实施时，学生通过认识人民币、筹备购物街、开展购物和回顾购物经历，以及了解货币的前世今生等多项活动，让数学回归生活。活动过程中，学生提出问题、运用数学及其他学科知识解决实际问题，团队沟通合作，攻克一个又一个难题。在解决实际问题过程感受数学与生活的联系，且将人民币知识的理解与计算巧妙地融入日常生活，学会反思与自评、互评，并进行了德育教育，养成爱护人民币以及勤俭节约的良好习惯，形成了初步的金融素养。

二、以任务为驱动，创设解决真实问题的学习活动

核心素养不是直接由教师教出来的，而是需要学生在真实的问题情境中学习并运用相关的知识技能，借助问题解决的实践培育起来的。以往关于人民币的内容是作为一个知识单元来学习的，主要活动是认识不同面值的人民币，了解其换算规则，在简单场景中体验运用人民币。"欢乐购物街"主题活动对二年级学生而言，体验是独特的，也是丰富的。在本课例中，学生在真实情境中了解人民币，经历了"真实"的购物活动，从"认识人民币""筹备欢乐购物街"到"开展欢乐购物"再到"回顾购物经历"，最后"探索货币的奥秘"，这个过程涉及了综合实践活动、美术、道德与法治等学科的知识与方法，涉及尝试借助信息科技手段查阅资料，让学生在拓宽视野的同时，初步提升了金融素养。学习过程中，教师鼓励学生充分利用环境条件和工具，运用数学的思维去思考问题，综合运用多学科的知识与方法去解决问题，发展跨学科思维。

三、以评价为导向，关注学生学习的真正发生

评价是指挥棒，能引领学生积极主动地参与活动；评价是催化剂，是激发学生不断前进的内驱力；评价更是尺子，能衡量学生活动的参与度和效度。

教师将评价前置，紧随学习目标，以便发挥评价的导向作用。主要运用表现性评价等方式，重点评价学生的学科核心知识的综合学习和综合运用表现，目的是指向学生的跨学科核心素养。在本次主题活动中，每个阶段都设计相对应的评价表，不仅关注学生参与活动的能力，还关注学生在活动中表现出来的情感、态度和价值观。例如"开展欢乐购物"课堂评价表中，评价项目有学习态度、活动能力和问题解决。评价主体做到多元化，有学生自评、他评、师评等，评价方式根据课堂生成有课堂即时评价，也有主题活动阶段评价和活动结束时的总结评价。教师力求"教—学—评"三位一体，循环反复，不断改善教与学，让学习真正发生。

"教育即生活，生活即教育"。跨学科学习开通了一条帮助学生走向真实社会的道路，通过学生的亲身经历，加深对人民币的认识，让学生感受到有温度的数学。跨学科学习改变了教师的教、学生的学，从多方面培养了学生综合解决问题的能力，提升了学生核心素养。

课例3：指向学科知识融合运用
小学六年级《乐玩竹节人》
（融合形态"1→N"）

一、主题设计说明

1. 主题产生来源

《义务教育语文课程标准（2022年版）》按照内容整合程度不断提升，分三个层面设置学习任务群。其中，第二层面"实用性阅读与交流"第三学段中的"发展型学习任务群"内容的要求是"学习记笔记、列大纲、写脚本、画思维导图等整理和呈现信息的方法""开展专题探究活动，学习辨别是非、善恶、美丑"。

中国历史文化悠久，中国民间传统游戏是一代又一代人传承下来的朴素智慧与生活趣味。《竹节人》是第三学段的一篇课文，学生在学习中根据不同的阅读目的，关注不同的内容，选择恰当的阅读方法，探究传统游戏的文化价值。学习课文后，很多同学都想自己制作竹节人来玩一玩。基于学生的兴趣和能力水平，为了让学生进一步感受传统玩具创作的智慧和传统游戏的乐趣，我们决定开展一次以"乐玩竹节人"为主题的跨学科学习活动。

2. 主题设计思路

本主题活动以语文学科为主导，协同劳动、美术、音乐等学科教师，聚焦"怎么做竹节人"和"怎么玩竹节人"两个核心问题，以小组合作的方式，引导学生亲身经历"编写制作指南—制作竹节人—装饰竹节人—竹节人大战"完整的学习过程，让学生在整理信息、动手制作、撰写剧本、游戏体验等系列活动中，发展语言运用、文化自信、劳动能力、创意实践、艺术表现等学科素养，提高综合运用多学科知识解决问题的能力，体验当一回传统游戏的传播者。

3. 主题结构图

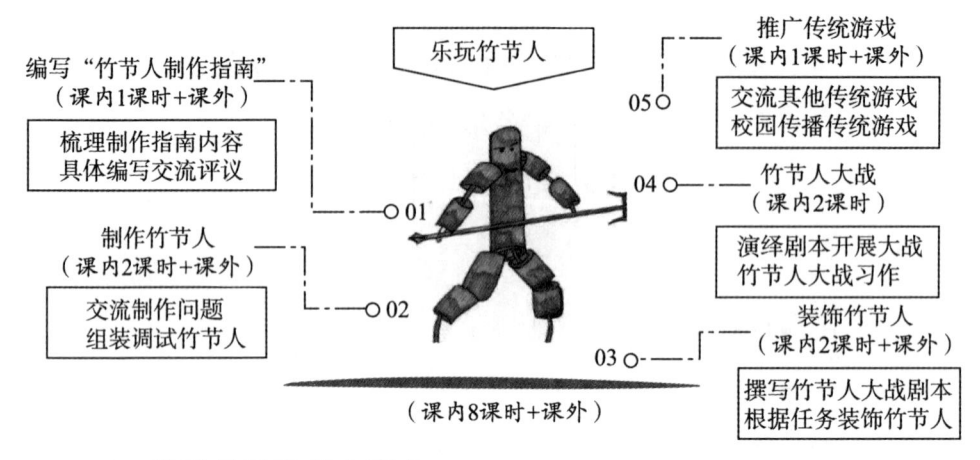

编写"竹节人制作指南"
（课内1课时+课外）
- 梳理制作指南内容
- 具体编写交流评议

制作竹节人
（课内2课时+课外）
- 交流制作问题
- 组装调试竹节人

乐玩竹节人

推广传统游戏
（课内1课时+课外）
- 交流其他传统游戏
- 校园传播传统游戏

竹节人大战
（课内2课时）
- 演绎剧本开展大战
- 竹节人大战习作

装饰竹节人
（课内2课时+课外）
- 撰写竹节人大战剧本
- 根据任务装饰竹节人

（课内8课时+课外）

二、涉及学科和核心素养

学科	核心素养	相应知识、方法
语文	语言运用 审美创造	从《竹节人》课文中提取相关信息，整理出竹节人的制作指南内容。从剧本范例中了解剧本格式和撰写策略，合作完成竹节人大战的剧本撰写。用习作的形式记录自己的活动经历和感受。
劳动	劳动能力 劳动习惯和品质	按照"竹节人制作指南"选择合适材料，学会使用锯子等工具，制作出竹节人并加以改进。
美术	审美感知 艺术表现 创意实践	运用美术图文结合、色彩装饰等技巧，合作完成竹节人装饰构思卡。运用绘画、剪贴、雕刻等技巧，合作完成竹节人装饰和场景布置。
音乐	审美感知 艺术表现	选择合适的乐器、乐曲运用于竹节人大战的场景中，增加游戏的乐趣。

三、学习目标

1. 运用速读全文、梳理内容、提炼信息等方法，整理出竹节人的制作指南，知道竹节人的组成和制作的材料、工具、步骤、玩法等内容，并在交流互动中不断完善，提高语言文字的应用能力和信息加工能力。

2. 能按照"竹节人制作指南"（以下简称"指南"）选择合适材料，学会使用锯子等工具制作竹节人，掌握制作竹节人的劳动技能，形成安全规范、认真细致的劳动习惯和品质。

3. 能融合运用语文、美术、音乐等学科知识和技能进行剧本撰写、装饰竹节人、开展竹节人大战、撰写日记等活动，促进语言运用、创意实践、艺术表现等学科素养的发展。

4. 在亲历跨学科学习活动中，感受中国民间传统玩具创作的智慧和传统游戏的乐趣，发展综合运用多学科知识解决问题的能力，提高小组合作能力。

四、适用年级

小学六年级

五、学习场域

学习组织：6人或8人小组

学习场地：教室

学习材料：制作竹节人材料和工具、装饰材料和绘画工具

六、整体规划

内容与 课时建议	学科建议	活动规划
任务一： 编写"指南" （课内1课时 ＋课外）	语文	课上，引导学生速读课文、提炼信息，梳理竹节人制作指南的要素和相关内容，并引导质疑问难。通过交流互动和观看视频等方法，拓展材料和工具的选择，补充制作步骤和注意事项；接着，学生用自己喜欢的方式编写"指南"，进行展示评议，进而修改和完善。课后，学生按照"指南"准备好材料和工具。

续表

内容与 课时建议	学科建议	活动规划
任务二： 制作竹节人 （课内2课时 ＋课外）	劳动	本阶段建议两课时连上。第一课时，先组织学生交流课前在切割、打磨竹节中遇到的问题，并探讨解决办法；接着，学生动手实践，尝试组装竹节人。第二课时，展示评议组装后的竹节人，交流组装时遇到的困难和解决办法。课后，布置学生继续完善竹节人的制作。
任务三： 装饰竹节人 （课内2课时 ＋课外）	语文 美术	本阶段需要两个课时，建议分开上。第一课时先由语文教师引导学生通过观看范例，了解剧本格式，学习撰写策略；然后，各小组讨论剧本内容，分工撰写剧本。第二课时，由美术教师组织各小组选择装饰竹节人的挑战任务，讨论填写"装饰构思任务卡"；接着，运用美术知识技能装饰竹节人，并完成场景布置。课后，布置各小组继续修改完善竹节人装饰。
任务四： 竹节人大战 （课内2课时）	语文	本阶段建议两课时连上。第一课时，组织各小组演绎剧本，开展竹节人大战，体会游戏的快乐。第二课时，引导学生交流活动中印象最深或者最感兴趣的方面，以及他们的收获和反思，用习作形式记录下来。最后，出示"探究传统玩具"调查表，鼓励学生课后继续探究传统玩具。
任务五： 推广传统游戏 （课内1课时＋课外）	语文	课上，组织学生交流调查到的其他传统玩具，引导学生通过各种方式推荐传统玩具，最后根据反思评价表进行评价，畅谈收获与反思。课后，组织学生用喜欢的方式推荐传统玩具，做传统游戏的传播者。

七、各阶段的详细组织过程

任务一："编写"竹节人制作指南""

【学习目标】

1. 通过回顾课文、观看视频，初步感受中国民间传统玩具的创作智慧和乐趣，产生乐玩竹节人的兴趣。

2. 运用速读全文、提炼信息等方法，知道竹节人的组成和制作的材料、工具、步骤、玩法等内容，初步梳理出"指南"的内容，提高语言文字应用能力和信息加工能力。

3. 在观察、讨论、交流互动等情境中，进一步了解材料的选择、锯子的使用要领、穿线的方法等劳动技能，能结合自身实际完善"指南"，提高发现问题、分析和解决问题的能力。

【组织过程】

一、回顾课文，生成活动主题

1. 回顾课文《竹节人》，学生交流对传统玩具竹节人的感受。

2. 播放玩竹节人的视频，揭示活动主题。

二、提炼信息，梳理"指南"内容

1. 教师谈话，提出编写"指南"的任务。

2. 学生速读课文，交流"指南"的要素内容。

教师归纳板书：材料、工具、步骤、玩法、注意事项等。

3. 各组领取不同的指南要素，速读课文，圈画出相关的内容。

4. 各组分别汇报，教师归纳板书。

三、质疑问难，补充"指南"内容

1. 对"指南"内容进行质疑。

预设问题：

（1）材料只能用竹子吗？（2）制作步骤只有切割、穿线吗？（3）需要用到什么工具？

2. 补充内容，答疑解惑。

教师根据学生的疑问适时进行指导，补充"指南"的内容。

（1）材料的选择：引导学生根据竹子的特点，交流可替代物，如笔杆、吸管、纸卷……

（2）工具的选择：在学生交流的基础上，重点介绍锯子。

（3）制作步骤和注意事项：播放制作竹节人的视频，让学生观看后交流发现，再补充板书。

四、编写"指南"，继续展示评议

1. 学生用喜欢的方式编写"指南"，可以是表格式，也可以是图文结合式。

竹节人制作指南

班级		设计者	
制作材料			
制作工具			
制作步骤			
注意事项			

2. 选择1~2份"指南"进行展示，对照评价表进行评议。

"竹节人制作指南"评价表

姓名：_____

序号	评价标准	自评	同伴评
1	能从课文《竹节人》中提取材料、工具、步骤、玩法、注意事项等内容。	☆☆☆	☆☆☆
2	能根据自己的实际情况选择可行的材料和工具。	☆☆☆	☆☆☆
3	制作步骤完整、正确。	☆☆☆	☆☆☆
4	能根据预期困难或发现的问题写出注意事项。	☆☆☆	☆☆☆
5	能画出设计图，并标明竹节的尺寸。	☆☆☆	☆☆☆
	我一共获得了（　　）个☆		

五、布置课后任务

1. 完善"指南",每组对照评价表进行自评、互评。

2. 按照"指南"准备好材料和工具,在家长的协助下,按比例完成竹节的切割与打磨。

3. 将遇到的困难和解决办法记录在问题记录单里,可以在活动交流群提问互动。

制作竹节人问题记录单

班级		制作者	
遇到的困难		解决的办法	

任务二:制作竹节人

【学习目标】

1. 能够按照"指南"选择合适材料,学会使用工具制作竹节人,并加以改进,增强探究意识,提高动手实践能力。

2. 能够积极、认真地制作竹节人,养成认真专注、有始有终的劳动习惯和品质,遇到问题能努力解决。

【组织过程】

一、播放视频,展示材料准备

1. 播放学生切割、打磨竹节的视频或图片。

2. 学生展示交流课前材料和工具准备情况。

二、聚焦问题,探讨解决办法

学生交流课前切割、打磨竹节中遇到的问题,教师引导学生探讨解决办法,适时示范讲解。

预设问题和解决方法:

1. 切割时，竹子易打滑。（用脚压住，安全使用锯子操作）
2. 竹管易爆裂。（用力均匀，规范使用锯子）
3. 切割后的竹管边缘有毛刺。（用砂纸、指甲锉……打磨）
4. 锥子钻孔。（烫红的锥子好钻孔）

三、动手实践，尝试组装竹节人

1. 回顾制作步骤，提出任务：把已切割、打磨好的竹节进行穿连、打结。
2. 学生动手组装，教师巡视指导。
3. 学生自我检验组装效果。

四、展示评议，交流组装方法

学生展示组装后的竹节人，师生评议，总结组装方法。

1. 用绳子依次穿连。

预设问题：

（1）穿绳困难——孔细绳粗。

（2）竹节长、绳子软，难穿绳。

交流穿绳妙招：使用钩针或铁丝、拉发针、牙签……

2. 打绳结。

预设问题：

（1）注意绳结大小——绳结比竹孔粗。

（2）绳结打得不够牢，易滑溜。

3. 底座。

预设问题：

易卡缝——运用科学知识，加底座增加受力面积，可加纽扣、瓶盖。（纽扣太小也不行）

4. 竹节人肢体灵巧度。

预设问题：

（1）竹节比例失调，躯干过长，无法受力——运用数学比例知识调整竹节长短。

（2）绳子太细、太短，无法牵动竹节。

五、学生根据存在问题进行调整

六、总结评价，布置课后任务

1. 分发"竹节人制作"评价表，进行自评、师评。

"竹节人制作"评价表

班级：_____　　　制作者：_____

评价内容	评价标准	自评	师评
劳动观念	积极、愉快地参与竹节人制作。	☆☆☆	☆☆☆
劳动能力	能根据"指南"，选择合适的材料，学会使用工具，完成竹节人制作。	☆☆☆	☆☆☆
劳动能力	制作的竹节人比例协调、肢体灵活、牵拉自如。	☆☆☆	☆☆☆
劳动习惯和品质	认真完成制作竹节人任务，规范、安全使用工具，有始有终。	☆☆☆	☆☆☆
劳动精神	遇到困难努力解决。	☆☆☆	☆☆☆
我一共获得了（　　）个☆			

2. 教师小结，布置课后作业。

继续完善竹节人制作。

任务三：装饰竹节人

【学习目标】

1. 通过模仿、创编等方法，把握剧情人物特点，合作完成竹节人大战的剧本，提高语言表达力。

2. 运用欣赏、讨论、探究等学习方法，利用不同的工具和材料，根据故事情境装饰竹节人和场景布置，提高实践创新能力和审美情趣，发展创新思维。

第1课时　撰写剧本

【组织过程】

一、播放视频，激发创作兴趣

1. 观看竹节人表演视频。

2. 畅谈感受，激发创作兴趣。

二、小组合作，撰写剧本

1. 认识剧本格式，学习撰写策略。
（1）观看范例，认识剧本。
剧本要素：人物、背景、道具、服装、音乐……
（2）指导撰写策略。
撰写剧本策略：改变文体、增加提示、改变语体、增加内容。
2. 小组讨论，确定剧本内容。
3. 分工合作，撰写剧本。

◎《乐玩竹节人》剧本创作 ◎

剧目：＿＿＿＿＿＿

编剧：＿＿＿＿＿＿　　　导演：＿＿＿＿＿＿

剧本：（可另附作文纸）

_____

_____

任务分工：

演员组		配乐组		场务组	
角色	扮演者	乐器	演奏者	职务	负责人

三、分享剧本，交流修改

第 2 课时　装饰竹节人

【组织过程】

一、选择任务，明确装饰思路。

1. 发布挑战帖，小组选择任务。

◎ 装饰竹节人挑战帖 ◎

同学们,想让你的竹节人更有特色吗?想让你的竹节人更好玩吗?想让你的竹节人一战成名吗?装饰竹节人挑战任务来喽!本次挑战将设置三个不同的星级任务,请你与伙伴商量,选择一个星级任务进行挑战。

任务星级	任务要求
★★★★★	选择故事情境,通过表情、服饰、道具等多方面的装饰,突出竹节人的角色特点,并布置游戏场景。
★★★★	选择故事情境,通过表情、服饰、道具等多方面的装饰,突出竹节人的角色特点,不需要布置游戏场景。
★★★	选择故事情境,通过对表情、服饰或道具某一方面的装饰,体现竹节人角色特点。

2. 图片启发,拓展装饰思路。

(1) 欣赏图片,交流发现。

装饰内容:头饰、服装、武器、场景……

装饰材料:超轻彩泥、卡纸、亮片、纸箱、木板……

(2) 师生共同梳理特点:精、巧、奇、趣。

3. 讨论分工,完成装饰构思任务卡。

(1) 默读任务卡的内容,提出不明白的地方。

◎ 竹节人装饰构思任务卡 ◎

班级:_____   组名:_____   组长:_____

	故事情境	(参考范围:中国神话故事、历史小故事、名著情节、生活小故事。例如:孙悟空三打白骨精,哪吒闹海……)		
竹节人装饰	角色名称	装饰设想(图文结合)(表情、服饰、武器等)	所需材料	负责人
	1			
	2			
	3			
场景布置				

（2）小组讨论，填写装饰构思卡。

（3）展示评议，根据建议修改完善。

二、动手实践，小组合作装饰

三、探讨装饰问题和解决方法

预设：

1. 竹管上不了色——用超轻彩泥或橡皮泥代替彩笔。

2. 配饰不牢固，容易脱落——用黏性较强的胶枪等替代胶水、双面胶。

3. 角色不突出——要抓住人物特点进行装饰。

4. 场景布置单一——制作立体场景，渲染氛围。

5. 小组分工不明确——人人有事做，发挥组员特长。

四、布置课后作业

继续完成竹节人的装饰。

任务四：竹节人大战

【学习目标】

1. 在故事情境中开展竹节人大战，体会传统玩具带来的快乐。

2. 选择自己最感兴趣的方面，通过习作将自己的体验和感受表达出来，提升语言运用能力。

【组织过程】

一、谈话导入，各小组竹节人亮相

二、各小组演绎剧本，开展竹节人大战

三、撰写习作

1. 畅谈感受，分享游戏乐趣。

2. 动笔书写，定格游戏快乐。

3. 习作交流分享。

四、布置课后任务

"探究传统玩具"调查（可二选一）

"探究传统玩具"采访表		
班级		姓名
采访对象		采访时间
传统玩具名称		
所需物品	材料	
	工具	
制作步骤		
基本玩法		

"探究传统玩具"资料卡		
收集人		资料来源
传统玩具名称		
所需物品	材料	
	工具	
制作步骤		
基本玩法		

任务五：推广传统游戏

【学习目标】

1. 积极推荐其他传统玩具的制作方法和玩法，做传统游戏的传播者。

2. 借助活动评价表进行总结与反思，分享自己的活动体验与收获，增强自我反思能力。

【组织过程】

一、调查反馈，推荐传统玩具

1. 学生展示收集到的传统玩具，介绍制作方法和玩法。

2. 学生自主选择感兴趣的玩具，组成小组试玩。

二、活动拓展，传播传统游戏

1. 小组讨论传播方法。

板书：短视频、摆摊位、到班级展演……

2. 布置课后作业：利用课余时间推介传统游戏。

三、主题评价，畅谈收获反思

1. 出示反思评价表，学生进行自评、组评。

◎ "乐玩竹节人"反思评价表 ◎

同学们在"乐玩竹节人"的跨学科学习活动中表现得如何呢？先进行自评，再请同学、老师评一评！

▷▶综合实践活动与跨学科主题学习的融通设计

班级：_____ 姓名：_____

评价内容		评价标准	星级评定		
			自评	互评	师评
创意物化	设计能力	能自主编写竹节人的制作指南，"指南"内容具体合理，可行性强。	☆☆☆	☆☆☆	☆☆☆
	动手能力	能选择合适的材料，规范使用工具，完成竹节人的制作。	☆☆☆	☆☆☆	☆☆☆
	审美情趣 动手能力	能跟伙伴合作，完成装饰构思卡，完成竹节人装饰或场景布置。	☆☆☆	☆☆☆	☆☆☆
语言运用 思维能力		能跟伙伴合作，撰写剧本，积极参与竹节人大战。	☆☆☆	☆☆☆	☆☆☆
		能将竹节人大战的体验和感受用习作表达出来。	☆☆☆	☆☆☆	☆☆☆
问题解决		遇到问题积极解决，能运用多学科知识和经验解决问题。	☆☆☆	☆☆☆	☆☆☆
		通过采访、查阅资料等途径调查了解其他传统游戏。	☆☆☆	☆☆☆	☆☆☆
责任担当		积极当传统游戏传播者，能将传统游戏推荐给其他人玩。	☆☆☆	☆☆☆	☆☆☆
价值体认		感受到民间传统玩具制作的智慧和传统游戏的乐趣。	☆☆☆	☆☆☆	☆☆☆
参与态度		能积极参与每一次活动。	☆☆☆	☆☆☆	☆☆☆
合作能力		小组讨论时能积极思考、发言，主动承担任务。	☆☆☆	☆☆☆	☆☆☆
总评（平均星数）					

备注：（1）每个评价标准设三个星级评定：很满意★★★　还可以★★　需努力★

（2）总评：取自评、互评、师评星数的平均值

2. 学生畅谈收获与反思。

课例点评

《义务教育课程标准（2022年版）》明确提出，各门学科要用不少于10%的课时设立跨学科主题学习活动，明确将综合性、实践性的课程理念融入各个学科，促进所有学科教师关注课程的实践性及与其他学科的关联性，促进教师跨学科学习理念的落实。

"乐玩竹节人"围绕玩转竹节人的主题内容开展跨学科学习活动，紧扣新课标理念，引导学生亲身经历完整的学习活动，促进学生综合运用多学科知识和技能解决实际问题的能力，从中感受传统玩具创作的智慧和传统游戏的乐趣。

在各阶段的活动中，各学科教师协同合作，引导学生经历发现问题、解决问题、建构知识、运用知识的过程，突出以下特色。

一、重温传统文化，突出实践育人

《义务教育劳动课程标准（2022年版）》指出，劳动项目的开发，要注重项目与其他课程的紧密结合，以灵活运用其他课程所学的知识进行劳动实践，提高学生的综合素质。玩具对于每个学生来说都有着无尽的情感和故事。中国历史文化悠久，民间传统游戏是一代又一代人传承下来的朴素智慧与生活趣味。竹节人是20世纪六七十年代流行的玩具，它以其独特的玩法与其丰富的想象力，展示了自制玩具的乐趣。本次活动就充分结合了语文教材的《竹节人》一课，并基于课文的学习，生成"竹节人制作指南"，指导学生进行后续的动手实践，使他们初步掌握劳动任务群中的"传统工艺制作"的技能和方法。通过实践把书面的知识学习转变为个性体验，从中感受实践带来的快乐、传统游戏的魅力。更重要的是，让学生用自己的方式传承传统，与时俱进，创新制作出属于我们这个时代的"竹节人"。

二、打破学科界限，推进综合学习

新方案突出了学科课程的实践性，强化了实践学习的独特育人功能，倡导"做中学、用中学、创中学"，以及"知行合一、学以致用"的教育理念。同时，新方案突出课程的综合性，注重不同学科之间的关联，倡导"问题式学习""项目式学习"，并开展跨学科学习活动，强化课程协同育人功能。

本次跨学科学习活动以"怎样做竹节人"和"怎样玩竹节人"两个核心问题引导学生自主探究、合作交流，综合运用多学科知识解决问题，打破了学科界限，实现了学科的有机融合。

三、发挥教师指导，引发深度学习

跨学科学习的实施在坚持学生自主实践的前提下，强调教师对学生的有效指导。教师应成为学生活动的组织者、参与者、促进者。教师的指导方式应从单一走向多元，当学生的经验不足以解决问题时，教师应采用合适方式，及时出手，引领学生走向深度探究。如，从课文中提取信息，梳理制作的材料、工具时，课文中的信息有限，于是教师引导学生提出质疑，"材料除了笔杆还能用别的吗？""需要什么工具呢？""步骤只要切割、穿线吗？"一个个问题引发了学生的深度思考。学生们马上想到了可以与时俱进，用笔芯、纸卷、吸管等替换。同时，教师还提供了视频资源，让学生通过视频，丰富对工具、步骤和注意事项的认识，突破了编写"指南"中的难点。

在制作竹节人的过程中，教师注重引导学生发现和解决问题，比如：切割时，竹子易打滑或易爆裂，教师就再次示范，强调了规范、安全地使用工具的劳动习惯；而在解决竹节穿连问题时，教师则引导学生交流方法：有使用钩针、牙签、铁丝的，还有的拿拉发针来快速勾绳……学生在交流互动中丰富了经验。在调试竹节人时，发现肢体不够灵活，教师及时引导学生查找原因，运用数学比例知识重新调整竹节的长短；还有的同学懂得运用科学知识，增加底座来扩大受力面积，使竹节人移动更自如。

实践出真知。学生在活动中学会思考，提高操作能力，学会综合运用多学科知识和经验解决问题。

四、尊重个体差异，设计分层作业

为有效落实"双减"政策，实现作业设计轻负高质，进一步激发学生的学习兴趣，提高其完成作业的积极性，教师根据不同的学生情况，设计了"装饰竹节人星级挑战帖"，设置不同难度的挑战任务，使不同素养的学生都能获得成功和成长的机会。活动中，学生根据自身水平和小组的实际能力，装饰自己想要的竹节人形象，挑战不同的星级任务。从有趣的制作中感受知识的魅力，从精彩的游戏中习得创作的思维，教师尊重个体差异，学生拥有自主权、主动权，在"我的竹节人我做主"的满足感中获得鼓励、尊重。

五、坚持素养导向，开展综合评价

跨学科学习的评价要注重过程、尊重多元、关注反思。评价形式应从一元走向多元，评价主体应当从单一走向多样。本次跨学科学习活动坚持素养导向，注重开展综合评价和多元评价。围绕活动目标设计反思评价表，组织学生进行综合评价和反思，体现了"教、学、评"一体化。

教育应该挖掘知识的生活价值，让丰富多彩的跨学科学习活动发挥减负、增效、赋能的功能，为学生"架"起跨学科之桥，共"筑"学生素养提升之路。

第七章 大观念建构导向的主题式跨学科学习设计课例

课例 4：建立"时间规划"意识
小学一年级《课间十分钟巧安排》
（融合形态"1 & N"）

一、主题设计说明

1. 主题产生来源

幼儿园与小学是两个不同性质的教育阶段，小学阶段对学生自主能力提出了更高的要求。刚刚离开幼儿园的一年级学生，心理上呈现出极强的依赖性，也不会合理分配自己的时间。为了帮助孩子适应小学不同的作息安排，许多学科都安排了相关的内容。如语文绘本的《爱上一年级——课间十分钟》，道德与法治的《课间十分钟》，音乐的《哦！课间十分钟》。《义务教育课程方案（2022年版）》提出应合理设计一年级课程，统筹设计综合课程和跨学科主题学习，鼓励将小学一年级道德与法治、劳动、综合实践活动，以及班队活动、地方课程和校本课程等相关内容整合实施，以做好幼小衔接工作。通过梳理，我们以课程整合的思想，规划设计了以"课间十分钟巧安排"为主题的跨学科学习活动，全面深入地引导学生解决课间十分钟出现的问题。

2. 主题设计思路

本主题活动围绕"时间规划"这一核心观念的建立，引导学生围绕"课间十分钟应该如何安排"开展了"观察与发现""体验与规划""交流与辨析""制作与游戏""总结与评价"系列递进的活动。通过思考"阿力课间十分钟安排是否合理""我的课间十分钟要怎么安排"和"课间十分钟玩些什么好"等问题,让学生懂得合理安排时间并选择合适的课间游戏,最终形成合理规划时间的能力和习惯。

3. 主题实施结构图

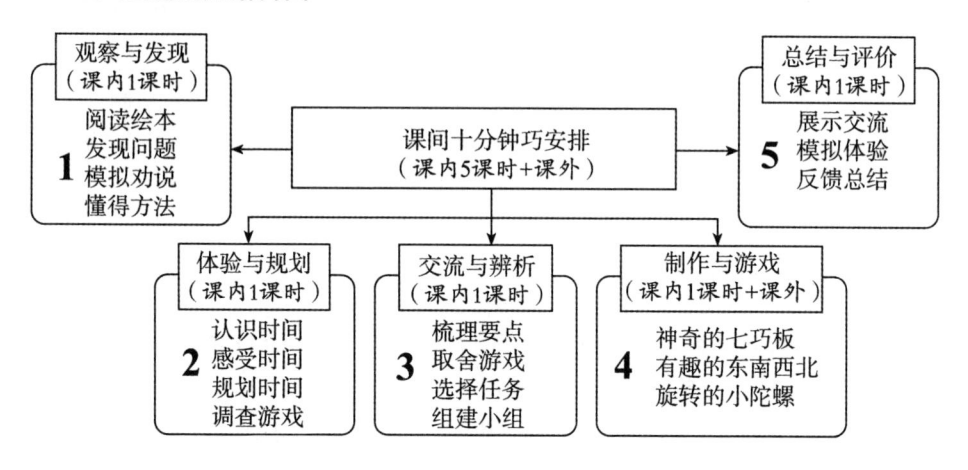

```
┌─────────────┐                                    ┌─────────────┐
│ 观察与发现  │                                    │ 总结与评价  │
│(课内1课时) │                                    │(课内1课时) │
├─────────────┤      ┌──────────────────┐         ├─────────────┤
│ 阅读绘本    │      │ 课间十分钟巧安排 │         │ 展示交流    │
│ 发现问题    │◄─────│(课内5课时+课外)│────────►│ 模拟体验    │
│1模拟劝说    │      └──────────────────┘        5│ 反馈总结    │
│ 懂得方法    │         │      │      │           │             │
└─────────────┘         ▼      ▼      ▼           └─────────────┘
              ┌─────────────┐┌─────────────┐┌─────────────────┐
              │ 体验与规划  ││ 交流与辨析  ││ 制作与游戏      │
              │(课内1课时)││(课内1课时)││(课内1课时+课外)│
              ├─────────────┤├─────────────┤├─────────────────┤
              │ 认识时间    ││ 梳理要点    ││ 神奇的七巧板    │
              │2感受时间    ││3取舍游戏    ││4有趣的东南西北  │
              │ 规划时间    ││ 选择任务    ││ 旋转的小陀螺    │
              │ 调查游戏    ││ 组建小组    ││                 │
              └─────────────┘└─────────────┘└─────────────────┘
```

二、涉及学科和核心素养

学科	核心素养	相应知识、方法
语文	语言运用 思维能力	阅读绘本时,能复述文本大意和自己感兴趣的情节。与他人交流时,能认真倾听对方讲话,努力理解讲话的主要内容。就感兴趣的内容提出问题并积极参加讨论,敢于尝试提出自己的看法。
道德与法治	健全人格 法治观念 道德修养	能够在讨论与辨析中,表达自己的感受,学习倾听他人的意见。在活动中体验并感受遵守课间秩序的重要性,知道人人都应遵守规则,具有初步的规则意识。在制作游戏道具的过程中,感受劳动创造美,热爱劳动。
综合实践活动	问题解决 责任担当	通过调查与探究,能够明确适合课间游戏的四个标准,并根据个人特长完成所负责的任务。
数学	空间观念 创新意识 应用意识	认识七巧板中图形的形状、大小及位置关系,能够想象并表达物体的空间方位和相互之间的位置关系。能够尝试进行创造性地设计美化七巧板。能够将七巧板运用于课间游戏。

续表

学科	核心素养	相应知识、方法
美术	艺术表现 创新实践	掌握折、写、贴的方法，制作"东南西北"。尝试进行创造性的装饰和美化，养成细致、耐心和整洁的习惯。
劳动	劳动观念 劳动能力 劳动习惯	积极参与陀螺制作活动，初步学会规范使用剪刀等工具，感受劳动创造的力量。在制作过程中团结合作、规范、安全操作，养成认真劳动的习惯。

三、学习目标

1. 能在阅读绘本、互动讨论、调查辨析的情境中，意识到合理安排课间十分钟的重要性，形成初步的时间观念。

2. 能合理制订自己的课间计划，懂得课间要选择安全、有趣、方便、文明的游戏，提升思维能力，增强时间规划意识。

3. 在学习课间游戏的道具制作和玩法过程中，提高动手实践能力，初步养成安全规范的劳动习惯，形成初步的空间观念和创意制作意识。

4. 在总结评价活动中，能尝试用完整的句子表达自己的感受和收获，发展语言表达能力。

5. 在课间活动时间，能理解并遵守课间活动规范，让课间十分钟安排更合理，玩得更安全和快乐，提高责任意识和合作意识。

四、适用年级

一年级

五、学习场域

学习组织：4人小组

学习场地：教室

学习材料：计时器，制作七巧板、"东南西北"、小陀螺的材料和工具

六、整体规划

内容与 课时建议	学科 建议	活动规划
活动一： 观察与发现 （课内1课时）	语文	课上，组织学生欣赏歌曲，导入主题。组织学生阅读绘本，借助句式简单复述绘本情节，并尝试用上"先、再、然后、最后"等顺序词，模拟打电话，劝说阿力。
活动二： 体验与规划 （课内1课时）	数学	课上，认识计时器，组织学生体验不同项目的一分钟，感知一分钟的长短；再结合阿力课间十分钟的安排，制订自己课间十分钟计划表；组织交流反馈，发现计划表的问题并进行修改完善。课后，观察同学们的课间十分钟。
活动三： 交流与辨析 （课内1课时）	道德与 法治	课上，组织分享调查的小游戏，梳理出适合课间进行的小游戏特点；结合评价表，在小组中筛选合适的游戏；预告三种游戏，让学生自行选择，为下一阶段的活动做好过渡准备。
活动四： 制作与游戏 （课内1课时 ＋课外）	数学 美术 劳动	本阶段三个制作项目的内容，可由学生根据兴趣自主选择，同时进行。 　　1. 制作七巧板：课上组织开展观察和操作活动，了解七巧板的组成和制作步骤，尝试制作七巧板并拼出简单的平面图形。 　　2. 制作东南西北：课上，组织学生观看视频和教师现场操作，掌握折、写、贴的方法，制作出"东南西北"，并尝试进行创意装饰。 　　3. 制作小陀螺：课上通过观察、交流、实践，学会使用简单的工具和材料，根据步骤制作出陀螺，并加以改进。 　　课后，继续把游戏道具做完整。
活动五： 总结与评价 （课内1课时）	语文	课上，组织学生展示自制的游戏道具，并结合课间安排的小妙招，模拟课间十分钟，开展体验活动。学生间互相观察和评议，再次修改课间十分钟安排表。开展活动回顾，分享收获，并结合评价手册的获章数情况，颁发"课间小达人"勋章。 　　课后，要求学生将计划落实到每节课的课间十分钟中。一周后，组织学生进行反馈，再次修改计划。

七、各阶段的详细组织过程

活动一：观察与发现

【学习目标】

1. 通过阅读绘本《课间十分钟》，能根据提供的句式支架简单复述情节，完整表达，懂得合理安排课间十分钟的重要性。

2. 通过观察与交流阿力的问题，积极参与讨论，勇于发表自己的意见，明确课间十分钟需要做的事情，建立重要和紧急的事要先做的时间观念。

3. 通过模拟情境对话，有礼貌地主动表达自己的感受与想法，提高语言表达能力。

【组织过程】

一、谈话导入，揭示主题

播放歌曲《哦！课间十分钟》

1. 猜：这首歌叫什么？

2. 问：课间十分钟需要做些什么？

3. 想：怎样在课间十分钟安排好这么多事情呢？

二、带着问题，走入绘本

1. 播放《爱上一年级——课间十分钟》绘本1~13页音频。

思考：阿力下课后做了什么事？

2. 说一说。

提供句式：阿力下课后一直在_____。（做什么事）

3. 想一想：阿力的课间安排合理吗？说说原因。

4. 继续播放绘本14~25页。

找一找：阿力在数学课上发生了什么状况？

提供句式：阿力在数学课上_____。（出现什么状况）

教师小结：学习准备很重要，生活准备不可少。

三、模拟劝说，懂得方法

1. 模拟情景。

过渡：阿力下课后应该怎么做才合适呢？请你打个电话提醒他吧！

2. 同桌模拟练习。

温馨提醒：

（1）你可以这样说：

阿力，你好！

我是……

你可以……

（2）用上顺序词：先、再、然后、最后，把话说得更有条理。

3. 全班交流，梳理小妙招。

预设一：换课本—上厕所—喝水—踢毽子（重要的事情先做）

预设二、三：上厕所—喝水—换课本—踢毽子；喝水—上厕所—换课本—踢毽子（紧急的事先做）

教师归纳板书：重要的、紧急的事要先做，休闲游戏放最后。

4. 小结：看来，想要安排好课间十分钟是有妙招的呀！我们赶紧把这个安排小妙招告诉阿力吧。

四、继续阅读，感受阿力的进步

1. 继续播放绘本 25~30 页音频。

思考：听了你们的建议，阿力有没有进步呢？

2. 交流：阿力现在怎样啦？

3. 小结：重要和紧急的事要先做，阿力这回再也不会手忙脚乱了。

五、总结与布置作业

1. 引导填写评价表，对自己这节课的表现进行评价与反思。

"课间十分钟巧安排——观察与发现"课堂评价表

序号	任务	评价标准	评一评（请打"√"）
1	会观察	从绘本中，知道阿力在课间做了什么事。	👍 □
2	会思考	能说出阿力在课间应该怎么做。	👍 □
3	敢交流	交流时大胆、积极。	👍 □
恭喜你获得（　　）个 👍			

2. 布置课后任务。

想一想：你的课间十分钟都做了些什么？怎么安排更合适？

活动二：体验与规划

【学习目标】

1. 认识时间，体验一分钟能做什么事，感知时间的长短。

2. 能制订出自己课间十分钟的规划，初步懂得合理安排时间，对自己负责。

3. 在实践操作中，发现规划中存在的问题并进行修改，形成初步的时间规划意识和自我管理能力。

【组织过程】

一、认识时间

1. 出示计时器。

教师：猜猜它是什么？有什么作用？

2. 小结：时间就在我们的身边，不经意间便从我们身边溜走。

3. 提出问题：课间十分钟有多长？可以做什么？

二、感受时间

1. 组织学生一分钟原地跑，说说感受。

2. 组织学生一分钟休息放松，说说感受。

3. 思考交流：一分钟可以做什么？

三、规划时间

1. 制订课间十分钟计划。

（1）回忆并说一说，后来阿力在课间十分钟里做了哪些事？

（2）同桌互说：我的课间十分钟又要做什么？时间怎么安排？

（3）写一写：我的课间计划表。

◎ 我的课间计划表 ◎

请你想一想课间十分钟要做什么事，试着运用课间小妙招合理安排出来，可以写一写，也可以画一画，不会写的字用拼音代替，记得标注上时间！

顺序	下课后，我想做的事情	几分钟
1		
2		
3		
4		
5		

2. 分享计划表，说明理由并互相提建议。

四、尝试做一做

1. 任务要求：按自己计划表的安排，实际做一做。

2. 说一说实践感受。

3. 结合建议，修改课间计划表。

五、布置课后任务

观察同学们的课间十分钟。

活动三：交流与辨析

【学习目标】

1. 通过课前调查与交流，丰富对课间游戏内容的认知，提升探究兴趣。

2. 在推荐与辨析游戏中，懂得课间要选择安全、有趣、方便、文明的游戏，初步培养理性思维。

3. 在分享与梳理选择过程中，乐于交流，能大胆分享自己的想法，提高发现和分析问题的能力。

【组织过程】

一、回顾调查任务，揭示课题

1. 播放课前调查活动照片，谈谈调查结果。

2. 完成《评价表》的"乐调查"选项。

"课间十分钟巧安排———交流与辨析"课堂评价表

序号	任务	评价标准	评一评（请打"√"）
1	乐调查	认真观察,完成课间小游戏调查表。	👍 ☐
2	会分享	把发现的游戏玩法与伙伴说清楚。	👍 ☐
3	能分辨	懂得分辨游戏是否适合在课间进行。	👍 ☐
恭喜你获得（　　）个 👍			

二、分享调查结果,梳理要点

1. 小组内分享调查的游戏,互评"会分享"选项。

2. 请学生上台分享游戏,其余同学讨论是否适合及理由。

适合课间的游戏是:翻"东南西北"、翻花绳、转陀螺……

不适合课间的游戏是:跳大绳、警察抓小偷、跳台阶……

3. 总结合适课间游戏的特点:有趣、方便、安全、文明。

4. 齐读儿歌:有趣方便真重要,安全文明才更好。

三、对照选择要点,取舍游戏

1. 根据要求对调查的游戏评一评。

要求:符合"有趣、方便、安全、文明"打"√"。

2. 各组将适合课间玩的游戏写在卡片上,张贴到黑板。

3. 师生结合游戏特点共评,确定适合课间玩的游戏。

4. 对照黑板保留的游戏名称,自评评价表中"能分辨"选项。

四、布置课后任务

想想本节课共同选择的游戏怎么玩,利用下课时间试着玩一玩。

活动四:制作与游戏

【学习目标】

1. 通过制作款式不同的课间小游戏道具,学会规范地使用简单的手工工具,提升动手能力,发展创意思维。

2. 制作过程中不断调整、完善作品,养成耐心细致的劳动品质及团结互助的合作精神。

3. 通过创造性共玩自制小游戏道具，丰富课间十分钟生活，充实课间游戏，愉悦身心健康。

游戏一：神奇的七巧板

【组织过程】

一、谈话导入，出示评价表

1. 共同回忆适合课间十分钟玩的小游戏。
2. 出示评价表，明确本节课活动任务。

"制作与游戏——七巧板"课堂评价表

序号	任务	评价标准	评一评（请打"√"）
1	说一说	能说出七巧板的组成。	👍 ☐
1	说一说	能说出七巧板的制作步骤。	👍 ☐
2	做一做	剪：剪的边线要整齐。	👍 ☐
2	做一做	换：交换出一副不同颜色的七巧板。	👍 ☐
3	玩一玩	能拼出指定的图形。	👍 ☐
3	玩一玩	能拼出自己喜欢的图形。	👍 ☐
恭喜你获得（　）个 👍			

二、探究七巧板的组成与制作

1. 同桌合作：七巧板拼正方形。
2. 观察七巧板，说组成。
3. 观看制作七巧板的视频，共同梳理制作七巧板所需工具和制作方法。

工具：彩色卡纸、尺子、剪刀、笔。

方法：折、画、剪。

4. 自评评价表"说一说"选项，为自己点赞。

三、制作七巧板

1. 提出制作任务和要求。

（1）在正方形纸上折出七巧板，并描线。

（2）用剪刀进行裁剪，注意安全。

（3）与同学交换，组成不同颜色的七巧板。

2. 观察学生制作情况，及时进行制作细节指导。

3. 同桌互评，完成评价表"做一做"选项。

四、玩转七巧板

1. 说一说：想要怎么玩？

2. 闯关游戏。

（1）第一关：我会拼。

活动要求：

①拼出一个三角形。

②时间：一分钟。

③说一说：我的三角形用了（　　　　）块板，是（　　　　）。

（2）第二关：我会创。

教师现场拼一条小金鱼，引导学生发挥想象拼出有意思的图案。

活动要求：

①结合生活实际，发挥想象，拼出有创意的图案。

②为作品取一个合适的名字。

3. 师生、生生互评评价表"玩一玩"选项。

4. 欣赏七巧板"变身"：五巧板、九巧板、圆形七巧板、蛋形七巧板……

五、布置课后任务

1. 课间和同学一起玩自制七巧板。

2. 尝试制作其他形状的七巧板。

游戏二：有趣的东南西北

【组织过程】

一、实物导入，游戏激趣

1. 邀请一位学生和教师共玩"东南西北"的游戏。

2. 认识"东南西北"游戏规则。

(1)选方向；(2)开几次；(3)做任务。

3. 出示评价表，明确本节课任务。

"制作与游戏——东南西北"课堂评价表

序号	任务	评价标准	评一评 （请打"√"）
1	说一说	能说出"东南西北"的制作材料。	👍 ☐
		知道"东南西北"的制作步骤。	👍 ☐
2	做一做	折：能跟着视频折出"东南西北"的样子。	👍 ☐
		写：正确书写"东、南、西、北"四字。	👍 ☐
		贴：把任务条贴在正确的位置。	👍 ☐
3	玩一玩	找朋友一起玩一玩，乐于接受任务。	👍 ☐
恭喜你获得（　）个 👍			

二、折法探究，尝试制作

1. 说一说。

(1)学生观察"东南西北"，猜制作材料。

(2)教师示范具体制作方法。

(3)师生互动，总结"东南西北"的制作步骤。

总结后，板书：折—写—贴

(4)共评评价表的"说一说"项目。

2. 做一做。

(1)学一学：跟着教师折出"东南西北"的基本形状。

(2)创一创：尝试对"东南西北"进行"变身"创作。

(3)同桌互评，完成评价表"做一做"选项。

三、呼朋引伴，游戏体验

1. 寻找同伴，明确规则。

2. 合作互玩，完成评价表"玩一玩"选项。

四、布置课后任务

1. 尝试给"东南西北"添加装饰。(如眼睛、鼻子、毛发、手脚、衣服等)

2. 课间和同学一起玩。

游戏三：旋转的小陀螺

【组织过程】

一、激趣导入，明确任务

1. 教师出示各种大小、颜色各异的陀螺，邀请几位同学上台玩。
2. 出示评价表，明确本节课任务。

"制作与游戏——小陀螺"课堂评价表

序号	任务	评价标准	评一评（请打"√"）
1	说一说	知道制作陀螺的材料和工具。	👍 ☐
		知道制作陀螺的步骤。	👍 ☐
2	做一做	剪圆：能借助工具画圆、剪圆。	👍 ☐
		找点：能运用小办法找到中心点。	👍 ☐
		插轴：陀螺面位置恰当、陀螺轴牢固。	👍 ☐
3	玩一玩	积极参与陀螺挑战赛。	👍 ☐
		恭喜你获得（　）个 👍	

二、探究陀螺的组成与制作方法

1. 观察陀螺，了解组成。

陀螺的组成部分：陀螺轴、陀螺面。

2. 猜一猜：陀螺的制作材料、工具和步骤。

3. 观看小陀螺的制作视频，梳理汇总。

材料：圆纸皮、卡纸、小木棍。

工具：剪刀、双面胶、胶布。

步骤：剪圆、找中心点、插轴。

4．探究如何找中心点。

借助卡纸：画圆、剪圆、对折找点、贴圆、挖洞。

5．共评评价表"说一说"项目。

三、小组合作，制作陀螺

1．评价前置，明确标准。

（1）剪圆：能借助工具画圆、剪圆。

（2）找点：能运用小妙招找中心点。

（3）插轴：陀螺面位置恰当、陀螺轴牢固。

2．小组四人合作制作，教师巡视指导。

3．互动评价，自评评价表"做一做"项目。

四、观看视频，小组比拼

1．观看陀螺比赛视频，学习玩法。

2．小组组队，进行玩陀螺比赛。

3．组内互评评价表"玩一玩"项目。

五、布置课后任务

1．装饰陀螺（上色、加装饰）。

2．课间和同学一起玩。

活动五：总结与评价

【学习目标】

1．展示课间游戏道具制作成果，分享收获，提升自信心及表达交流能力。

2．通过模拟课间十分钟，体验合理安排课间活动的意义和乐趣。

3．通过评选"课间小达人"，增强合理安排课间活动的行动力。

【组织过程】

一、展示交流

1．展示各组制作的课间游戏道具。

2．谈谈这阶段课间十分钟做了什么。

3. 齐读。重要、紧急的事要先做，休闲游戏放最后；游戏有趣方便要，安全文明才更好。

二、模拟体验

1. 结合课间安排小妙招进行模拟体验。

2. 观察学生的不同表现，捕捉反馈点进行点评。

三、反馈总结

学生畅谈活动收获，统计评价手册大拇指，颁发"课间小达人"勋章。

四、拓展延伸

1. 要求每个学生将自己制订好的计划表落实到每个课间十分钟中。

2. 一周后，组织学生说说自己哪里做到了，哪里做不到。做不到的原因是什么？并再次修改计划表。

课例点评

本次跨学科学习活动的开展，让学生初步学会了合理安排课间十分钟，减少了课间追逐打闹的现象，提升了学生的综合素养。本次跨学科学习突出以下特点：

一、基于儿童，源于生活

本活动设计立足学生的真实生活，以儿童的兴趣和生活问题为探究主线。从学生带着问题阅读绘本的那一刻开始，问题就一个接着一个出现，整个学习活动就是学生发现问题、分析问题和解决问题的探究过程。学生会用自己的方式记录调查结果，制订自己的计划；他们会积极主动地面对每一次挑战；会花大把时间探究自己感兴趣的游戏，他们在玩中学，从玩中获得发展。

二、学科融合，助力成长

本次跨学科学习活动打破了学科教学的界限，将道德与法治、劳动、综合实践活动、校本课程等相关内容整合实施，既有利于减少各学科出现教学内容交叉重复的问题，又可以避免单学科教学目标过于单一、探究不够深入的问题。本次活动强化了学生的探究性和体验式学习，引导学生运用语文、数学、美术、体育等多学科知识和技能，解决"课间十分钟"的问题。这不仅培养学生的合作、沟通、实践、创新等跨学科素养，还发展了他们的思维能力、时间观念等，促进学生拥有丰富、安全又有趣的课间活动，使他们更快地消除初入小学时的陌生感和不适应，以积极愉快的心情投入小学生活中。

三、多元评价，知行合一

及时而有效的评价不仅可以激励学生，还可以帮助教师改进教学策略。在教学过程中，教师设计了大量的评价量表。每节课上，学生通过评价表可以清楚地知道学习目标，用评价指引行为，充分发挥了评价的导向和激励作用。课后，为了使评价更客观、全面，教师邀请护导师和红领巾服务岗的学生也参与进来，结合学校的"大拇指"班级评价和"点赞章"评价机制，督导学生将课堂所学转化为实际运用，激励学生合理安排课间十分钟的兴趣，积极开展安全有序的课间小游戏，实现知行合一，养成良好的行为习惯。

课例 5：建立"节水意识"观念
小学四年级《家庭节水小专家》
（融合形态"1 → N"）

一、主题设计说明

1. 主题产生来源

北师大版小学数学四年级上册教材"数学好玩"中设计了"滴水实验"内容，旨在引导学生通过制订"滴水实验"方案开展实践活动，在实践过程中探究滴水量与数学之间的关系，增强节约用水的意识。但现实生活中，家庭用水很方便，造成了许多人经常忽视节约用水的重要性。在当今水资源日益紧张的背景下，我们决定围绕"节约用水"这一社会问题，结合数学课标要求和教材内容，从学生身边的数据和现象入手，将问题的研究范围聚焦在家庭节水，开展一次以"家庭节水小专家"为主题的跨学科学习活动，引发学生对日常水资源浪费现象的关注，唤起学生的节水意识，激励学生开展持久的节水行动。

2. 主题设计思路

本主题活动以数学知识为主导，聚焦"为什么要开展家庭节水"和"如何进行家庭节水"两个驱动问题，以小组合作的方式，引导学生亲身经历"家庭用水我调查—家庭节水我行动—家庭节水我宣传"的学习过程，运用数学、科学、美术、语文、道德与法治等学科知识来解决问题，当一回"家庭节水小专家"，发展学生的学科素养、应用意识、创新意识和合作能力。

3. 主题实施结构图

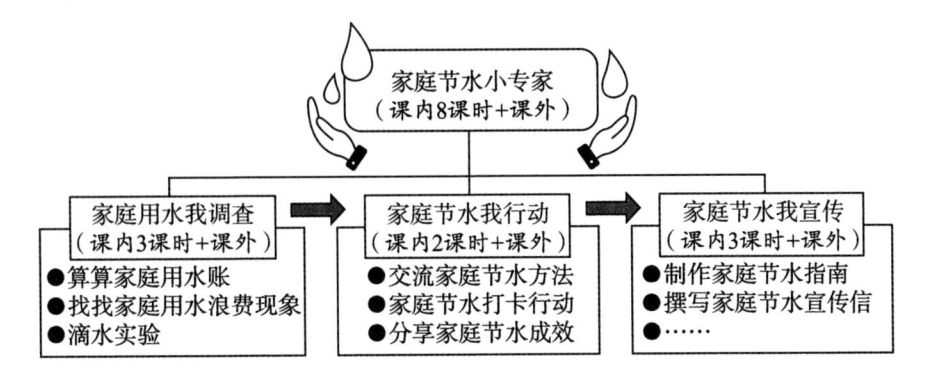

```
            家庭节水小专家
           （课内8课时+课外）
    ┌───────────┼───────────┐
家庭用水我调查    家庭节水我行动    家庭节水我宣传
（课内3课时+课外）（课内2课时+课外）（课内3课时+课外）
●算算家庭用水账  ●交流家庭节水方法 ●制作家庭节水指南
●找找家庭用水浪费现象 ●家庭节水打卡行动 ●撰写家庭节水宣传信
●滴水实验      ●分享家庭节水成效 ●……
```

二、涉及学科和核心素养

学科	核心素养	相应知识、方法
数学	数据意识 推理意识 应用意识	借助统计、计算等数学方法，收集数据，对数据进行简单的分析，了解家庭用水情况。
科学	探究实践	在教师指导下设计"滴水实验"方案，运用实验、测量、推理、解释等科学方法搜集证据，分析证据并得出结论。
道德与法治	责任意识	亲历解决自己家庭节水问题的过程，学以致用，践行节水行为，感悟节水意义，深化节约用水的思想认识，逐步实现情、理、行的统一。
美术	审美感知 艺术表现 创意实践	了解海报设计的要素和原则，运用美术图文排版技巧和装饰搭配方法，小组合作设计出主题突出、美观新颖、构图创意的节水指南海报，表达节水的感受与想法。
语文	语言运用	运用简短的书信形式与人进行交流，分享自己的活动成果，宣传节约用水。

三、学习目标

1. 通过对家庭用水和浪费情况的调查，能收集数据，分析与表达数据中蕴含的信息，形成初步的数据意识、推理意识和应用意识，感受生活中处处有数学，初步学会用数学的眼光看问题。

2. 融合多学科知识开展调查、设计实验、制作指南、撰写书信等活动，经历家庭节水行动和节水宣传的过程，提高综合运用各学科知识和方法分析、解决问题的能力，增强创新意识和合作能力，发展探究实践、艺术表现和语言运用等学科素养。

3. 选择合适的节水措施，带动家庭成员践行家庭节水行动，形成节约用水、保护水资源从自身做起的意识，培养责任意识。

四、适用年级

小学四年级

五、学习场域

学习组织：4人小组

学习场地：教室和科学实验室

学习材料：纸杯、秒表、量筒、计时器

六、整体规划

内容与课时建议	学科建议	学习规划
任务一：家庭用水我调查（课内3课时＋课外）	综合实践活动	课上，播放"水是生命之源"宣传片，揭示活动主题。接着组织讨论交流，确定活动任务。聚焦任务一，讨论如何调查家庭用水情况。课后，学生开展家庭用水调查活动，为下节课交流做准备。
	数学科学	本阶段建议两课时连上。课上，组织学生汇报各自家庭用水情况，思考用水量不同的原因。接着，借助"家庭用水习惯调查表"和照片，发现家庭浪费水的主要现象。聚焦"水龙头没关紧"的情境照片，引导各小组设计实验方案，开展滴水实验，交流分析实验报告，直观感受浪费水的数量。课后，学生通过多种途径收集节水方法。

续表

内容与 课时建议	学科建议	学习规划
任务二： 家庭节水 我行动 （课内2课时 ＋课外）	道德 与 法治	本阶段分为两个课时。第一课时，组织各小组交流汇报收集的节水方法，筛选整理家庭节水措施，形成"家庭节水打卡行动"记录表。课后，学生带动家庭成员一起践行家庭节水行动，做好打卡记录；持续1个月后，进行水费对比，撰写活动反思。第二课时，各小组在全班展示、分享家庭节水过程和成效，交流遇到的困难和解决办法。
任务三： 家庭节水 我宣传 （课内3课时 ＋课外）	美术 语文	本阶段由"制作节水指南海报"和"撰写家庭节水宣传信"两部分组成，开展顺序没有先后之分，可以根据学生的兴趣依次开展或同时开展。 　　在"制作节水指南海报"课时中，主要引导各小组整理家庭节水指南文字内容，设计绘制家庭节水指南海报，评选优秀作品。课后，将获奖海报放置在学校廊道展示宣传。 　　在"撰写家庭节水宣传信"课时中，主要组织全班学生，梳理节水宣传信的主要内容，按照格式尝试写信，并展示评价，修改完善。课后，给宣传对象分发书信和节水打卡记录表，呼吁大家参与家庭节水行动。
	综合实 践活动	课上，组织学生填写收获单，畅谈活动收获；统计小水滴累积数量，评选表彰"家庭节水小专家"。课后，学生继续坚持家庭节水打卡行动，并在全校推广。

七、各阶段的详细组织过程

任务一：家庭用水我调查

【学习目标】

1. 运用调查、访问等方式收集家庭用水量和水费，借助数学知识统计与分析数据，了解家庭用水情况，形成初步的数据意识、推理意识和应用意识，初步学会用数学的眼光看问题。

2. 通过实地观察家庭成员用水习惯，发现家庭用水中存在的浪费现象。

3. 在教师指导下设计"滴水实验"方案，运用实验、测量、推理、解释等科学方法搜集证据，分析证据并得出结论。

4. 通过调查与实验，初步感受家庭用水的浪费现象，增强节约用水的意识。

第1课时　家庭节水小专家启动课

【组织过程】

一、聚焦问题，导入主题

1. 播放"水是生命之源"宣传片，组织学生分享感受和思考。

2. 聚焦家庭浪费水的情境图片，师生谈话，揭示活动主题。

二、交流讨论，形成任务

1. 组织学生在小组中讨论交流：关于"家庭节水"可以开展哪些活动？

2. 各小组汇报，师生再共同筛选归纳，确定要开展的主要任务：家庭用水我调查——家庭节水我行动——家庭节水我宣传。

三、聚焦任务一"家庭用水我调查"

1. 学生畅谈：如何了解家庭用水情况？

2. 教师根据学生发言适机出示调查记录表，指导布置课后调查任务。

◎ 课后任务 ◎

1. 运用调查（查水表、看水费清单）、访问等方法收集全家一周（或一个月）的用水量及水费，进而计算全家一年的用水量及水费，完成"算算家庭用水账"记录表。

"算算家庭用水账"记录表

姓名：　　　　　　　　家庭人口：（　　）人

项目	周	月	年
用水量			
费用			

2. 开展实地观察，了解家庭成员用水习惯，并判断是否有浪费现象，完成"家庭用水习惯调查"记录表。

"家庭用水习惯调查"记录表

调查项目	家庭用水习惯		
调查人员			
调查方式	实地观察、访问		
调查结果 （呈现方式可文字、图片、视频等）	用水地点	用水习惯	是否有浪费现象
我的发现			

第 2 课时　寻找家庭水浪费情况

【组织过程】

一、算算家庭用水账

1. 在小组中交流课前调查收集的各自家庭用水量及水费情况。

2. 各小组讨论交流：不同家庭的用水量不同与什么有关系？

3. 小结：家庭用水可能存在浪费现象。

二、查找家庭用水浪费现象

1. 借助"家庭用水习惯调查"记录表和拍到的浪费水的照片，在小组中交流调查结果与发现，并汇总填写在表格中。

"家庭浪费水资源现象"汇总表

班级		组名	
调查内容	家庭浪费水资源现象		
调查 情况	浪费现象		观察者姓名
我们的发现			

2. 各小组根据汇总表，并结合图片、视频等方式汇报小组调查情况。

3. 谈体会与发现。

三、活动评价

组织学生对照评价表，进行自评、互评。

"家庭用水我调查"评价表

评价内容	评价标准	自评	组评
会调查	运用调查、访问等方式收集家庭用水量和水费，统计完成"算算家庭用水账"记录表。	◊◊◊	◊◊◊
	通过实地观察，了解家庭成员用水习惯，完成"家庭用水习惯调查"记录表。	◊◊◊	◊◊◊
乐分享	乐于与他人分享自己的调查成果，能与小组成员对调查结果进行汇总与分析。	◊◊◊	◊◊◊
	能与小组伙伴通过表格、照片等形式汇报小组调查结果与发现。	◊◊◊	◊◊◊
恭喜你共集到（　　）个 ◊			

四、滴水实验

1. 出示"水龙头没关紧"的照片，引导学生围绕问题"一个漏水的水龙头，一年会浪费多少滴水？"展开猜想，进而生成探究活动"1分钟滴水实验"。

2. 各小组讨论，设计实验方案。

"滴水实验"方案

实验任务	测量1分钟浪费的水量
实验人员	
测量工具	纸杯、秒表、电子秤、量筒、计算器
实验方法与步骤	
实验分工	

3. 进行 1 分钟滴水实验，并撰写实验报告。

"滴水实验"报告

实验数据	项目	第一次	第二次	第三次	平均值
	滴水时长				
	滴水量				
计算过程与结论	1 小时：_____　　　　　1 天：_____ 1 个月（按 30 天）：_____　　1 年：_____ 结论和感受：				
拓展	一个水龙头，一秒滴一滴水，一年便浪费 360 t 水，如果一个矿泉水瓶装 1 kg 水，那么能装多少瓶？如果 12 瓶装 1 箱，能装多少箱？				

4. 各小组交流实验结论和感受。
5. 活动评价。

"滴水实验"小组评价表

评价内容	评价标准	小组自评	师评
会设计	积极参与小组滴水实验方案的设计，方案合理可行。	◊◊◊	◊◊◊
会操作	按照实验方案分工合作、规范操作，观察并准确记录数据。	◊◊◊	◊◊◊
会分析	能计算出 1 小时、1 天、1 月、1 年的滴水量，并描述数据带来的结论。	◊◊◊	◊◊◊
恭喜你共集到（　　）个 ◊			

五、布置课后任务

运用上网、查书、访问等方法，收集家庭节水方法。

任务二：家庭节水我行动

【学习目标】

1. 通过上网、查书、访问等途径搜集节水方法，根据家庭情况选择合适的节水措施，带动家庭成员践行家庭节水行动，发展解决问题和创新实践能力。

2. 能用表格、拍照等形式记录节水经历，反思节水成效与表现，提高自我反思与评价能力。

3. 在亲历解决家庭节水问题的过程中感悟节水意义，深化节约用水的思想认识，逐步养成节约用水的习惯。

第1课时 探寻家庭节水小妙招

【组织过程】

一、交流家庭节水方法

1. 小组内交流课前收集到的节水方法，完成小组汇总表。

"家庭节水方法调查"小组汇总表

调查形式	查书□　访问□　上网搜集□　其他：_____		
小组分工	任务	负责人	完成时间
	查书		
调查成果	我们了解到的节水方法有： 1. 2. 3.		

2. 各小组派代表在全班分享调查成果，师生共同梳理节水方法，形成"家庭节水行动"打卡记录表。

"家庭节水行动"打卡记录表

班级：_____　姓名：_____　号数：_____

▶规定节水小举措：1. 一水多用　2. 多用盆子　3. 及时关水

▶自选节水小举措：4. 使用节水器具　5. 给水箱"减肥"　6. 其他

时间	地点	节水小举措	打卡人

二、布置家庭节水打卡行动

1. 学生带动家庭成员一起践行节水行动，完成"家庭节水行动"打卡记录，在执行打卡过程中，发现和想办法解决问题。

2. 坚持节水行动1个月后，完成"家庭节水行动"活动反思。

"家庭节水行动"活动反思

1. 打卡过程：积极参与□　带动家人□　坚持到底□

2. 开展节水行动打卡后，我们家这个月的水费情况如下：

家庭人口：（　）人

项目	（　）月（节水前）	（　）月（节水后）
用水量		
费用		

提示：可以用查水表（或访问家长）的方法获取数据。

3. 在这次打卡行动中，我们做得较好的地方是：_____

4. 今后节水打卡行动中，我们家还可以这样改进：_____

第2课时　家庭节水"初"成效

【组织过程】

一、分享家庭节水成效

1. 借助"家庭节水行动"打卡记录表和活动反思，在小组中分享节水过程和成效。

2. 全班交流，用节水日记、节水照片、节水前后用水量和水费表对比等形式展示分享家庭节水方法。

3. 交流遇到的困难和解决办法。

二、活动评价

1. 学生谈参与本次节水活动的感受。

2. 对照评价表，进行自评、组评、家长评。

"家庭节水我行动"评价表

评价内容	评价标准	自评	组评	家长评
会调查	用喜欢的方法收集到节水方法。	♢♢♢	♢♢♢	♢♢♢
有行动	及时完成节水打卡记录表，能用拍照、日记等形式记录节水经历。	♢♢♢	♢♢♢	♢♢♢
有行动	带动家庭成员一起践行家庭节水行动，养成节约用水的习惯。	♢♢♢	♢♢♢	♢♢♢
乐反思	能与家庭成员一起对节水行动进行反思。	♢♢♢	♢♢♢	♢♢♢
恭喜你共集到（　）个 ♢				

任务三：家庭节水我宣传

【学习目标】

1. 运用排版技巧和装饰搭配方法，小组合作设计节水指南海报，发展审美感知、艺术表现、创意实践等素养。

2. 运用简短的书信形式宣传节约用水，提升语言运用的能力。

3. 在宣传活动中提高综合运用各学科知识、方法分析和解决问题的能力，形成节约用水的责任意识。

【组织过程】

一、确定宣传方式

1. 各组讨论交流：如何将我们的调查与发现，传播给身边的同学，让更多人加入节水行动，争做节水宣传小标兵？

2. 师生共同确定可行的宣传形式：制作节水指南海报、写信等。

二、制作家庭节水指南

1. 各小组根据前期调查结果,梳理"家庭节水行动指南"文字内容。
2. 交流讨论,达成节水措施共识。
   强化意识,从我做起;
   关紧龙头,养成习惯;
   一水多用,创意利用。
3. 小组讨论,完成"制作家庭节水指南"小组设计方案。

"制作家庭节水指南"小组设计方案

完成方式	合作完成	组次		班级	
共同讨论	确定主题:				
	确定文字:				
	采用构图:				
	选择材料:				
设计草图	初稿:			修改稿:	
任务分工					

4. 展示评议设计方案的合理性和可行性,引导修改完善。
5. 小组合作按照设计方案绘制家庭节水指南海报。
6. 开展节水指南海报发布会。
7. 对照评价标准,评选最佳节水指南海报。

"制作家庭节水指南"评价表

评价内容	评价标准	自评	组评	师评
会创作	海报主题突出。	○○○	○○○	○○○
	图文结合合适。	○○○	○○○	○○○
	色彩装饰丰富。	○○○	○○○	○○○
会评述	能运用美术语言评述作品。	○○○	○○○	○○○
恭喜你共集到( )个 ○				

课后任务：将优秀的节水指南海报放至学校廊道展示宣传，推广节约用水行动。

三、撰写家庭节水宣传信

1. 提出宣传任务：开展《写给×××一封信》活动。

2. 根据前期节水活动成果，梳理出宣传的主要内容。

（1）家庭用水浪费现象。

（2）家庭节水方法。

（3）呼吁大家积极参与家庭节水打卡行动。

3. 回顾书信的内容。书信包含称呼、问候语、正文、祝福语、署名、日期等。

4. 尝试写信给三年级对应班级同号数的同学，宣传节约用水。

5. 对照评价表展评书信，并修改完善。

"撰写家庭节水宣传信"评价表

评价内容	评价标准	自评	组评	师评
会表达	书信包含称呼、问候语、正文、祝福语、署名、日期等。	○○○	○○○	○○○
	清晰表达家庭节水的重要性和节水方法。	○○○	○○○	○○○
	语句通顺，不写错别字，字迹工整。	○○○	○○○	○○○
恭喜你共集到（　　）个 ○				

课后任务：组织学生到宣传班级将信分发给对应号数的同学，宣传家庭节水，并分发节水行动打卡表，呼吁一起参与节水行动。

四、组织学生填写收获单

◎ 我的收获与反思 ◎

1. 在本次活动中，我对自己的表现：很满意☐　基本满意☐　不满意☐
理由：_____。

2. 在本次活动中，我的收获有：_____
_____。

3. 我遇到的困难是：_____。
我是这样解决的：_____。
4. 今后我要在这些方面继续努力：_____。

五、学生畅谈活动收获

六、评选表彰"家庭节水小专家"

"家庭节水小专家"评价汇总表

序号	活动任务	总数
1	家庭用水我调查。	（ ）滴
2	滴水实验。	（ ）滴
3	家庭节水我行动。	（ ）滴
4	制作家庭节水指南。	（ ）滴
5	撰写家庭节水宣传信。	（ ）滴
统计	恭喜你共集到（ ）个 💧	

拓展活动：（1）坚持家庭节水打卡。（2）开展"校园节水行动"。（3）将节水行动推广到全校，开展全校性节水行动，评选"节水小标兵"。

课例点评

本次跨学科学习活动紧扣新课标理念，坚持寓教于学、寓教于乐、学用结合，引导学生亲身经历完整的学习过程，当一回"家庭节水小专家"。教学中，既融合了多个学科知识，又实现了知识学习、主题活动与生活实践的紧密结合，不但提升了学习的趣味性和参与的积极性，还培养了学生的节水意识、创新精神、实践能力、独立思考能力、综合表达能力和团队协作能力。

一、问题＋支架，积累活动经验

在教学中，问题与学习支架是互相联系的，它们构成了支撑起学习内容和结构的脚手架。一个提问、一份学习单、一张评价表等都可以成为引导学生进行纵横思考的关键支架。本次活动以"为何要在家中节水"和"如何家庭节水"两大问题作为驱动，设计三大任务和多个核心问题，并以学习单和评价表为支撑，开展系列教学任务。首先，以"为何要在家中节水"为驱动问题，开展"家庭用水我调查"活动，通过设置了三个核心问题和学习单，引导学生独立探究家庭用水情况，了解家庭用水浪费现象。通过搭建实验支架，让每位学生参与"滴水实验"，切身感受到节约用水的重要性，从而引出第二大问题"如何家庭节水"。接着，通过一系列学习单引导学生协作学习，开展"家庭节水行动"和"家庭节水宣传活动"，最终应用评价手册对整个活动进行效果评价。通过两大问题串联三个主题活动，让学生经历寻找、发现、思索和解决生活中真实问题的过程。

学习中遇到的困难、困惑及应对策略，都是学习过程积累的宝贵经验，学生在这过程中有意识地进行反思总结，梳理经验及解决策略，可以将所获应用到其他类似的学习中，实现方法与策略的迁移。这样一来，学生在活动中，既锻炼了思维方式，积累了活动经验，又树立了保护水资源、节约能源等意识，养成了节约用水的良好习惯。

二、学科融合，培养综合素养

数学具有严谨的逻辑结构、公理化体系以及独特的符号语言系统，这使数学具有不容置疑的科学性，但这并不意味着数学是自我封闭的。在新时代背景下，发展学生数学学科核心素养成为贯穿整个数学课程的核心主线，所以要更加注重学科的跨界、交融。本次跨学科学习，依托数学教材中"滴水实验"这一综合实践内容，设计了"家庭用水我调查—家庭节水我行动—家庭节水我宣传"三大活动，让学生经历了发现、提出、分析、解决问题的全过程，融合了数学、科学、道德与法治、美术、语文等学科知识，体现了多学科育人，发展了学生的核心素养。

在滴水实验中，学生经历数据的收集、描述和分析的研究过程，培养他们数据分析的能力，有了"积少成多"的感悟，从而树立节水意识；学生遵循海报的设计原则，从美学的角度对家庭节约用水宣传海报进行设计，共识海报的图文排版技巧及装饰搭配技巧，提升了创意实践素养；学生在制订节水行动和宣传节水策略时，融入了道德与法治、语文等学科知识，提高了语言运用能力和节水责任意识。

三、以评促学，发挥育人作用

良好的学习评价是有效衡量学生学习成效的重要措施，"教、学、评"一体化对学生的学习具有有效引导、激励、判定作用，对激发学生学习兴趣、实现学生身心健康发展也有重要价值。本次活动构建及时而有效的评价机制，将"评"贯穿在教学的全过程,促进学生达成学习目标,也激发学生更大的学习兴趣。如在"设计制作家庭节水指南"活动中,学生通过自主探究、小组合作、动手实践的方式设计制作了海报,在整个实践过程中,学生通过自评、他评,及时发现创作中存在的问题,并提出疑问。整个活动采用"集水滴"的评价方式,综合运用了教师评价、学生自我评价、学生相互评价、家长评价等方式,充分调动了家长的力量,激励学生学习的动力,增强学生的自信心,从而获得学习的成就感,也增强了学生和家庭成员共同形成节约用水、保护资源从自身做起的意识,培养了他们的社会责任感。

四、不足与改进

本次节水宣传活动的目标群体是四年级学生,张贴节水指南海报和让学生给对应号数的同学写一封关于节约用水的信,旨在鼓励他们加入节水行动。但从统计数据来看,节水行动并未实现全面覆盖,这可能是因为被宣传的学生没有全程参与活动,单单靠张贴海报和一封信,学生对节水意识的理解不够深刻。为了达到更好的宣传效果,我们可以进一步探索创新宣传形式,拓宽宣传渠道,如以一对一帮扶形式,提出有针对性的节水建议,并带动开展打卡行动,从而促进全校更多学生家庭加入到节水行动中来。

课例 6：树立"家国情怀"信念
小学二年级《我和我的家乡》
（融合形态"1∪N"）

一、主题设计说明

1. 主题产生来源

《义务教育语文课程标准（2022 年版）》在第一学段"跨学科学习任务群"学习内容中鼓励学生"参与学校、社区的风俗活动或节日，留意身边的传统节日、风俗习惯等文化现象，感受和学习生活中的中华优秀传统文化。"统编版语文教材二年级上册第四单元围绕"家乡"编排了《黄山奇石》《葡萄沟》等名篇，介绍了祖国各地的独特风光，旨在激发学生赞美家乡的情感和认识家乡的兴趣。《我和我的家乡》属于第一学段"跨学科学习任务群"的主题活动，是学生在一年级经历了校园生活并进行探究的基础上，开展的一次更大时空范围的外延探索。为了让学生从教材的"家乡"走进自己实际生活中的"家乡"，深入体会家乡的美好，决定以"我和我的家乡"为主题，开展跨学科学习活动，让学生学会留心观察生活，综合运用多学科知识探秘和表达家乡的风采，激发热爱家乡的情感。

2. 主题设计思路

二年级学生虽然对自己周边的生活环境有一定程度的了解，零散地知道家乡的语言、家常菜等，但了解的范围还是比较局限，对家乡没有一个比较完整、深入的认知和感悟。为了让学生走近家乡，激发学生对家乡的认同感与自豪感，我们围绕驱动性问题"家乡对我意味着什么"，规划"知家乡—走家乡—颂家乡"系列任务，既落实语文学科基本知识和核心素养，同时引入道德与法治、音乐、美术等学科知识和核心素养，在走访家乡、聆听乡音、绘制乡景等跨学科学习活动中，进一步激发学生对家乡的认同感与自豪感，初步培养家国情怀。

3. 主题实施结构图

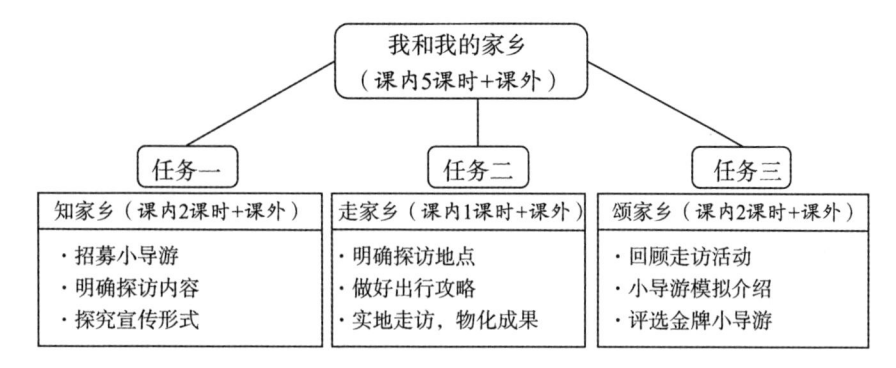

```
                        我和我的家乡
                      （课内5课时+课外）
          ┌───────────────┼───────────────┐
        任务一            任务二            任务三
   ┌──────────┐    ┌──────────┐    ┌──────────┐
   │知家乡（课内│    │走家乡（课内│    │颂家乡（课内│
   │2课时+课外）│    │1课时+课外）│    │2课时+课外）│
   ├──────────┤    ├──────────┤    ├──────────┤
   │·招募小导游│    │·明确探访地点│   │·回顾走访活动│
   │·明确探访内容│  │·做好出行攻略│   │·小导游模拟介绍│
   │·探究宣传形式│  │·实地走访，物化│ │·评选金牌小导游│
   │           │    │  成果      │    │           │
   └──────────┘    └──────────┘    └──────────┘
```

二、涉及学科和核心素养

学科	核心素养	相应知识、方法
语文	文化自信 语言运用 审美创造	会用普通话进行规范的对话交流，说出对家乡的认识和感受。善于观察生活，积累语言经验，能通过图文等方式表达自己对家乡的了解和热爱，产生对家乡的自豪感与未来建设服务家乡的参与意愿。
道德与法治	政治认同 道德修养 健全人格 责任意识	能主动发现和观察家乡风景名胜、物产、变化等各方面的信息，对家乡产生探究的兴趣与热爱之情。在探访家乡的活动中，乐于与他人交往、合作，合理使用礼貌用语。在探究家乡奥秘的过程中，遇到问题能想办法解决。
艺术	审美感知 艺术表现 创意实践	搜集有关描绘家乡风光、特色的地方歌曲，有感情地演唱家乡歌曲。运用折叠和添画的技法，制作家乡小画册，描绘家乡人物或家乡风景。学会欣赏他人的画作，发现、交流作品的优点。

三、学习目标

1. 能结合教材和生活实际，知道可以从风景名胜、物产、变化等方面，深入了解家乡，制订走访家乡的计划。

2. 在赞美家乡的活动中，能运用口头或图文结合的方式介绍自己的家乡，能绘制美术作品和借助诗歌作品表达自己的情感。

3. 在积极参与走访家乡的过程中，对家乡产生探究的兴趣与热爱之情。

四、适用年级

二年级

五、学习场域

学习组织：4人小组

学习场地：教室、家乡代表性名胜古迹或地标性建筑

学习材料：相机、录音设备

六、整体规划

内容与 课时建议	学科建议	活动规划
任务一： 知家乡 （课内2课时+课外）	道德与法治	本阶段需要两课时连上。课上，创设"家乡小导游招募活动"情境，调动学生了解家乡的兴趣；接着，在走近文本、讨论交流的过程中，懂得可以从家乡风景名胜、物产、变化等方面搜集信息，丰富对家乡的了解；通过头脑风暴，商定宣传家乡风貌的形式，激发爱家乡的情怀。课后，调查家乡，填写信息搜集单。
任务二： 走家乡 （课内1课时+课外）	综合实践活动	课上，组织各小组展示"我和我的家乡"信息搜集单，确定探寻地点。小组制订走访计划，并在教师的指导下，填写"探寻记录单"，为实地考察做好准备。课后，开展实地走访活动。
任务三： 颂家乡 （课内2课时+课外）	语文 美术 音乐	本阶段建议两课时连上。课上，先以视频的方式和学生一起回顾"走访家乡"的经历。接着，师生共同商议制订活动的评价标准，并组织各小组上台展示，互相点评。最后，组织填写活动评价表，反思优点和不足。课后，参与红领巾讲解活动，向他人介绍自己的家乡。

七、各阶段的详细组织过程

任务一：知家乡

【学习目标】

1. 通过创设情境、走近文本，激发探究家乡、了解家乡的兴趣。

2. 懂得从家乡风景名胜、物产、变化等方面搜集信息，丰富对家乡的了解。

3. 在交流讨论中商定宣传家乡风貌的形式，初步培养家国情怀。

【组织过程】

一、创设情境，引出任务

1. 创设"家乡小导游招募活动"情境。

2. 小导游测试：你对自己的家乡（或第二故乡）知道些什么？

3. 引出任务：要入选小导游，得先"知家乡"。（板书：知家乡）

二、走近文本，丰富认知

1. 提出问题：我们的家乡美在哪里？可以从哪些方面了解家乡呢？

2. 走近文本，探寻如何"知家乡"。

出示任务：结合《道德与法治》第四单元主题"我们生活的地方"，小组讨论可以从哪些方面了解家乡。

3. 汇报交流，明确探访内容。

结合学生汇报，板书：家乡山水美、家乡物产丰、家乡变化大、家乡精神传。

三、头脑风暴，探究宣传家乡新形式

1. 出示问题：现代导游在介绍景点时，已不仅局限于口头讲解这一传统形式。除了讲解之外，还有哪些好的形式能将你所了解的家乡介绍给游客朋友呢？

2. 小组交流，集思广益。

3. 全班交流，确定最终宣传家乡风貌的形式有：

（1）画一画家乡景（绘画、小画册）。

（2）唱一唱家乡歌（搜集歌曲、诗文）。

(3) 写一写家乡事（写话）等。

四、布置课后任务

向家人了解家乡的相关信息，并填写"我和我的家乡"信息搜集单。

"我和我的家乡"信息搜集单

我们是第_____小组，我们准备从_____等方面展开信息搜集，最终用_____的形式完成信息整理，形成旅游介绍手册。	
小组分工安排	
信息搜集内容（可以画一画、写一写或贴一贴）	

任务二：走家乡

【学习目标】

1. 在交流分享家乡资料的过程中，初步感受家乡的美好，激发作为家乡小主人的自豪感和责任感。

2. 学会制订走访家乡计划，做好出行攻略，提升合作及独立解决问题的能力。

3. 课后实地走访，做好记录，形成写话、绘画等成果。

【组织过程】

一、展示搜集单，激发"走家乡"的兴趣

1. 各小组展示"我和我的家乡"信息搜集单。

2. 学生谈感想。

3. 引出任务：百闻不如一见，让我们来一次实地考察，探寻家乡的美丽吧。板书：走家乡

二、依据兴趣，明确探寻地点

1. 小组结合信息搜集单，讨论探寻地点。

2. 小组代表说明理由，教师依据家长资源、距离远近等进行建议。

3. 各小组最终确定探寻地点。

三、制订计划，做好出行攻略

1. 小组合作，做好"走家乡"出行安排。

出示要求：小组内根据"走家乡"出行安排表，讨论"走家乡"探寻的时间、人员安排及注意事项。

"走家乡"出行安排表

探寻地点		
探寻时间		
人员安排	任务	负责人
	拍照	
	录音	
	记录	
	画画	
注意事项		

2. 全班交流出行安排。

3. 提出疑问：到了目的地后，你们打算从哪些方面探寻家乡的美好呢？

4. 学生发言，教师根据实际情况进行调整、补充，确定四大探究维度：

（1）看一看家乡风景（感受历史底蕴）。

（2）听一听家乡故事（感知时代变迁）。

（3）品一品家乡滋味（体验美食特产）。

（4）聊一聊家乡精神（感悟人文底蕴）。

5. 出示探寻记录单，指导填写。

"我和我的家乡"探寻记录单

看一看家乡风景（感受历史底蕴）	
听一听家乡故事（感知时代变迁）	
品一品家乡滋味（体验美食特产）	

续表

聊一聊家乡精神 （感悟人文底蕴）	
我的体会	
小组体会	

四、反思收获与不足

五、布置课后任务

1. 课后各小组依据出行安排，在教师、家人的带领下，实地走访目的地，亲身感受家乡的风土人情。

2. 对走访家乡过程中的所得、所思进行梳理，形成写话、绘画等成果。

任务三：颂家乡

【学习目标】

1. 通过小组展示和交流评议，提高语言运用、审美创造的核心素养，初步感知我和家乡之间的紧密关联，培养朴素热切的爱乡情怀。

2. 通过填写活动评价表，反思实践过程中的优点及不足，为今后相关主题活动的开展做好提升准备。

【组织过程】

一、播放视频，回顾活动

1. 播放学生"走访家乡"的活动剪影。

2. 引出任务：我们都爱自己的家乡，这节课就让我们用自己喜欢的方式来赞美家乡吧。板书：颂家乡

二、情景模拟，争当金牌家乡小导游

1. 师生明确点评要点。

（1）关于小组成果展示方面的评价标准。

绘画方面：构图合理、饱满；有大小对比；能添加背景。

制作小画册方面：会折叠；会添画。

歌唱方面：完整演唱；唱出感情；加上动作。

写话方面：句子通顺；会用标点；写出对家乡的热爱。

（2）关于小导游介绍方面的评价标准。

语言规范；语言流利；自信表达。

2. 发布模拟任务：接下来我们将进入家乡小导游模拟赛，请各组带上探究的成果，上台来介绍家乡的风土人情，看看哪个小组能获得"金牌家乡小导游"的称号。

3. 各组小导游上台一边展示绘画、写话等成果，一边介绍。

4. 师生点评，评选"金牌家乡小导游"。

三、填写评价表，总结收获

1. 畅谈参与"我和我的家乡"主题活动的感受。

2. 学生填写活动评价表。

"我和我的家乡"学习评价表

评价内容	评价标准			评价方式		
素养导向	我很棒☆☆☆	我还行☆☆	我努力☆	自评	组评	师评
学习动力	能主动参与，表现积极。	愿意参与，但不够主动。	有时参与，有时不想做。			
团队合作	喜欢合作，愿意帮助别人。	只想做好自己的事情。	不喜欢和别人交流。			
统整知识	各学科知识我都能想到并用到。	知道各学科知识，但是不会用。	一些学科知识还要继续努力学习。			
创意表达	能规范、流利、自信地表达。	有表达的信心。	不能流利表达。			
自我反思	增值反思指向：共有12颗星，自己能达到几颗？说说或写写自己不足的地方及要怎么进一步努力做得更好。					

3. 根据评价表，交流优点和不足。

四、布置课后任务

积极参与红领巾讲解员的活动，向游客介绍自己的家乡。

课例点评

一、基于"教"的立场：深度、广度、效度

1. 深度。

将传统的语文学习单元转化为跨学科学习活动后，学习内容的深度得到了极大的扩展，使本单元从单纯的"向外走"变为"朝里看"。既要欣赏祖国各地的风光，也要将根扎实埋入家乡的土壤，从中汲取成长的力量。跨学科学习让文本成为学习内容的推进工具，使得语文学习跳脱出文本的束缚，深度链接学生的生活，耦合了传统教学中文本探索与生活实践之间的割裂感。这也对教师提出了更高的要求，从"自然人—语文人—语文教师"三重角色中，新增了"综合型教师"一角，除了深入挖掘跨学科学习中主导学科的内核价值，更要不断引导学生充分调动各学科内在蕴含的"学科思想、学科方法、学科思维"等内容去开展实践活动。

2. 广度。

除了教学内容的内延，教学视角也因跨学科实践逐渐外展。在本次主题活动中，教师的教学不只限于纯粹的语文学习，还融入了更加广泛的各学科知识，凸显了跨学科学习在助力素养全面提升的独特价值。语文教师不再是一位关起门来教书的先生，他需要跳脱出文本和课堂，不仅要将各门学科与语文学习紧密关联，让学生发现知识的边界之间存在勾连，更要回归生活，让学生体验课本外有血有肉的生活世界。本单元的"家乡"两字不再是冷冰冰的单元主题，教学广度的延展，让学生在知识的运用实践中勾勒自己对家乡的整体印象，让家乡真切地呈现在自己面前。

3. 效度。

在本次跨学科学习活动中，发现教学的效度较之以往，有了明显提升。过去本单元教学后，尝试让学生写写自己的家乡，学生往往言之无物或是手足无措，因为他们学的都是课本上的知识，走的都是课本上的风景，对家乡缺乏深入的理解，特别是在"画家乡"这一环节，学生的作品呈现的都是常见的高楼大厦，只见眼前景，未知家乡貌，成了本单元的学习困境。经过本次跨学科学习后，学生的写话中除了风景的描写，还出现对家乡简单却情真意切的情感表达，在美术实践中也能关注自己家乡代表性建筑和地标。

二、基于"学"的立场：趣度、密度、温度

1. 趣度。

除了教师的"教"发生了巨大变化，学生的"学"同样值得关注。首先是学习内容比起单一的语文文本教学增加了诸多趣味，让学生主动学习、积极参与。过去大单元情境往往会设置为"美丽中国行"等参观式主题,让学生跟随课文内容进行旅行体验,最后形成旅行手册、报告,或是为自己的家乡代言等形式。但并未真正形成对家乡内核的深入理解,且活动形式趋于固化。通过跨学科体验,学生惊奇地发现:这个单元的语文学习居然需要用到这么多的学科知识才能完成一项又一项的活动或挑战,心中产生了解决问题和挑战困难的主动性、积极性。哪个学生不愿意像打游戏一样闯过重重关卡获得最终胜利呢?这让学生充分感受到学习实践,尤其是跨学科实践的乐趣,并体会到综合运用各学科知识解决问题的成就感。

2. 密度。

"家乡"这一主题实际上存在于诸多学科中,过去的学习实际上也是跨学科的一种,不过是属于"拼盘式"的伪跨学科,只有知识的堆砌拼合,缺乏整体的耦合关联。通过本次主题活动,让学生的学习呈现出十分紧凑的"密度",在短时间内精准把握整体,聚焦核心问题一步步朝前推进,使得知识与知识之间的边界变得更加紧密,强化了各学科之间的同频发力。跨学科学习,实际上应该给予学生更多、更充足的时间,不管是任何学段,短时间内的学习往往是粗浅的,只有保障课内外的学习时间,才能让学生跨得深入,学得扎实。

3. 温度。

与纯文本的教材学习不同,学生在跨学科实践中充分感受到学习的丰富多彩,学习过程贴合学生心理逻辑的发展,充分展示了学习的"温度"。这份温度来源于真实的生活体验,来源于与家乡脉动的近距离接触。同时,教师在评价中也处处体现"温度"一词,如引导学生思考参与活动的态度、人际交往的得失,鼓励学生主动参与团队的各项活动,而非一味批评学生的不参与,给予学生进步的空间和正向的引导。

以主题式跨学科学习活动为契机,我们可以让教学充满"温度",让学生在轻松愉快的氛围中探求与实践。教师应关注学生的真正需求,创新学科整合的教学方法,提高学科统整的教学质量,为学生的全面发展创造良好的条件。

第八章 问题解决能力导向的主题式跨学科学习设计课例

课例7：促进"问题解决能力"发展
小学五年级《地面小游戏 快乐大空间》
（融合形态"1∪N"）

一、主题设计说明

1. 主题产生来源

为了丰富校园课余活动，学校计划利用一楼天井的空置空间，绘制一些地面小游戏，为低年级学生提供一个有趣的运动场所。学校跨学科教研组捕捉了这次机会，决定向全校学生发布"地面游戏设计征集令"。

2. 主题设计思路

本主题围绕参与学校"地面游戏设计征集令"真实的任务驱动，以"如何设计一个好玩、有趣的地面游戏"为主线，有机融入数学、美术、体育、语文等学科知识与技能，以跨学科融合协作的方式来解决地面游戏的设计问题。活动中，学生将经历"游戏创意我构思""游戏地图我探秘""游戏地图我美化""地面游戏我体验""地面游戏我推介"和"活动表现我评价"等系列递进实践活动，在真实问题解决中不断进行"构思设计—实践论证—反思改进—美化完善"的多学科融合实践，从而促进数学学科的"数据应用意识""空间观念"、美术学科的"审美感知""艺术表现""创意实践"、体育学科的"运动能力""健康行为"、语文学科的"语言运用""审美创造"、综合实践的"责任担当""问题解决"等核心素养的融合发展，形成健康生活意识。

3. 主题实施结构图

```
游戏创意我构思                              活动表现我评价
（课内1课时+课外）                          （课内1课时+课外）
●明确地面游戏设计要求      地面小游戏       ●活动反思与梳理
●进行地面游戏初步构思      快乐大空间       ●进行主题活动评价
                        （课内6课时+课外）
游戏地图我探秘        ①                ⑥   地面游戏我推介
（课内1课时+课外）                          （课内1课时+课外）
●思考布局应考虑的因素  ②            ⑤      ●撰写地面游戏推介词
●依据场地大小绘制地图    ③      ④          ●进行地面游戏推介

        游戏地图我美化            地面游戏我体验
      （课内1课时+课外）         （课内1课时+课外）
      ●明确地图美化要求          ●进行地面游戏活动体验
      ●对地图进行美化装饰        ●依据体验进一步完善游戏
```

二、涉及学科和核心素养

学科	核心素养	相应知识、方法
综合实践活动	价值体认 责任担当 问题解决 创意物化	能以校园小主人的身份，运用多种方法与形式积极参与"地面游戏设计征集令"活动。通过研究，明晰地面游戏设计的要点，在小组合作进行构思设计、动手制作和展示交流等过程中，初步掌握设计与制作的基本技能。
数学	空间观念 数感 数据意识	能根据游戏规则和场地大小，合理估算使用数据，并对地面游戏布局的合理性进行分析与论证，在此基础上对方格纸上的"游戏地图"进行整体排列与论证，完成绘制。
美术	审美感知 艺术表现 创意实践	知道什么才是好看的设计图，并能依据这一标准结合主题巧用方法、搭配色彩，对地面游戏地图进行图案装饰、添加色彩，让地面游戏地图更美观、更吸引人。
体育	运动能力 健康行为 体育品德	与伙伴们进行游戏体验，锻炼体能，形成良好的运动品德；在体验中发现游戏的优点与不足，进行改进与优化。
语文	语言运用 思维能力 审美创造	结合地面游戏地图绘制、游戏规则制订和真实的体验等，进行游戏推介词的撰写，做到文从字顺、重点突出、有理有据；结合推介词进行游戏推广介绍。

三、学习目标

1. 通过分析校园"地面游戏设计征集令"和调查地面游戏种类等活动，对地面游戏获得初步感知，明确活动流程及地面游戏设计要求，激发参与设计的积极意愿，提升信息搜集和处理的能力，增强规划意识，发挥责任担当精神。

2. 通过与小组成员的合作、交流、论证、评议等，经历地面游戏设计的全过程，能综合运用文字表达、数据分析、图形位置关系、图案装饰，以及色彩搭配等知识来解决问题，完成地面游戏地图绘制与规则制订，落实审美感知、艺术表现、创意实践等艺术素养；发展数据意识、应用意识，提升空间观念和统筹规划能力。

3. 通过亲身体验游戏和游戏推介，感受地面游戏带来的乐趣，形成健康游戏、健康生活的意识，提高运动能力、锻炼语言表达与运用的能力。

四、适用年级

五年级

五、学习场域

学习组织：组成6大组
学习场地：教室或校园空置场地
学习材料：手绘地图软件、格子图、卷尺等测量工具

六、整体规划

内容与 课时建议	学科建议	活动规划
任务一： 游戏创意我构思 （课内1课时 ＋课外）	综合实践活动	课前，完成地面游戏调查表。课上，结合学校发布的征集令，商定完成任务的流程。接着，依据"设计要求"理清地面游戏的设计基本要点。小组成员共同合作，构思游戏创意，拟定游戏规则，对照标准进行汇报。课后，继续完善游戏规则的表述。
任务二： 游戏地图我探秘 （课内1课时 ＋课外）	数学	课上，以"如何把设计草图画在地面上？"问题为引领，围绕"设计图需要标上哪些数据？数据需考虑哪些因素？"等子问题展开探究，发现地面游戏布局需要考虑到单格大小、间距、整体排列、游戏玩法等因素；并对草图进行修改，按比例绘制在格子图上。课后，继续完成草图的绘制。
任务三： 游戏地图我美化 （课内1课时 ＋课外）	美术	课上，组织学生观察图片，知道"好看的游戏地图"的要求。小组围绕各自的设计图，商量美化手法，并进行展示汇报。教师指导各小组分工合作完成游戏地图草图的装饰与美化。课后，借助简单工具进行游戏地图绘制。
任务四： 地面游戏我体验 （课内1课时 ＋课外）	体育	课上，组织各小组介绍地面游戏的玩法，并交流玩游戏时的注意事项。围绕"地面游戏怎么玩，优点与不足分别是什么？"展开游戏体验。接着，收集游戏体验的反馈意见，共同交流针对游戏存在的不足之处提出改进措施，并进行优化。课后，邀请更多同学体验，再次收集反馈意见。
任务五： 地面游戏我推介 （课内1课时 ＋课外）	语文	课上，围绕"如何更好地向大家推介地面游戏？"交流推介的方法，制订推介活动的评价标准。小组合作撰写地面游戏的推荐词，进行推介练习，为参加校级评选做好准备。
任务六： 活动表现我评价 （课内1课时 ＋课外）	综合实践活动	课上，播放前期活动图片，梳理活动过程，交流活动中的表现、收获与感悟；结合活动评价表对自己与他人进行客观评价，完成"地面游戏主题活动成长小记"。

七、各阶段的详细组织过程

任务一：游戏创意我构思

【学习目标】

1. 通过收集资料及观察、交流，了解地面游戏的基本内容，形成对地面游戏的初步感知，提升数据收集与分析能力。

2. 通过对"地面游戏设计征集令"的分析与交流，初步梳理活动流程，激发参与地面游戏设计的积极意愿，强化责任担当，提升规划意识，增强理性思维。

3. 通过资源包的学习、小组讨论等形式，小组合作进行地面游戏构思，能准确、简洁地进行地面游戏规则的拟定，提升语言表达的有序性及规范性。

【组织过程】

一、问题导入，发布征集令

1. 观看视频，聚焦大课间活动。

2. 聚焦需求，发布"地面游戏设计征集令"。

二、结合征集令，明确参赛流程

1. 思考：要参加此次比赛，我们需要完成哪些任务？

2. 结合学生回答，板书：设计游戏—制订规则—绘制地面游戏。

三、交流讨论，梳理要点，明晰方向

1. 交流课前调查，思考游戏设计要素。

地面游戏调查表

班级：　　　　　　组别：　　　　　　姓名：

游戏名称	游戏规则	游戏简图
调查表填写说明： 1. 调查的内容包含以上三方面即可，可另附纸介绍。 2. 游戏简图也可直接打印相关游戏的彩图进行剪贴。		

2. 思考：设计游戏要考虑哪些方面？

小结：游戏类别虽然不同，但每个游戏的基本部分却是相同的，都包含游戏名称、游戏地图、游戏规则。

3. 分享地面游戏，发散设计思路。

学生边介绍边示范游戏的玩法。

四、小组合作，构思游戏，拟定规则

1. 出示设计位置平面图，明确绘制区域。

2. 小组讨论，初步构思游戏内容。

3. 合作绘制草图，拟定规则。

地面游戏创意构思

游戏名称：

游戏地图设计草图
游戏规则：
说明：拟定规则时可采用1. 2. 3……要点式阐述，也可以用思维导图形式呈现。

五、对照标准，交流互动，完善规则

1. 组织小组汇报，对照标准互动评价。

"游戏创意我构思"课堂学习评价表

评价内容	评价项目	评价标准	自评
规则表达	内容	游戏规则先后顺序表达清楚	☆
		能提供有价值的规则信息	☆
	语言	游戏规则表述简洁清晰	☆
		规则表述相对准确规范	☆

2. 小组修改完善规则。

任务二：游戏地图我探秘

【学习目标】

1. 在小组交流、论证等活动中，理解一幅游戏地图的布局考虑要从单个图形的大小、间距大小及整体排列等方面进行，并能综合运用数据、图形位置等知识来对游戏地图进行分析与论证，增强数据意识、应用意识和统筹规划能力。

2. 能与小组成员共同合作，经历在方格纸上绘制游戏地图的实践活动，提升动手操作的实践能力，促进数感和空间观念的发展，感受数学与生活的密切联系，体验团结协作、获得成功的快乐。

【组织过程】

一、情境导入，激发兴趣

1. 驱动任务：如何把设计草图画在地面上呢？

2. 制作冲突：请一个小组上台尝试画一画。

3. 揭示课题：这节课就让我们从数学的角度来思考游戏地图的布局，让它合理可行。

二、游戏地图，我探究

1. 想一想：设计图上哪些地方需要标上数据？

2. 自主探究：单格大小、间距大小如何确定，需要考虑哪些数据且如何考虑？

教师小结：通过刚才的讨论交流，我们知道单格大小的确定需要考虑脚长、脚宽及游戏玩中的实际需要；而格子间距大小则需要考虑步长等。

三、游戏地图，我修改

1. 出示低年级学生脚长、脚宽和步长的数据标准。

2. 修改草图。

◎ 区域一：游戏名称 ◎

游戏地图草图设计（每个小方格的边长为 1 cm，图上 1 cm 表示实际 50 cm）

说明：实际大小为：12米＊5米

四、游戏地图，我分享

1. 小组介绍游戏地图，其他小组根据评价表进行评价。
2. 指导学生从尺寸大小、排列方式等对游戏地图进行评价。

"游戏地图我探秘"课堂学习评价表

评价内容	评价项目	评价标准	自评
布局探究	尺寸大小	能合理确定出每个格子的大小。	☆
		能合理确定格子间的间距大小。	☆
	排列布置	排列时能考虑场地大小。	☆
		整体排列，空间利用合理。	☆
		整体布局，有适当留白。	☆

3. 小结：在进行游戏地图布局论证时，需要关注尺寸大小（单个格子的大小和格子间的间距）、排列方式（场地大小、空间利用、是否留白）等方面。

4. 各小组进行游戏地图草图的修改与完善，并完成作品评价表。

五、布置课后作业

继续修改完善草图。

任务三：游戏地图我美化

【学习目标】

1. 通过对比观察、交流互动，明确地面游戏地图美化的作用，能积极参与到感知美、探究美、运用美的活动中。

2. 通过观察、分析、交流、实践等活动，明确游戏地图美化的基本要求，能够把图案、色彩装饰于作品中，并巧用替换、添加、组合的方法来美化游戏设计图。

3. 通过小组合作共同经历游戏地图美化的过程，理解美术知识的实际运用，可以富有创意地解决存在的问题。

【组织过程】

一、对比导入，直接点题

1. 出示两张图片对比：哪幅图更吸引人？

2. 揭示课题：游戏地图我美化。

二、观察发现，初步感知

1. 观察组图，思考：一幅好看的游戏地图应做到什么？

2. 小结梳理：一幅好看的游戏地图应做到围绕主题来设计，图案要突出主题，色彩要符合主题。

三、深入探究，巧用方法

1. 出示三种设计图，思考：分别用了什么方法进行美化？

2. 先在组内交流自己的发现，再进行全班汇报。

3. 讨论：这些方法可以组合运用吗？

4. 欣赏组合运用的作品。

四、小组合作，美化作品

1. 教师示范，实操方法运用。

2. 小组合作，美化游戏地图。

"游戏地图我美化"小组分工安排表

任务	具体负责人（填写号数即可）
主负责：围绕主题运用方法添加图案、色彩。	建议2人：
辅助：围绕主题画、剪、贴装饰的图案。	其他人：

五、作品展示，评价总结

1. 展示介绍作品。

2. 适时引导，互动点评。

3. 教师适时总评。

六、活动总结，课后延伸

1. 课堂总结。

2. 布置课后任务：借助简单工具进行游戏地图绘制，并结合评价表进行自评。

"游戏地图我美化"实践活动评价表

评价内容	评价项目	评价标准	自评
装饰美化	图形装饰	巧用方法进行创作（替换法、添加法、组合法）。	☆
		游戏地图图案搭配突出主题。	☆
	色彩运用	游戏地图色彩搭配符合主题。	☆
		游戏地图色彩搭配鲜艳美观。	☆
	地面绘制	能借助简单工具进行游戏地图绘制。	☆
		能结合绘制场地合理分工协作。	☆

任务四：地面游戏我体验

【学习目标】

1. 通过与小伙伴一起体验地面游戏，明确游戏规则，了解游戏的安全注意事项，提升体能，形成良好的运动品德和团队协作的精神。

2. 在亲历地面游戏体验活动的过程中，发现游戏的优点与不足，并能在与他人的交流中对游戏进行改进与优化。

3. 在体验游戏的过程中，感受地面游戏带来的快乐，意识到劳逸结合的重要性，增强健康运动、健康生活的意识。

【组织过程】

一、激趣引入，愉悦身心

1. 提出驱动性问题：如何发现自行设计的地面游戏的优点与不足？

2. 揭示课题：体验地面游戏。

二、自主探究，合作体验

1. 各小组介绍所设计的地面游戏的具体玩法，并进行示范展示。

2. 明确游戏体验中的注意事项及任务要求。

3. 在小组长的组织下，对各小组的游戏轮流进行体验。教师巡视指导，指出游戏中的运动安全及运动技巧。

4. 结合课堂学习评价表对各小组的表现进行评价与交流。

课堂学习评价表

评价内容	评价项目	评价标准	自评
游戏体验	运动技能	能确保游戏的运动安全性。	☆
		能灵活掌握地面游戏所需的运动技能。	☆
	体育品德	能遵守游戏规则，有序地进行游戏体验。	☆
		具有公平竞争意识，谦和礼让。	☆
	体验分享	能结合体验过程进行反思改进。	☆
		能对他人的游戏提出合理的修改意见。	☆

5. 组织学生针对不同游戏的优点与不足进行交流，重点围绕不足提出改进意见。

6. 各组依据收集到的意见，结合教师的指导对游戏进行适当的修改与完善。

三、调节放松，评价总结

1. 放松运动，调节身心。

2. 课堂小结，提升认识。

3. 布置课后任务：继续邀请更多的同学体验小组设计的游戏，收集更多反馈意见，并对地面游戏不断地进行改进和完善。

任务五：地面游戏我推介

【学习目标】

1. 通过教师引导、同伴交流，明确撰写游戏推介词的具体要求。与小组成员共同合作，完成推介词的撰写，做到语言简洁明确、有理有据，提升思辨及文字表达与运用的能力。

2. 通过学习推介的具体形式与要点，进行地面游戏的模拟推介，并进行互动评价，在活动中发现游戏能创造美、表现美，形成健康的审美情趣。

【组织过程】

一、创设情境，明确任务

1. 回顾活动，交流感受。

2. 揭示课题：地面游戏我推介。

二、明确维度，合作撰写

1. 思考：如何更好地向大家推介地面游戏？

2. 交流推介的方式，确定"推介词＋"的形式。

3. 师生共同讨论，地面游戏推介的评价维度与标准。

"地面游戏我推介"课堂学习评价表

评价内容	评价项目	评价标准	自评
游戏推介词	文字表达	能讲清游戏的玩法。	☆
		做到语句通顺、流畅、吸引人。	☆
		能写出所推介游戏的最大亮点。	☆
	推介展示	能结合游戏地图大方地向他人推介游戏。	☆
		吐字清晰、表达流畅、声音响亮。	☆

4. 聚焦推介词的文字表达，思考：要撰写一份吸引人的推介词，要做到什么？

师生共同梳理出：（1）推介词应做到讲清游戏的玩法；（2）语句通顺、流畅、吸引人；（3）要写出所推介游戏的最大亮点。

5. 出示范例，明确写作方法。

6. 小组合作，撰写推介词。

三、对照评价，修改完善

1. 对照评价标准，进行互动评价。

2. 依据评价意见，进行修改完善。

四、模拟推介，明确注意事项

1. 请一个小组进行模拟推介，其他小组结合评价标准进行互动评价，进一步明确注意事项。

2. 各组进行推介练习。

五、梳理总结，鼓励参加校级评选

任务六：活动表现我评价

【学习目标】

1. 通过交流、回顾等活动，能对自己与他人的表现做出客观的评价，能汲取他人优点，丰富自我，提升辩证思维能力。

2. 通过个人反思性评价表的填写，能客观地看待自己活动中的表现，发现优点与不足，提升自我反思能力。

【组织过程】

一、观看前期的活动图片，梳理活动过程

1. 观看前期的活动图片。

2. 交流活动中自己印象最深的瞬间。

二、结合评价表进行评价

1. 独立完成个人反思性评价表的填写。

◎ 个人反思性评价表 ◎

评价对象：_____

同学们好！为了促进大家自身能力的发展，总结学习的经验与方法，看到自己的进步与不足，明确努力的方向。请根据自己的活动表现进行自我评价与反思。加油哦，你是最棒的！

评价维度		评价标准	自评	互评	师评
过程表现性评价	承担责任	1. 我愿意全程积极参与活动。 2. 我愿意遵守课堂纪律，认真倾听。	☆ ☆	☆ ☆	☆ ☆
	分析表达	3. 针对老师提出的问题，我能积极思考。 4. 我能大胆发言，声音响亮、思路清晰。	☆ ☆	☆ ☆	☆ ☆
	团队合作	5. 小组合作中，我能认真完成所负责的任务。 6. 我能大胆表达自己的想法。 7. 我能尊重他人，并积极与小组成员沟通。	☆ ☆ ☆	☆ ☆ ☆	☆ ☆ ☆
增值性评价		8. 我能与小组成员共同拟定好游戏规则。 9. 我了解了游戏地图布局需要考虑的因素，并能依据实际情况对游戏地图进行合理布局。 10. 我知道了要灵活运用多种方法进行游戏地图美化，并做到主题突出，色彩合适。	☆ ☆ ☆	☆ ☆ ☆	☆ ☆ ☆
获☆数（注：每达到一个评价标准就在对应☆处打"√"）			（　）	（　）	（　）

自我反思

1. 我对自己的表现_____（非常满意　基本满意　不够满意）
   理由是：_____
2. 我发现了其他同学值得我学习的地方有：_____
   _____
3. 我觉得我可以和同学分享的经验有：_____
   _____

2. 结合个人反思性评价表，交流自己的活动收获并客观地评价他人。

三、梳理提炼活动经验

1. 围绕"本次活动，你获得什么启示？"展开交流。
2. 共同梳理活动中积累的经验。

四、撰写成长小记

1. 完成"地面游戏主题活动成长小记"。
2. 交流分享。

五、拓展延伸

如果小组设计的游戏被选上,需要把游戏绘制在对应的区域里,那么,要让绘制的地面游戏,能保存较长的时间,需要采用什么工具和材料?如何进行绘制呢?

课例点评

整个跨学科学习活动以跨学科融合协作的方式解决地面游戏的设计问题,切实落实做到以下目标:(1)真实情境下的多学科融合实践;(2)真实问题驱动下的主动探究;(3)真实任务下的审美发展。整个活动过程明确围绕核心问题"如何利用学校现有地面,设计好玩有趣的地面游戏?"有序开展。学生在核心问题的引领下,不断进行"构思设计—实践论证—反思改进—美化完善"的多学科融合实践,培养创新意识和实践能力,增强责任担当,形成健康生活意识。

一、驱动引领,促思考

充分依据《指导纲要》的相关要求,立足学生的真实生活需求,在真实情境中引导学生提出一系列驱动性问题,并将问题的解决贯穿于跨学科学习的始终。由问题引出探究线索,教师以备先行,将概念性问题、事实性问题、争议性问题作为阶段驱动问题。具体如下:

1. 学校征集令中要用哪些区域来设计地面游戏?
2. 一个好玩的地面游戏设计要点是什么?
3. 如何设计一个好玩有趣的地面游戏?
4. 在有限的空间里怎么安排更合理?如何保证空间的利用最大化?
5. 怎样让地面游戏更吸引人、更美观?
6. 如何合理利用好地面游戏,进行健康运动?
7. 如何更好地向大家推介地面游戏?

在上述驱动问题的引领下,学生共同经历"游戏创意我构思""游戏地图我探秘""游戏地图我美化""地面游戏我体验""地面游戏我推介""活动表现我评价"等系列递进活动。在设计草图时,学生能够以关键问题"玩什么,怎么玩？"为出发点，深入思考具体的游戏内容。在探秘游戏地图布局时，学生通过小组合作探究：设计图哪些地方需要标上数据？数据需考虑哪些因素等。在一个个问题的引领下，学生对整个游戏地图的设计有了质的提升。在美化游戏地图时，通过引导学生对比观察一组组图片，进行提问思考，互动交流，学生潜移默化地积累了下一环节创意实践的能量。问题的有效指向让活动层层推进，让学习真正发生，让学生的思维之花屡屡绽放。

二、评价导航，明方向

跨学科表现性任务是体现学生跨学科理解和核心素养的"导航仪"。在开始学习前，教师将任务评价标准、量规与表现性任务同时发布，学生在明确目标的引领下，聚焦评价标准和量规，追随向前，并及时反馈，持续改进每一个学习的"产品"（成果）。本设计依据"UBD逆向设计理论"，通过两个前驱问题进行逆向思考：一是学生通过哪些真实的表现性任务证明自己达到了预期的理解目标？通过什么标准评判学习成效？二是学生通过哪些证据证明自己达到了预期结果？学生如何反馈和自评自己的学习？

在此基础上，有针对性地制订出学习评价标准，并以小组自评方式贯穿活动始终，以评价引导学生的活动行为，真正落实"教、学、评"一体化。

活动最后，学生在经历一系列完整的探究体验实践后，通过填写个人反思评价表进行升华和沉淀。反思评价表着重从过程性评价和增值性评价入手，在活动最后引导学生静心反思，并借助他评、师评等方式扩大反思的影响范围，真正助力整体评价机制的落实。

三、融合有效，育素养

以核心问题为框架，基于学校实际限制的空间进行地面游戏设计，解决设计过程中遇到的相关问题，有效达成问题的解决。这一过程也充分体现了学生作为校园小主人的主动担当，为丰富校园生活做力所能及的贡献，落实价值体认。同时，学生在活动过程中分析问题，并依据现实条件选择合适的方法解决问题，显著提升了问题的解决能力。通过设计并参与地面游戏，从行动层面深化学生健康游戏的意识，提升健康意识。

各阶段的活动踏实有效地开展，促进了各学科知识的有机融合和运用。教师依据教学目标，融合学科核心素养展开教学，学生在主动学习中参与小组活动，设计出有趣的地面游戏，并能够有条理地解说游戏规则，提升信息搜集能力和语言运用能力，增强了规划意识。在小组合作交流、论证中，能从尺寸、排列等方面考虑游戏地图布局，能综合运用数据、图形位置关系等知识来解决问题，提高问题的解决能力，发展数据意识、应用意识，提升空间观念和统筹规划能力。在美化游戏地图时，教师在学生原有的设计草图基础上进行现场美化示范。在实操方法运用的这一环节上，引导学生结合主题巧用方法，搭配色彩，美化设计图，有效提高了学生的创意实践和思考能力。在游戏体验活动中，学生能基于设计进行地面绘制及游戏尝试，并在尝试中再次发现不足，修改完善，将反思论证应用于问题解决。

　　活动整体实施取得喜人成果的同时，也让我们看到了不足与改进的方向：（1）作为主题式跨学科活动，虽然教师在跨学科教学活动中进行了融合，学生的学科素养也得到了提升，但纵观课堂生态呈现，学生综合运用各学科知识解决现实问题的能力还有待进一步提升。（2）细致的指导能够为课堂带来精彩的结果。但是，在整个活动中，我们发现由于课堂时间的限制教师未能关注到所有小组，导致一些课堂生成的问题无法得到及时指导落实，进而影响了整体课堂生态的更优化。比如在"游戏地图我美化"这一课时中，我们发现有个别小组标的数据不够准确，这就从另一个侧面说明我们对第二课时的指导关注度不到位。强化指导，提升指导实效是后续努力的一个方向。（3）各种评价方式虽然有起到引领的作用，但评价如何更高效地融入课堂实施中、如何更好地提升评价引领的效果，还需进一步探索。

课例 8：促进"科学探究精神"发展
小学四年级《纸飞机 向前飞》
（融合形态"1＆N"）

一、主题设计说明

1. 主题产生来源

纸飞机是小学生喜欢玩的一种课间游戏，四年级的大部分学生都能自主折出纸飞机，个别学生还能根据自己的实践经验对纸飞机进行调整，但他们对飞机原理及投掷方式等影响飞行效果的因素缺乏科学系统的了解和探索，只是盲目地折出一只又一只纸飞机来进行尝试，所以很难提升飞行效果。于是我们决定开展一次以"纸飞机 向前飞"为主题的跨学科学习活动，引导学生综合运用多学科知识来更加科学系统地探究纸飞机飞行的奥秘。

2. 主题设计思路

为了帮助学生解决"如何让纸飞机飞得更远"这一核心问题，我们以综合实践活动为主导，综合运用劳动、体育与健康、科学等多学科开展了"思考发现—制作方法—投掷技巧—飞行原理—总结交流"系列递进的活动任务，通过观察、讨论、制作、实验、交流、体验等活动形式，让学生针对核心问题形成探究思路，掌握纸飞机制作的工艺技术，发展学生自然投掷能力，在投掷纸飞机实验中验证飞行理论，对纸飞机进行制作和调试，体现了"问题解决""劳动能力""运动能力"和"科学思维"等各学科核心素养的融合实施，共同促进学生综合素养的发展。

3. 主题实施结构图

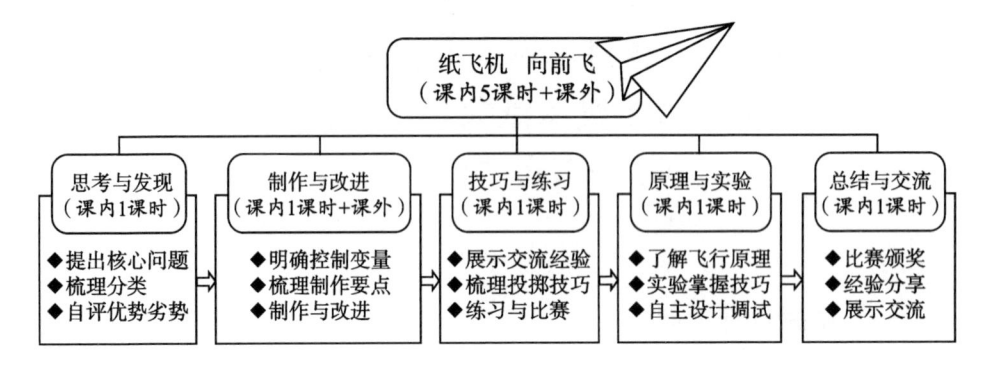

```
                    纸飞机  向前飞
                  （课内5课时+课外）
    ┌──────────┬──────────┬──────────┬──────────┬──────────┐
  思考与发现   制作与改进   技巧与练习   原理与实验   总结与交流
 （课内1课时）（课内1课时+课外）（课内1课时）（课内1课时）（课内1课时）
 ◆提出核心问题 ◆明确控制变量 ◆展示交流经验 ◆了解飞行原理 ◆比赛颁奖
 ◆梳理分类    ◆梳理制作要点 ◆梳理投掷技巧 ◆实验掌握技巧 ◆经验分享
 ◆自评优势劣势 ◆制作与改进   ◆练习与比赛   ◆自主设计调试 ◆展示交流
```

二、涉及学科和核心素养

学科	核心素养	相应知识、方法
综合实践活动	问题解决 创意物化	知道纸张材质、折叠方法、投掷技巧会影响纸飞机的飞行。能将纸张的选择、折叠方法和投掷力度、角度等原理应用到纸飞机的设计和飞行中。
劳动	劳动能力 劳动品质	掌握基本的纸飞机折叠方法，能根据需求折出不同的飞机形状。能通过不断调整折叠方式，改进飞机的形状和结构。
体育与健康	运动技能	初步学习肩上屈肘快速挥臂的投掷动作，掌握纸飞机投掷"姿势、角度、力度、松手"的4个技巧。
科学	探究实践 科学思维	能通过观察记录，对比发现不同折叠方式的纸飞机飞行效果。通过小实验，调整各部位的作用，掌握飞机控制技巧。

三、学习目标

1. 围绕"纸飞机如何才能飞得远"展开探究，知道纸张材质、折叠方法、投掷技巧会影响纸飞机的飞行。

2. 在不断尝试和调试过程中，养成凡事认真思考、不怕困难，乐于探究的良好品质习惯，提高发现问题、分析问题和创造性解决问题的能力。

四、适用年级

四年级

五、学习场域

学习组织：4人小组

学习场地：教室，室外无风空地或室内体育馆

学习材料：各种纸张

六、整体规划

内容与 课时建议	学科建议	活动规划
活动一： 思考与发现 （课内1课时）	综合实践活动	课上，组织学生开展折纸飞机比赛，聚焦核心问题"怎样让纸飞机飞得更远？"展开讨论，从中发现影响纸飞机飞行的因素，并依此初步评议自己折的纸飞机的优势和劣势。
活动二： 制作与改进 （课内1课时＋课外）	劳动	课上，组织学生讨论如何通过控制变量制作不同的纸飞机，并尝试动手制作。通过试飞、调整、再试飞、再调整，不断优化纸飞机。课后，继续进行调整改进。
活动三： 技巧与练习 （课内1课时）	体育与健康	课上，组织学生边练习投纸飞机，边思考"飞行效果和投掷的哪些因素有关？"请投得好的学生交流经验，教师进行动作示范并讲解要点，学生空手模仿练习后进行分组练习，教师巡视指导并组织小组比赛。
活动四： 原理与实验 （课内1课时）	科学	课上，组织学生结合手中的纸飞机认识各部分名称。观看视频，了解飞机飞行的原理，并动手实验调试，进行试飞。
活动五： 总结与交流 （课内1课时）	综合实践活动	课上，组织学生进行现场比赛，并为优胜学生颁奖。小组讨论，交流学习收获，绘制收获思维导图，轮流上台展示分享。

七、各阶段的详细组织过程

活动一：思考与发现

【学习目标】

1. 通过纸飞机射飞比赛活动，能对纸飞机的优劣进行评价，养成客观分析，公平公正评价的好习惯。

2. 通过交流影响纸飞机飞行距离的多种因素，并进行梳理分类，养成遇事认真思考的习惯，提高分析问题的能力。

【组织过程】

一、回顾活动，提出核心问题

1. 回顾学校举行"科技节"纸飞机比赛的活动，提出疑问：怎样让纸飞机飞得更远？

2. 揭示主题。

二、体验分析，梳理分类

1. 比一比。

学生拿出折好的纸飞机，在小组中比一比谁的纸飞机飞得远。比赛后交流获胜及不足之处。

2. 议一议。

（1）全班交流"纸飞机飞得远与什么有关？"

（2）教师根据学生的回答适时板书：纸张的材质、风力的大小、纸飞机的造型、射出的角度、射出的力度、纸飞机的大小……

3. 分一分。

引导学生结合板书将影响纸飞机飞得远的因素梳理分类。（见图9）

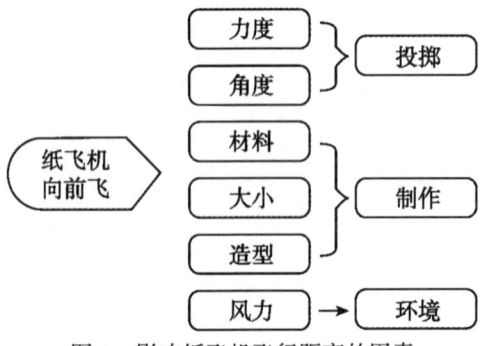

图9 影响纸飞机飞行距离的因素

三、比较分析，自评优势劣势

学生对照梳理出的三类因素，评一评自己在本次纸飞机比赛中哪些方面比较有优势，还有哪些方面的不足。

活动二：制作与改进

【学习目标】

1. 通过观察、分析纸飞机，知道如何在材质、造型和大小方面控制变量。

2. 通过视频学习制作要点，掌握基本的纸飞机折叠方法，能够根据需求调整纸飞机的形状和结构，从而折出不同形状的飞机，提升动手操作和创造性思考的能力。

【组织过程】

一、展示纸飞机，明确活动任务

1. 学生展示自己折好的纸飞机。

2. 教师补充各种不同造型的纸飞机图片。

3. 引导学生发现纸飞机形态的异同，提出本节课任务：哪些飞机能飞得更远？

二、交流讨论，明确控制变量

1. 根据上节课梳理的三个影响因素，各小组讨论如何控制变量。

2. 全班交流，梳理控制变量的方法。

（1）材质（不同材质，大小、造型相同）；

（2）造型（造型不同，大小、材质相同）；

（3）大小（大小不同，材质、造型相同）。

三、观看视频，梳理制作要点

1. 观看《折"飞远"纸飞机》视频。

2. 学生交流观看收获，共同梳理制作小要点。

（1）机身比例要恰当（左右两边对称）。

（2）机翼要稍微宽一些（接触上升气流，才能滑翔更久）。

（3）调整机翼成 V 字形（有利于保持平衡）。

四、制作试飞，再次调整改进

1. 学生动手制作纸飞机，教师巡视指导。
2. 组织学生将制作的飞机进行编号后，到室外或利用课余时间试飞。
3. 选出同组中飞得最远的飞机进行观察分析，对其余飞机再次进行调整验证。

五、总结反思，开展活动评价

1. 说一说。学生交流活动收获与反思，教师总结。
2. 评一评。填写评价表，对自己这一节课的表现进行评价。

"纸飞机制作与改进"评价表

评价内容	评价标准	评一评
劳动观念	知道纸飞机的结构和发展历史，了解人们在纸飞机发展中的探索精神。	☆☆☆☆☆
劳动能力	能根据纸飞机的结构组成，选择合适的材料，用压、折等技艺，根据需求做出不同形状的纸飞机。	☆☆☆☆☆
劳动习惯和品质	能在制作前进行变量对比，有目的、规范地进行纸飞机的制作，节约使用材料。	☆☆☆☆☆
劳动精神	不怕困难，主动寻求解决问题的方法，不断调整改进。	☆☆☆☆☆

活动三：技巧与练习

【学习目标】

1. 通过经验交流与教师的动作示范讲解，明确纸飞机投掷的4个要点。
2. 在纸飞机投掷练习中，初步学习肩上屈肘快速挥臂的投掷动作，能结合数学知识，如角度和距离的计算，优化纸飞机的投掷角度和力度，增强学生的自然投掷力，使纸飞机飞得更远。

【组织过程】

一、练习投掷，展示交流经验

1. 练习投掷纸飞机，思考：纸飞机飞行的效果与投掷的哪些因素有关系？
2. 寻找纸飞机投得好的同学，请他们向全体同学展示，并说一说自己的飞机为什么能飞得这么远。

二、教师示范，梳理投掷技巧

1. 教师示范动作要领，学生观察学习。

2. 学生交流，梳理投掷技巧。

（1）姿势：两脚前后开立或左右开立（根据习惯选择姿势），把习惯用的那只手举起来，举过肩膀，肘关节弯曲对准投掷方向，用力向前斜上方快速挥臂投出。

（2）角度：投掷时的角度要比水平角度大 45°左右。

（3）力度：投掷时飞机要向前，平稳送出。

（4）松手：到最后一刻再脱手，这样能飞得最远。

三、学生练习，以赛促学

1. 学生空手模仿练习后进行分组练习，教师巡视指导。

2. 教师组织学生进行纸飞机射飞比赛。

四、总结梳理，评议反思

1. 学生分享练习过程的感受和经验，教师总结。

2. 填写评价表，对自己这一节课的表现进行评价与反思。

"纸飞机试飞技巧与练习"评价表

评价内容	评价标准	评一评
运动知识与技能	知道纸飞机的飞行与投掷方法有关，了解投掷的动作要领。	☆☆☆☆☆
体能	会用肘关节弯曲正对要投的方向，用力向前斜上方快速挥臂投出。	☆☆☆☆☆
体能	能根据纸飞机投掷动作要领，进行多次投掷。	☆☆☆☆☆
学习态度	能认真对待动作训练。	☆☆☆☆☆
学习态度	能不断调整改进纸飞机的投掷姿势。	☆☆☆☆☆
情意表现和合作意识	能主动向他人寻求，解决动作不到位的方法。	☆☆☆☆☆
情意表现和合作意识	能与他人合作练习，交流经验。	☆☆☆☆☆

活动四：原理与实验

【学习目标】

1. 通过实物介绍及观看视频，了解飞机各部位的作用，掌握飞机控制技巧。

2. 在不断尝试和调试过程中，理解纸飞机飞行中涉及的物理空气动力学和力学原理，并能将这些原理应用到纸飞机的设计和飞行中，体会到创造性思维在解决问题和创新中的重要性。

【组织过程】

一、谈话导入，激发兴趣

1. 学生观察自己带来的纸飞机，试着说说各部分名称。

2. 教师持纸飞机模型向学生介绍各个部位名称，重点介绍主翼、水平尾翼和垂直尾翼。

二、观看视频，了解飞行原理

1. 观看飞机飞行视频。

2. 学生谈观看收获，教师介绍飞机飞行原理。

（1）机翼的形状和空气流速的差异产生了升力。飞机机翼设计得特别巧妙，上表面凸起，下面比较平，这样飞机飞行时，机翼上表面流速快，压强小，下表面流速慢，压强大，这样就形成一个向上的压力差，也就是升力。要满足这个条件，机翼需要有适当的迎角。

（2）依靠发动机产生向前的动力。发动机就像是飞机的心脏，它工作时，产生很大的推力，推力产生的动力可以带动螺旋桨旋转，飞机就向前飞。

3. 知识迁移，师生探讨纸飞机飞行的原理。

（1）纸飞机翅膀的形状不同，产生的升力就会不同。

（2）投掷的力量就是纸飞机的动力，力量不同，会影响纸飞机飞的远近。

三、动手实验，掌握控制技巧

1. 实验一：水平尾翼的作用。

（1）教师手持纸飞机模型模拟飞机起飞和降落的过程，讲解水平尾翼压低机尾抬高机头的作用。

（2）学生实验：调整水平尾翼向上或向下倾斜，投掷出去看实际效果。

2. 实验二：垂直尾翼的作用。

（1）教师介绍垂直尾翼的作用：垂直尾翼的主要作用是防止偏航或者调整偏航，保持纵向稳定。着重讲述垂直尾翼的作用并不是转向，用垂直尾翼来转向是灾难性的，因为方向舵在上方，所以产生的力不平衡，会使飞机侧倾并向下飞。

（2）学生实验：①轻微调整方向舵后投掷，分别向左侧和右侧各偏航投掷一次。②加大方向舵的调整后投掷。

3. 实验三：副翼的作用。

（1）教师播放各种飞机图片，引导学生发现副翼的共同特点，简单介绍杠杆原理。

（2）学生实验：调整纸飞机模型的两侧副翼，逆时针旋转投掷一次，顺时针旋转投掷一次。

四、动手实践，自主设计调试

1. 明确活动任务：调整副翼和水平尾翼的角度后投掷，左右转向各投掷一次。

2. 学生自主调试。

可以重新设计或尝试改进，进行二次制作。

五、组织比赛，评价反思

1. 分组进行比赛：谁的纸飞机飞得最远？谁的飞机可以回旋？

2. 交流经验，进行自我评价。

"纸飞机飞行原理与实验"评价表

评价内容	评价标准	评一评
科学知识	知道飞机的各个组成部位。	☆☆☆☆☆
	了解飞机及纸飞机在飞行的过程中，受到不同力的影响。	☆☆☆☆☆
科学探究	通过观察，提出假设与猜想，进行调试改进。	☆☆☆☆☆
	通过动手实验，掌握纸飞机控制技巧。	☆☆☆☆☆
学习态度	能积极思考，用所学知识不断改进制作。	☆☆☆☆☆
	能积极表达自己的探究结果。	☆☆☆☆☆
合作意识	能注意倾听，尊重他人意见。	☆☆☆☆☆
	能乐于与他人合作。	☆☆☆☆☆

活动五：总结与交流

【学习目标】

1. 通过交流"折""射"纸飞机的变化，发现知识的价值和力量。

2. 运用思维导图梳理学习收获，实现思维具体化，促进彼此间经验分享，提升反思学习能力。

【组织过程】

一、现场比赛，颁发优胜奖

1. 组织学生进行现场纸飞机比赛。

2. 说一说：经过一个阶段的研究和实践，自己纸飞机发生的变化和投射纸飞机的变化。

二、举例说明，交流收获

1. 小组内交流收获，并用思维导图绘制收获。

2. 各组轮流上台展示思维导图，分享活动收获。

三、齐唱歌曲，拓展延伸

1. 全班齐唱《我的纸飞机》。

2. 观看纸飞机相关比赛活动报道，学生谈观后感。

新闻报道：学校比赛——社会活动——世界比赛及纪录。

"纸飞机　向前飞"总结评价表

评价内容	评价标准	评一评
参与态度	积极参与活动，兴趣浓厚。	☆☆☆☆☆
	主动大胆，提出设想，努力完成任务。	☆☆☆☆☆
情感体验	善于提问，乐于研究，勤于动手实践。	☆☆☆☆☆
	不断总结，自我反思，想方设法解疑。	☆☆☆☆☆
能力发展	能提出自己的猜想与设想，提供解决问题的方法。	☆☆☆☆☆
	能将陈列的信息资料进行分类梳理。	☆☆☆☆☆
分享交流	能参与讨论交流，表达自己的观点和想法。	☆☆☆☆☆
	能与他人分工合作，呈现出交流成果。	☆☆☆☆☆

课例点评

主题式跨学科学习并不是各学科教师的"各自为政",也不是简单地随意地将各学科"杂糅乱炖",而是多元聚合、协同融合。本主题式跨学科学习是基于学校近期开展的科技节活动,依据学生现实面临的"如何让纸飞机飞得更远?"这个问题而产生的活动主题。

一、选题找准"融合点"

实施主题式跨学科学习要做到主次分明、分工明确、协同融合,需要找准问题作为融合点,教师才能从各自学科核心素养角度出发,为实现这些素养目标而采取跨学科的教学方式。本主题结合四年级学生的"最近发展区"和生活实际需求,找准学科内知识与能力的融合点。以"如何让纸飞机飞得更远?"这一核心问题为抓手,确保综合实践活动作为开展问题探究的"学生立场",其他学科作为问题解决的"助推器",始终为解决该问题开展主题学习活动。

二、学习具备层次性

跨学科学习要有层次性,既要有低阶问题的学习探究,也要有高阶问题的学习探究,循序递进,这样思维才能逐渐深入。本主题由学生初步提出自己感兴趣的简单问题,并对这些问题进行梳理归类,最终确定纸飞机飞得远的关键在于纸飞机的制作、投掷、环境等与飞行原理相关的问题。接着,通过劳动教师指导学生利用变量控制法,制作出飞行效果更好的纸飞机;通过体育与健康教师讲授投掷的技巧,进行技能训练;再通过科学教师深入介绍飞机的飞行原理,并据此对各个部位进行细致调试和改进。最后,回归到综合实践活动课,引导学生对所学所获进行反思、整理,并进行展示交流。层层加深递进,不断拓宽思考的深度与广度,达到加深学生对核心概念和学习领域知识的理解与运用,提升解决真实问题的能力。

三、操作具有可行性

本主题的实践性比较强,学生的学习活动既要在课内完成,也要拓展延伸到课外。即使在课内完成,也需要多媒体设备进行展示学习,同时还需要有足够的合适场地来进行试飞调整。本设计"发挥课堂教学主渠道"的作用,教师立足课堂,在做好精心准备的前提下,学习活动尽可能在课堂完成,通过在课堂上与学生一起研究制订实施方案，开展研究活动，其余练习和调试则由学生自主利用课外时间进行。

四、方式以学生为主体

新课标强调要采用以学生为主体的启发式、探究式、互动式等教学方式。本主题无论是哪个学科，均倡导学生自主运用合作探究的学习方式。（1）自主学习体现挑战性。以一两个核心问题引发认知冲突，以此激活学生思维；（2）不指定单一的答案。重视引导学生在解决实际问题的多元思维，呈现学生思维的开放性；（3）教师有效引导。在活动过程中，教师密切关注学生的学习情况，设置渐进性问题，引导学生及时发现和解决问题。当学生遇到困难时，教师给予适当的指导和帮助，引导他们找到正确的方向。同时，教师还应该注重培养学生的合作能力，让他们在互动中相互学习、共同进步。

课例 9：促进"创新创造能力"发展
小学五年级《自制家庭自动感应灯》
（融合形态"1UN"）

一、主题设计说明

1. 主题产生来源

随着社会不断发展，人们的生活水平逐步提高，人工智能慢慢渗透到人们的生活中。如感应灯，小巧轻便又环保，在楼梯转角、物业走廊等公共场所随处可见，给人们的生活带来许多便利，但是居家使用普及度不高。于是，学生产生了根据家庭需求自己设计制作感应灯的想法。为了引导学生充分运用多学科知识，多角度、多层面综合分析解决某一个问题，形成对问题的初步解释，我们决定围绕"自动感应灯"这一新兴照明产品，结合科学、美术的教材内容，从学生身边的问题入手，开展一次以"自制家庭自动感应灯"为主题的跨学科学习活动。

2. 主题设计思路

本主题活动以设计制作为主要方式，聚焦"自动感应灯的家庭需求"和"如何制作自动感应灯"两个驱动问题，以小组合作的方式，引导学生亲身经历"家庭自动感应灯调查与设计—家庭自动感应灯动手制作—家庭自动感应灯作品推介"的学习过程，运用科学、美术、语文等学科知识和技能，尝试设计制作家庭自动感应灯，解决生活中的问题，进一步发展创新实践能力，体会新时代劳动创造美好生活的道理。

3. 主题实施结构图

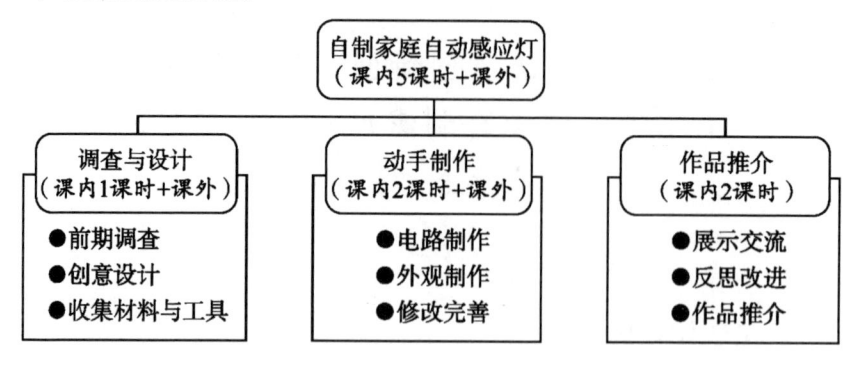

```
            自制家庭自动感应灯
            （课内5课时+课外）
     ┌────────────┼────────────┐
   调查与设计      动手制作       作品推介
（课内1课时+课外）（课内2课时+课外）（课内2课时）
  ●前期调查      ●电路制作      ●展示交流
  ●创意设计      ●外观制作      ●反思改进
  ●收集材料与工具 ●修改完善      ●作品推介
```

二、涉及学科和核心素养

学科	核心素养	相应知识、方法
综合实践活动	问题解决 创意物化	根据家庭的实际情况，多角度、多层次地思考问题，提出创意设想，并在实践中不断修改完善设计方案。能初步制作出符合需求的家庭自动感应灯。
科学	探究实践	根据已经掌握的电路知识，按要求设计和制作不同的自动感应电路。具有初步的产品构思、设计、实施和检验的能力。
美术	审美感知 艺术表现 创意实践	根据感应灯的特点和设计需求选择装饰材料和装饰方法，采用"实用与美观相结合"的设计原则，进行外观制作，体会设计能改善和美化我们的生活。
语文	语言运用	根据内容表达的需要，运用简洁的语言为自制的感应灯写介绍书，并进行产品推介。

三、学习目标

1. 通过课前调查和交流分享，了解家庭自动感应灯的种类、形状、优缺点等信息，产生制作家庭感应灯的兴趣。

2. 能小组协作，根据家庭需求初步制订"家庭自动感应灯"的设计方案，并按照设计方案运用科学和美术课学过的知识和技能，尝试组装内部电路和进行外观制作，进一步锻炼动手实践能力，增强创新意识，提高综合运用知识解决问题的能力。

3. 通过作品推介活动，能从感应方式、外观制作等方面赏析作品，客观评价自己和同伴的作品，提高表达能力，感受新时代劳动的乐趣，体会劳动创造美好生活的道理。

四、适用年级

五年级。

五、学习场域

学习组织：6人小组

学习场地：教室

学习材料：纸电路元件、电池、灯座、小灯泡等电路制作材料和透明塑料盒子、海绵纸、透明马赛克等外观装饰材料

六、整体规划

内容与 课时建议	学科建议	学习规划
活动一： 调查与设计 （课内1课时＋课外）	综合实践活动	课前，开展家庭自动感应灯的市场调查和家庭需求调查。课上，组织观看视频，汇报调查情况和现场体验感应灯，激发兴趣，生成主题。回顾"创意设计"的活动流程，小组根据家庭感应灯的需求，初步设想感应灯的外形和构造，合作完成设计方案，并进行交流评议、修改、完善。课后，按照设计方案，收集制作所需的材料和工具。
活动二： 动手制作 （课内2课时＋课外）	科学 美术	本阶段需要两课时。第一课时，引导学生对简易电路进行分析，发现不足，寻找符合条件的电路元件；各组按照小组设计方案，选择合适的材料，尝试初步连接电路，并组织全班交流和师生评议，明确改进方向，继续完善电路制作。第二课时，探究家用自动感应灯的外观制作要求，并在教师引导下，对比不同材质材料、装饰方法，修改调整设计方案，并进行外观制作。课后，继续把作品做完。

续表

内容与 课时建议	学科建议	学习规划
活动三： 作品推介 （课内2课时）	语文	本阶段需要两课时。第一课时，各组展示初步完成的家庭自动感应灯，师生共同评议，肯定亮点，发现问题，提出意见；各组根据实际进行改进和完善，并为作品取名。第二课时，了解"作品推介"及其三要素，撰写推介稿，模拟练习，上台推介；进行民主投票，评选最佳作品、最佳推介员。

七、各阶段的详细组织过程

活动一：调查与设计

【学习目标】

1. 通过上网、实地查看、访问等多种途径收集市场上家庭感应灯的种类、使用方法及优缺点等信息，初步体会劳动创造美好生活的道理。

2. 通过交流家庭需求调查结果，产生制作家庭自动感应灯需求，激发学生关爱家庭的情感。

3. 通过回忆与交流，了解设计制作活动的基本流程。

4. 小组经历"初步制订、展示评议、修改完善"家庭自动感应灯设计方案的过程，学会针对实际需求，运用科学、美术等已有知识和经验设计感应灯，提高知识迁移水平和分析、解决问题的能力。

【组织过程】

课前任务：通过上网、实地查看、访问等途径收集市场上家庭感应灯的种类、使用方法及优缺点等信息，调查自己家庭对自动感应灯的需求，并完成相应的调查表。

自动感应灯市场调查单

班级：_____ 姓名：_____

感应灯种类	操作方法	优点	缺点	适用人群
感应灯的外观				

自动感应灯家庭需求调查单

班级：_____ 姓名：_____

你家里的哪些位置需要感应灯呢？为什么？你希望用什么感应方式？对外观有什么需求？

位置	原因	感应方式	外观需求

一、视频导入，回顾课前调查活动

观看感应灯在生活中运用的视频，学生谈发现和感受。

二、汇报市场调查情况

1. 组内交流"自动感应灯"市场调查情况，推荐一名汇报员做好汇报准备。

2. 小组汇报员以调查表、图片、实物等形式，汇报调查到的感应灯的种类、使用方法及优缺点，其他同学补充。

3. 学生现场体验感应灯。

三、汇报家庭需求调查结果

1. 汇报家庭感应灯的需求：安装位置、放置方法和感应方式。

2. 初步设想感应灯的外形。

四、确定任务，创意设计

1. 确定小组合作"自制家庭感应灯"的活动任务。

2. 回顾创意设计的活动流程。

板书：前期调查—创意设计—收集材料—动手制作—展示交流—反思改进

3. 观察感应灯，猜测感应灯的基本结构。

4. 出示感应灯结构图，认识感应灯的组成部分包括外观和内部电路。

5. 出示草图范例，讲解草图设计注意事项。

6. 小组合作完成设计方案，教师巡视指导，拍下方案，用希沃助手上传图片。

家庭自动感应灯设计表

（在括号内打"√"）

组别		设计者	
摆放位置	客厅（　） 卧室（　） 入门处（　） 其他＿＿＿＿＿	摆放方式	壁挂式（　） 悬挂式（　） 台式（　） 其他＿＿＿＿＿
使用对象	中老人（　） 青年（　） 儿童（　） 通用（　）	感应方式	光感（　） 声控（　）
灯盒形状	正方体（　） 长方体（　） 球体（　） 其他＿＿＿＿＿		

续表

灯盒设计草图（初稿）	（主要部分请标注出所用装饰材料）	灯盒设计草图（修改稿）	（主要部分请标注出所用装饰材料）
所需材料与工具	\multicolumn{3}{l|}{1. 装饰材料：卡纸（　） 海绵纸（　） 纽扣（　） 彩泥（　） 麻绳（　） 马赛克（　） 珠子（　） 布料（　） 贝壳（　） 其他_____ 2. 黏合材料和工具：手工白胶（　） 酒精胶（　） 胶枪（　） 其他_____ 3. 其他：剪刀（　） 其他_____}		

五、交流思路，修改完善

1. 展示评议

评议要点：

（1）感应器、摆放位置、摆放方式与使用对象的需求是否相符合；

（2）材料的选择是否透光、轻便；

（3）外形的设计是否美观、创意、可行。

2. 修改方案

六、活动评价

"家庭自动感应灯调查与设计"评价表

评价内容	评价标准	自评	组评
会调查	通过采访、实地考察等方式调查市场上家庭自动感应灯的种类、使用方法及优缺点,填写调查表。	💡💡💡	💡💡💡
会调查	通过实地考察、访问等途径调查了解自家使用自动感应灯的需求,并将位置、使用原因、感应方式和外观需求清楚、完整地记录下来。	💡💡💡	💡💡💡
乐分享	乐于与他人分享自己的调查成果,能与小组成员对调查结果进行汇总与分析。	💡💡💡	💡💡💡
乐分享	能与小组伙伴通过表格、照片等形式汇报小组调查结果与发现。	💡💡💡	💡💡💡
会设计	积极参与小组家庭自动感应灯的设计,根据摆放位置、感应方式、放置方式和使用对象,画出合理、美观、可行、有创意的设计图。	💡💡💡	💡💡💡

恭喜你共集到( )个 💡

课后任务:

各组按照设计方案,收集制作家庭感应灯所需的材料和工具。

活动二:动手制作

【学习目标】

1. 根据已经掌握的电路知识,依据要求设计和制作不同的自动感应电路,激发对电路探究的兴趣,体会到运用科学知识解决实际问题的乐趣。

2. 通过学习"设计·应用"的方法,根据感应灯的特点和设计需求选择装饰材料和装饰方法,进行外观制作,提高动手实践能力。

3. 在欣赏发现、合作探究与反思等过程中,优化家庭感应灯设计方案,增强创意设计意识,提高审美能力。

4. 在活动中,提高发现问题、合作解决问题的能力,增强小组合作意识，激发热爱生活、热爱科学、热爱艺术创作的情感。

第1课时 家庭自动感应灯的电路制作

【组织过程】

一、回顾旧知，聚焦电路制作

1. 出示"家庭自动感应灯设计方案"，确定本节课学习内容。

2. 出示简易电路实物，说说连接方法。

二、探索发现，制作家庭感应灯电路

1. 改进简易电路。

（1）讨论：简易电路要实现自动感应，应该怎样改进？

（2）学生尝试：更换光控开关。

2. 发现问题，调整材料。

（1）引导发现实物电路材料不适合装入灯盒。

（2）认识纸电路的电子元件。

3. 制作家庭自动感应灯电路。

（1）讨论、明确操作事项。

①从课前准备的灯盒里选择一个合适的灯盒。

②参考电路图，在灯盒里确定电子元件的位置，并用双面胶固定，再连接纸贴导线。

③立体灯盒里，导线在拐弯处要完全重合。

④要找准电路正负极的连接点。

⑤使用剪刀时要注意安全。

⑥小组成员明确分工。

（2）学生根据电路图连接纸电路，教师巡查指导。

三、展示评价，完善家庭感应灯电路制作

1. 学生上台展示电子制作成果，并从合作分工、电路连接以及实际效果进行分享。

2. 师生对作品进行评价，提出改进意见。

3. 各小组反思存在的问题，并进行优化。

第2课时 家庭自动感应灯的外观制作

【组织过程】

一、确定制作标准

1. 讨论：家用自动感应灯外观制作需要考虑什么？

2. 梳理要点：

实用：灵敏、透光、牢固。

美观：色彩、造型、做工。

二、关注材料与方法

1. 探究装饰材料。

（1）出示各种不同材质的材料，对比讨论：如何做到透光性、灵敏性、牢固性？

透明材料：网纱、透明包装纸、饮料瓶、水晶马赛克、透明纽扣、透明珠子等；不透明材料：超轻彩泥、彩色毛球、海绵纸、木质纽扣、铁丝、麻绳毛线、卡纸等。

（2）总结。

①透光性：透光区域选择透明材料，不透明材料用于局部装饰，注意扬长避短。

②灵敏性：光感灯的设计，需要注意保证全方位透光。

③牢固性：黏合剂的选择与使用。立体材料黏合剂选用酒精胶与胶枪。酒精胶需做按压帮助粘合；胶枪应注意避开金属尖嘴部分，以防烫伤。

2. 探究装饰方法。

（1）说说灯盒外观装饰的基本思路，回顾手工制作的方法。

外观装饰的基本思路：原形状装饰及添加创意造型。

（2）观看微课，回顾色彩搭配方法。

色彩搭配法：单色系搭配法、多色系搭配法（配色黄金法则）。

注意：材料与色彩的搭配均需注意主次分明，搭配合宜。

（3）说说手工制作中怎么提高做工精细度。（制作胆大心细，不留痕迹，提高精细度）

3. 修改调整设计方案。

对照原来制订的设计方案，反思选择的材料和装饰方法能否达到实用、美观的效果,针对问题进行修改,确保设计方案科学可行。

4. 将所带材料按合适、不合适进行分类。

三、进行外观制作

1. 小组分工合作装饰感应灯。

制作要点:

(1) 做好分工协作;(2) 合理搭配材料;(3) 注意安全使用工具。

2. 教师观察学生分工合作和制作情况,及时进行细节指导与建议。

四、活动评价

"家庭自动感应灯动手制作"评价表

评价内容	评价标准	自评	组评
乐动手	能根据已经掌握的电路知识,按要求在灯盒中设计和制作不同的自动感应电路。	💡💡💡	💡💡
	根据感应灯的特点和设计需求选择装饰材料和装饰方法,进行家庭感应灯的外观制作。	💡💡💡	💡💡
会合作	在小组活动时能积极思考、发言,主动承担任务。	💡💡💡	💡💡
会反思	在欣赏发现、合作探究等过程中,进行分析讨论并优化家庭感应灯设计方案。	💡💡💡	💡💡
恭喜你共集到(　　)个 💡 (统计平均数)			

活动三:作品推介

【学习目标】

1. 通过学习,了解"作品推介"的形式、对象、内容等要素,懂得从作品名称、外观特点、实用功能等方面有条理地推介小组作品。

2. 通过感应灯的推介演示,能客观、公正地评价,肯定亮点,提出建议,提高善于发现问题和解决问题的能力。

3. 通过分享本次学习的收获与体会,感受劳动创造价值,体会创造性劳动带来的乐趣。

第1课时 家庭自动感应灯"初"亮相

【组织过程】

一、展示交流

1. 各组展示初步完成的家庭自动感应灯。

2. 教师引导学生从实用、美观等方面进行评议，肯定亮点，对发现的问题提出意见和建议。

二、反思改进

1. 各组对自己制作的家庭感应灯进行反思。

2. 对发现的问题进行改进和完善，并根据设计的创意给作品取个名称。

第2课时 家庭自动感应灯正式推介

【组织过程】

一、认识"推荐会"

1. 出示"推介会"简介。

2. 互动交流，明确作品推介会的相关要素。

推介形式：展示作品＋介绍＋演示。

推介对象：全班学生和教师。

推介内容：作品名称、外观特点、实用功能。

二、商榷推介要求和评价标准

1. 出示作品推介要求。

（1）同类型作品按顺序展示。

（2）推介人一边介绍一边操作演示，声音响亮。

（3）每位学生对台上推介作品的其他小组进行实时评价投票。（招募两位计票员）。

（4）评出最佳作品、最佳推介员。

2. 梳理投票时的评价要素。

（1）作品能否实现预期功能。

（2）作品是否有创意或美观。

（3）作品是否介绍清楚（本课重点）。

三、作品推介，实时投票

1. 合作撰写推介稿，组内进行推介作品练习。

2. 各组上台推介作品，观众投票。

3. 统计票数，颁奖。

四、分析投票情况，提出建议

引导学生从三个评价点的投票结果去发现问题，分析原因，提出建议。

五、活动小结，畅谈收获与反思

1. 介绍英国巧匠大师哈德森《产品的诞生》的主要内容。

2. 梳理出作品诞生的一般过程，了解创意物化的思维方式。

3. 自由分享本次活动的收获与反思。

六、活动评价

"家庭自动感应灯作品推介"小组评价表

评价内容	评价标准	自评	组评	师评
会表达	能用简洁的文字清楚介绍作品名称、外观特点、实用功能。	♡♡♡	♡♡♡	♡♡♡
	语言表达准确、流利、有条理，展示、推介成果与活动任务具有一致性，且有一定的创意。	♡♡♡	♡♡♡	♡♡♡
会合作	小组内分工合理，成员积极主动，气氛热烈。	♡♡♡	♡♡♡	♡♡♡
会分析	从三个评价点的投票结果去发现作品存在的问题，分析原因并提出改进的方向。	♡♡♡	♡♡♡	♡♡♡
恭喜你们组共集到（　）个 ♡（统计平均数）				

课后延伸：

按本次学习的流程，尝试设计和制作出自己的家庭自动感应灯。

课例点评

本次跨学科学习活动紧扣新课标理念，坚持将真实情境问题与学科相结合，引导学生亲身经历完整的学习过程。通过提出具有趣味性和挑战性的真实问题，引导学生根据已有经验主动去寻求新知识，设计制作家庭自动感应灯，解决生活中的实际问题，这不仅培养了学生的动手实践能力、创新思维能力、综合表达能力和团队协作能力，还让学生深刻体会到新时代劳动创造美好生活的道理。

一、真实情境，促进学科融合

生活中的问题从来不是单一的学科知识问题，其复杂程度超出了单一学科领域的知识技能范畴。本次跨学科学习活动从调查开始，先让学生调查市场上家庭自动感应灯的种类、使用方法及优缺点等信息，并调查自己家庭对自动感应灯的需求，成功激发学生制作一盏量身定做的自动感应灯的兴趣。在这个前提下，跨学科学习就不是为"跨"而跨，各学科间也不是简单的叠加关系，而是根据解决问题的需求联系在一起，从而促进多个学科自然有机地融合。可以说，真实情境的问题解决为跨学科学习的真正实施、学生核心素养的发展提供了机会和可能。

二、有效指导，推进自主学习

发展变革中的社会对学校教育提出了一系列新的要求。自主学习不仅是经济、社会与科学技术迅猛发展对人类提出的要求，也是适应学习化社会和终身教育的需要，更是个人自身成长发展必然选择的路径。在对学生自主学习能力形成与发展的途径、机制与规律的分析过程中，我们不难认识到，在教学中，特别是在课堂教学的情境中，教师对学生自主学习的指导是不可或缺的。在本次活动中，教师注重引导学生自主发现问题和解决问题。比如：在"调查与设计"的活动中，教师通过引导学生思考、交流家庭自动感应灯的需求，让他们感受家庭感应灯能给家里带来便利，从而产生设计制作感应灯的欲望。最后梳理总结设计制作活动的一般流程，促进学生的知识体系的建构，诱发学生继续探究的兴趣，升华情感，起到"画龙点睛"的作用。

在"动手制作"的活动中，教师首先引导学生回顾科学课学过的简易电路知识，并与自动感应灯的工作原理进行比较，以引发认知冲突，明确改进方向。接着，巧妙设计实验环节，引导学生发现实验探究材料的问题，激发学生解决问题的需求，并适时引入新材料，让学生感受到发明创造来源于现实需求。通过矛盾冲突、提供资源、讨论交流等方法，推进课堂的不断深入，学生在小组讨论、分享交流、反思修改中完善电路制作。

在"作品推介"的活动中,教师引导学生进行学习,了解什么是作品推介及其三要素:形式、对象、内容。尝试当推介员,从作品名称、外观特点、实用功能等方面去推介小组作品。通过电子投票器进行民主投票,选出最佳作品和最佳推介员后,引导学生根据票选结果发现问题,如投票的随意性和不公平性,造成结果不公正,反思规则的重要性等。学生从活动中总结经验,学会反思,了解跨学科学习的一般流程和方法,懂得了产品设计制作与美术课上的设计制作的根本区别,学生体会"智造"性劳动带来的无限乐趣,创新意识和信心。

可见,在这些教学环节中,教师起引导、点拨和反馈的作用,这样的教学方式更有利于为学生提供自主学习的机会,凸显他们学习的主体地位,进而发展他们的自主学习能力。

三、多元评价,赋能全面发展

本次跨学科学习的评价具备以下特点:一是重视终结性评价,以作品成果的方式评价学生的跨学科学习成果。二是注重过程性评价,重视对学生在学习过程中的观察、想象、表达方式等方面的评价,同时激励学生积极参与课堂活动,提升他们的积极性和自信心。三是加强发挥评价的反思功能,引导学生进行自我评价和互评,可以培养学生的自我认知和批判性思维,同时也促进学生的合作和交流能力。

总的来说,这次自制家庭自动感应灯的跨学科学习活动是比较成功的。它不仅有效提高了学生的科学素养和动手能力,而且培养了他们的创新思维。但回顾整个活动,也发现了一些可以改进的地方。首先,在介绍光电效应时,教师可能没有解释得足够清楚,导致一些学生在后续的实践中感到困惑。未来,应该更加注重理论知识的讲解,确保每个学生都能理解其中的原理。此外,在活动开始之前,教师应该为学生提供更详细的材料清单和步骤说明,以减少他们在制作过程中可能遇到的困扰。

后记：守望那一片绿
——王雯成长简记

成长是一个历炼的过程，仿佛阵痛过后，毛虫咬破茧巢，蜕变为美丽的蝴蝶。火热的青春洒在了这绿色的土地上，这里是写满了青春味道的轻风、细雨……

深植心中一抹绿

不知道为什么，我最偏爱绿色，或许是绿色的事物给人清新的感受，又或许绿色代表奉献顽强和生生不息的生命力，所以我钟爱那一片片绿荫。18岁那年，我满腔的热情带着儿时的梦，来到了这片充满绿色的净土上，于是，我有了一个新的身份——教师，一个绿色事业的家园。与孩子们为伍，我找到蓝天下的绿荫，找到了我生命的价值。回想十二年的教学生涯，从数学教学研究到活动课程研讨再到如今的综合课程的探索，是一次次把自己刷新的绿色过程，是对自己全方位发展的不断挑战。再回首近二十年的教研生活，从一线教师到专业教研员，经历了竞聘时的踌躇满志，到真正工作时的迷茫思索，再到渐入门道时的感叹和带动团队成长的欣慰，是对绿色执着的过程。不论何时，不论发生了什么事，校园里的那葱郁的榕树总给我无限的绿意，让我随时就像绿叶那样的盈翠。我生命的绿啊，带着我的梦、我的歌和我所挚爱的教育事业，带出明天的太阳，带出新的希望。能在自己热爱的事业中度过一生，是无比珍贵的幸福。我愿是一颗流星，即使只在人们眼中出现一瞬，也要留下灿烂的轨迹；我愿是一抔泥土，永远伴着这些幼苗一起长成参天大树。难怪经常听到这样一句话："你咋一点也不老，有啥秘方？"无论是过去，现在，还是将来，我都可以大声地对自己说："因为我的心永远属于教育，属于绿色。"时刻保持良好心态，接受角色转换，从零开始；放低身段，从头学起；坚信只要尽力了，就一定有收获！

书生意气　慷慨激昂

进修学校的春天里似乎来得特别早，窗外早就盛开着了那葱郁的叶芽儿了。站在讲台上的日子已成往事，那是一段岁月、一段超越时空的存在。成长的道路上挂满了一串串青涩又甜蜜的果子，记录着一步步成长成熟的痕迹。

要给他人一杯水，自己要有一片海；要点燃自己，才能照亮别人。这些都要求教师具备终身学习的意识，通过持续的自我提升，完善师德人格，提高专业素养，才能适应教学中不断涌现的新情况，才能照亮学生成长之路中的每一步，才能成为一名称职的人类灵魂工程师。为此，我从不停止充盈我心中的那一抹绿。为了进一步提高自己学历层次，我参加了首批"高等教育专科小学教育专业"自学考试，并以优异的成绩被评为"福建省高等教育自学考试小学教育专业首届优秀毕业生"；2003年开始参加大学本科学历的考试，于2006年5月完成本科学历。信息时代到来的同时，我开始自学信息技术。2000年4月通过全国计算机等级考试（一级），2000年9月通过全国计算机等级考试（二级）。2002年通过福建省NIT考试，泉州信息技术中级考试。作为福建省唯一的代表到北京领取"教育部师范司和英特尔中国公司"联办的2002年度英特尔未来教育优秀作品奖是对我信息技术钻研中的另一种认可。学历增长的同时，专业意识也如破土的春笋一般在滋长。爱一行专一行钻一行，成为了我努力的方向。成为教研员后，我认真思考每场活动的目的和意义，精心策划、用心组织，力求每场活动都能扎实推动学科发展。活动后，我静心积累素材，笔耕不辍，提炼经验，撰写了《探索与赋能：综合实践活动课程县域推进的晋江经验》《五大研训方式助力综合实践活动教师专业能力发展》《预设与生成相结合的选题策略实践与探索》《综合实践活动主题生成阶段的"为"与"不为"》等多篇文章发表在《中国德育》《中国教师》《福建教育》《福建基础教育研究》等CN刊物上，特别是《学科德育视角下综合实践活动课程的目标重申及教学实现》被中国人民大学复印报刊资料转载，更是一种对我学术研究的肯定。努力拼搏积淀，带来的是专业成长的认可，2014年被认定为福建省第四批中小学（幼儿园）学科教学带头人，2019年被聘为福建省义务教育综合实践活动课程教学指导委员会委员、福建教育学院兼职副教授，2020年被评为福建省优秀教师，2021年到福建师范大学给本科生上课……

以书为友，是一种气质，是一种情趣，是一种心境。很难想象：一个忘却书的我，将是什么样的，燃一炷书香，洗一片心灵，造一块净土，拓一方晴空。"不积跬步无以至千里"，正是因为那些起初看似不起眼的起点汇聚成了丰富多彩的人生。有人说明天是童话，有人说明天是梦幻，有人说明天是神秘的，是今天的海市蜃楼……不，茫茫黑夜里，明天是乳白色的晨曦；冰天雪地里，明丽的杏花、春雨是朦胧的山水画。明天充满着光明，虽然明天的历程同样艰辛……

根植大地　绿意盎然

窗外那一抹郁郁葱葱的绿在阳光的照耀下，展示着它不同的色彩，有的深绿如墨，有的浅绿如翠。我想，枝干之所以能如此生机勃发，根茎应该深埋沃土，教学研究又何尝不是如此，如果没有对课堂深入的观察和研究，以及对学生发展的有效探索，那又何尝有意义。

当了几年教研员后，我发现我血管中流淌的绿色血液不再奔腾，甚至有点凝固，我知道那是因为脱离课堂后生命的枯竭。教研员就一定只能是坐在教室外隔岸观火吗？终于有一天，我接过一位因课上到一半难以继续的教师手中教鞭，重新站上讲台，与学生交流互动。课后，那位教师对我说："看了你上课，我就明白了该怎么教。不然，总是每次在课后，听课老师们提出一大堆建议，有时根本就没法操作。"这番话让我顿悟，是啊，北京师范大学校训"学高为师，身正为范"的另一种解读，不就是以身示范吗！从那之后，在与教师磨课时，我会尝试变化角色，身先士卒去体会课堂重难点的突破。那时，我只要轻闭双眼便可感受到那汩汩流动的绿色血液在我细细的血管里跳跃奔腾。爱上综合实践活动也正是因为爱上它那蓬勃的生命力。新课程改革以来，呼唤教师教学方式和学生学习方式的改变，可是冰冻三尺非一日之寒，要扭转这一切，需要一个崭新的生命，综合实践活动正是承接着这一历史使命应运而生。在综合实践活动课程中，我看到教师必须去关注生活，挖掘素材提炼主题；我看到学生必须去回归生活，提出问题，策划活动亲历实践；我看到教师的批判精神、自主意识得到开发；学生的探索精神、融合运用知识的能力得到增强。为了推动这门课程的实施，从 2008 年起我每年推进一个专题研究：2008 年，关注综合实践活动活动的目标设计；2009 年，关注综合实践活动的组织流程……一场场有目标，有梯度的教研活动推动着综合实践活动课程在晋江生根发芽。同时学科的发展离不开专业教师队伍的支撑，从 2006 年起，除了每学年两次的主题研修，我还推动培训部门每五年就举行一次大规模的骨干教师提升培训……通过一次次有针对、有层次的培训活动，造就了综合实践活动教师队伍的茁壮成长。当我蹲在森林深处时，高大的树木将我遮掩，在海中，那绿色的水域里，我徜徉着，感受着快乐、平静与欢喜。回到家，站在阳台上，捧着一杯水，看着我视野所及之处的绿色，它终于缩小，变浓，再缩小，再变浓，终于小到融入我的玻璃杯中，我轻轻地握紧杯子将那抹绿缓缓地喝下去……

  充满绿色希望的故事让我对教育事业充满了遐想与快乐，与心爱的事业相伴的每一分每一秒都快乐无比。新课程改革，更让我们迎来了教育的春天。作为一名教育工作者，我倍感欣慰，在各级政府的大力支持、鼓励下，我们的教育一定会发展得更好，我们也一定会取得更大的成绩。为了实现自己的教育理想，我昂扬前行，虽然幼稚，但理性地选择了一条充满机遇与挑战的光明大道；虽然局限，但梦想里却满载绿色的欢笑，装满对祖国教育事业的赤诚之心；虽然默默无闻，但正积蓄力量向另一个高度腾飞……